미국 주식
히든 챔피언
33

미국 주식 히든 챔피언 33

초판 1쇄 인쇄 2023년 8월 2일
초판 1쇄 발행 2023년 8월 16일

지은이 이석근(삵)
펴낸이 고영성

책임편집 김주연 **편집** 하선연 **디자인** 이화연

펴낸곳 주식회사 상상스퀘어
출판등록 2021년 4월 29일
주소 경기도 성남시 분당구 성남대로 52, 그랜드프라자 604호
전화 번호 070-8666-3322
팩스 번호 02-6499-3031
이메일 publication@sangsangsquare.com
홈페이지 www.sangsangsquare.com

ISBN 979-11-92389-33-2 03320

유명하지만 유명하지 않은 미국 주식 33선

미국 주식
히든 챔피언

이석근(삵) 지음

상상스퀘어

● 일러두기

1. 책에서 인용한 데이터는 2023년 1월 27일 종가 기준이다.
2. 시가총액과 매출은 2023년 1월 27일 환율 기준(1231.4원)을 적용해 원화로 환산했다.
3. 기업 본사 사진은 해당 기업 사이트와 연례보고서, 무료 이미지를 사용하거나, 셔터스톡에서 구매했다.
4. 매출 구성과 비중, 투자지표는 각 기업의 〈2022년 연례보고서〉를 분석했다.
    투자지표는 핀비즈(finviz), 모닝스타(morningstar), dividend.com 데이터를 참조했다.
    투자지표의 퍼포먼스는 2013년 1월부터 2022년 12월까지(10년)로 계산했으며,
    10년 치 데이터가 없는 경우는 상장 이후부터 2022년 12월까지로 계산했다.
5. 기업의 매출, 이익, 이익률 추이의 출처는 스탁로우(stockrow.com)이다.
6. 기업의 주가 추이 출처는 트레이딩뷰(TradingView)이다.
7. 출처를 표기하지 않은 이미지의 저작권은 저자에게 있다.

이제 다시 시작이다.
서학개미의 꿈이여!

코로나 팬데믹 이후 엄청난 유동성 장에 힘입어 주식 열풍이 불었습니다. 동학개미운동이 일어났고, 이 기세는 미국 주식으로 뻗쳐 수많은 서학개미를 탄생하게 했죠. 지금은 태풍이 한차례 훑고 지나갔고 그 자리에는 이재민이 된 서학개미들이 남아 있습니다. 그들이 다시 일어나는 데 도움이 되는 책을 쓰고 싶었습니다.

투자법에 대해서는 전작 《하루 10분 미국 주식, 월급보다 더 번다》에서 저의 지식을 충분히 나누었습니다. 그래서 이번에는 그 투자 지식을 바탕으로 다른 정보를 생산해보면 어떨까 생각했습니다. 바로 직접 기업을 분석하여 내용을 제공하는 것! 이 책은 그렇게 탄생했습니다.

이 책에서 소개하는 기업들은 미국의 대표 기업 500개를 산출하는 S&P500 지수를 구성하는 종목입니다. 하지만 그와 동시에 1등만 기억하는 세상에서는 기억되지 못하는 '유명하지만 유명하지 않은 미국 주식'이기도 합니다. 수많은 서학개미가 테슬라, 애플, 아마존 등 이미 공룡이 된 기업들의 주식을 주로 매수했습니다. 이러한 메가캡 기업들도 충분한 주가 상승을 보여주리라 기대하기 때문이죠. 그렇다면 S&P500에 포함된 대표 기업 500개 안에서도 충분히 주가 상승을 기대할 만한 좋은 주식들이 있지 않을까요? 그래서 저는 일반 투자자들이 잘 모르지만 좋은 투자처가 될 수 있는 기업들을 다루고 알리기로 마음먹었고, 500개 기업 중에서 고르고 골라 알짜 기업 33개를 선정했습니다. 기업마다 투자 시 분석에 필요한 기업 개요, 역사, 주요 비즈니스, 매출 구성, 경쟁사, 주가 현황, 투자지표를 설명하고, 이를 어떻게 해석하고 적용해야 하는지 저의 코멘트와 결론을 넣어 이해를 돕고자 했습니다. 새로운 투자처를 발굴하고자 여기저기서 헤매지 말고 먼저 이 책에서 소개한 33개 기업부터 공부해보는 걸 추천합니다.

이 책은 지식을 뽐내거나 저의 투자 경험담을 얘기하는 게 아닌, 일반 사람들이 쉽게 찾아볼 수 없는 미국 기업의 주식과 관련된 정보만을 담았습니다. 특히 찾아도 이해하기 어려운 영문 자료들을 읽고, 분석하고, 정리하며 알짜만을 추리려고 노력했습니다.

이 책은 초보 투자자들이 생소한 미국 기업에 처음 관심을 갖게 되는 초석이 될 것입니다. 또한 투자처를 결정하기 위해 기업 분석을 하는 데 들어가는 많은 시간을 아껴줄 것입니다. 오랜 시간 열심히 기업을 공부한 저의 기록이 여러분의 투자 수익률로 이어지길 바랍니다.

프롤로그

이 책의 활용법

● 기업의 핵심 비즈니스나 제품, 서비스 혹은 특별한
  기업 상황이나 특징 등을 키워드로 나타냈다.

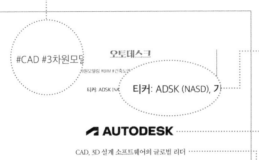

#CAD #3차원모델

오토데스크

#차원모델링 #BIM #건축도면

티커: ADSK (N

티커: ADSK (NASD), 기

AUTODESK

CAD, 3D 설계 소프트웨어의 글로벌 리더

● 티커는 미국 증권사에
  서 주식을 표기할 때 사
  용하는 기호이다. 괄
  호 안 내용은 상장된 거
  래소를 표기한 것으로
  NYSE는 뉴욕증권거래
  소를, NASD는 나스닥
  을 말한다.

● 기업 로고

● 기업 한 줄 소개

▲ 캘리포니아주 샌러펠에 있는 오토데스크 본사. 실리콘밸리가 있는 샌프란시스크로 이전 예정 중이다.

● 본사 위치 소개 및 사진

067

PART 3 유명하지만 유명하지 않은 미국주식 33선

● 어떤 사업을 영위하는지
간단하게 소개한다.

● 기업 개요

오토데스크는

터테인먼트 시

...링, 건설, 제조, 미디어, 교육 및 엔
...프트웨어 제품과 서비스를 만드는 미국
...캘리포니아주 샌러펠에 본사가 있으며 전
...고 있다.

회사의 주력 소프트웨어는 CAD* 프로그램인 오토캐드AutoCAD와
건축 정보 모델링BIM™ 소프트웨어인 레빗Revit이다. 이 프로그램은
주로 건축가, 엔지니어, 구조 설계자가 건물이나 기타 구조물을 설
계하고 도면을 그리거나 제품을 모델링하는 데 사용된다. 오토데
스크 소프트웨어는 원 월드 트레이드 센터부터 테슬라Tesla 전기차
에 이르기까지 다양한 분야와 프로젝트에 사용되었다.

오토데스크는 오토캐드로 유명해설지만 지금은 설계, 엔지니어
링뿐만 아니라 엔터테인먼트 분야까지 광범위한 소프트웨어 제품
을 개발하고 있다. 제조 산업에서는 오토데스크 인벤터Inventor, 퓨전
360Fusion 360과 같은 소프트웨어를 사용하여 제품 설계 과정에서 디
지털 모델로 시뮬레이션하며 실제 성능을 시각화고 분석할 수 있
다. 건축 정보 모델링을 위한 레빗 소프트웨어 라인은 사용자가 건
물을 짓기 전에 가상으로 건물의 계획, 시공 및 관리을 할 수 있다.

- CAD(Computer Aided Design): 컴퓨터 지원 설계. 도면 제작이나그 2차원, 3차원 기체 모델을 제작하는
것을 말하는
- 건축 정보 모델링(Building Information Modeling, BIM): 기존의 CAD 툴을 이용한 평면도면 설계에서 한
차원 진화해 3D 기상공간을 이용하여 시공 단계에서의 공정 및 유지보수가지의 전 과정을 효과적으로 관리하는 기술이다.

오토데스크 미디어 및 엔터테인먼트 사업부는 영화, 광고, 게임
...사용되는 3D 애니메이션과 시각 효과 등을 만드는 소프트
...3ds Max와 마야Maya를 만들고 있다.

● 기업 역사

오토데스크는

동창업자들과

...존 워커John Walker가 설립했다. 워커는 공
...드의 첫 번째 버전을 만든 장본인이다.
...규모 설계, 엔지니어링, 건축 회사가 상세
...데 주요한 역할을 했다. 이후 성공적으로
...오토데스크는 1985년에 기업공개IPO*를 했다.
오토데스크의 매출은 4년 만에 1억 달러(약 1251억 원)
이상으로 성장했다.

1990년대에는 전략적 기업 인수를 통해 건축, 토목공학 및 제조
를 포함한 광범위한 산업 부문을 대상으로 하는 오토캐드의 특수
버전을 개발하기 시작했다. 이후 파라메트릭Parametric 건물 모델링
용 프로그램인 레빗(2002년 레빗 테크노로지Revit Technologies로부터 인수)과
내부에서 개발한 파라메트릭 기계 설계 CAD 응용 프로그램인 인
벤터Inventor를 포함하여 몇 가지 주요한 제품을 추가했다.
하지만 2000년대까지 계속해서 잘나가던 오토데스크에게도

- 기업공개(Initial Public Offering, IPO): 넓은 의미로 기업의 전반적 경영 내용을 공개하는 것을 말하며,
좁은 의미로는 주식공개를 의미하다. 비상장 주식회사가 IPO 절차를 밟는 것은 주식의 전
부 또는 일부를 한국 증권시장에 내놓고 불특정 다수에게 공개적으로 주식을 파는 절차다.

● 기업 분석에 도움이 되는 이야
기로 가볍게 읽어본다.

- 회사의 여러 가지 사업 중 핵심이 무엇인지 알 수 있도록 매출 비중을 원그래프로 만들어 보여준다.
- 달러와 원화 환산액을 함께 실어 매출 규모를 실감할 수 있다.
- 원화는 2023년 1월 27일 기준, 1231.4원을 곱한 값이다.

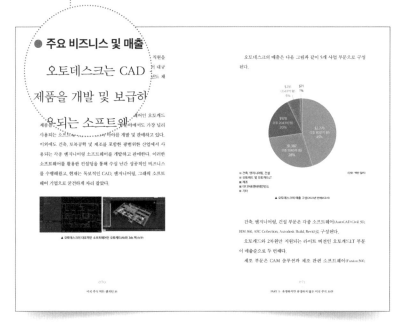

연 단위 매출액과 이익, 이익률 추이를 그래프와 수치로 한눈에 확인할 수 있다.

● 매출 및 이익 현황

Inventor, Vault)로 구성된다.

미디어와 엔터테인먼트 부문은 대표 소프트웨어인 마야, 3ds 맥스와 훗그리드(ShotGrid)로 구성된다.

건설과 엔지니어링 전반에 걸치는 소프트웨어군이 종류도 많고 매출도 가장 높다. 대표 소프트웨어인 오토캐드 제품군이 매출의 1/3을 차지하며, 제조에서 제품 설계나 시뮬레이션 분야가 20% 매출을 내고 있다. 미디어와 엔터테인먼트, 기타 분야는 합쳐서 약 7% 정도의 매출을 차지한다.

...었다. 다른 기술 부문은 바로 뒤...다. 경쟁사로는 다쏘시스템...어인 솔리드웍스(SolidWorks)와 ...CAD 소프트웨어인 온세이 ...CAD 소프트웨어인 스페이스클...스, 글로벌 시장조사기관인 스테...데스크는 CAD 분야에서 23% 점유율을 보이며, 엔지니어링 소프트웨어 분야에서는 35%, 그래픽 소프트웨어 분야에서는 4% 점유율을 보이며 포토샵으로 유명한 어도비(Adobe)가 주요 경쟁사다.

오토데스크는 꽤 가 높은 성장을 보였던 2010년대에는 주춤했고, 2016-2017년까지 위기를 맞았다. 당시에 오토데스크는 비즈니스 모델을 영구 라이센스에서 구독 기반으로 변화를 발표하며 큰 매출 하락을 겪었다. 회사는 위기를 해결하기 위해 비용 절감, 회사 구조조정, 구독 사업 성장에 집중하는 등 여러 조치를 취했다. 이후 회사 매출은 턴어라운드하여 2017-2022년까지 약 2.5배의 상당한 매출 성장을 보였다.

● 경쟁사

여기서는 주...

주요 경쟁사를 통해 해당 기업이 주력 사업에서 어느 정도 시장 지배력이 있는지를 판단할 수 있다.

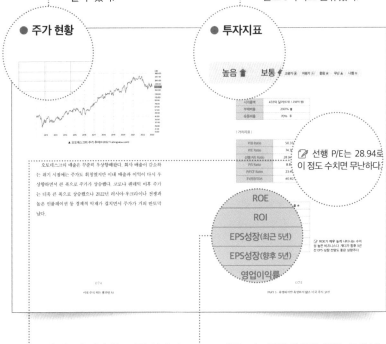

● 최근 10년간의 주가 흐름을 그래프로 보면서 위기 및 성장, 전 고점, 하락폭, 상승폭 등을 확인할 수 있다.

● 기업을 분석할 때 가장 중요한 투자지표를 펀더멘털, 가치지표, 성장지표, 배당지표, 퍼포먼스 5가지로 분류했다.

● 각 지표가 의미하는 바를 쉽게 이해할 수 있도록 기호와 함께 중요한 부분에 코멘트를 추가했다.

● 자주 쓰는 주식 용어의 경우, 표에서는 영문으로만 표기했다.

※ 매출 및 이익 현황, 주가 현황 그래프 볼 때 주의 사항!

회계연도는 기업마다 다르다. 많은 기업은 회계연도 종료 후 몇 개월 이내에 연례보고서를 발표하는 경향이 있다. 2022년 12월 말일의 연례보고서가 2023년 3월에 발표되는 식이다. 책에 수록된 매출, 이익, 이익률 그래프는 단순히 회계연도 마지막 일을 따른다. 예를 들어 2023년 3월에 발표된 연례보고서 수치는 2022년의 실적이지만, 그래프 상에는 회계연도 마지막 날인 2022년 12월 31일에 가장 가까운 2023년에 표시되어 있다.

● 기업의 투자지표 분석, 성장
성, 전망 등 전체적인 총평을
담았다.

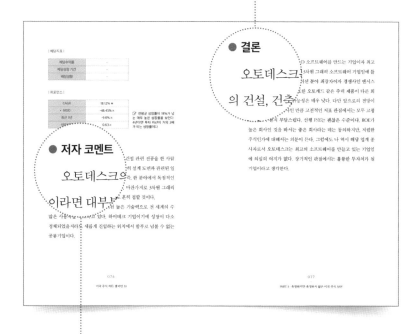

● 해당 기업에 대한 저자의 주관적인
의견을 실어 독자들이 새로운 투
자처를 선택하는 데 도움을 주고자
했다.

이 책을 읽기 위해 필요한 배경지식

들어가기에 앞서 주식을 잘 모르는 사람도 이 책을 읽을 때 어렵게 느끼지 않도록 주식 기초 용어들을 정리해서 설명했다. 재무제표나 회계 관련 지식이 바탕이 되는 내용도 있으나, 자세한 설명보다는 내용을 간략하게라도 이해할 수 있도록 하는 데 초점을 맞추었다. 이 용어들은 3장 기업 소개 부문에 반복해서 등장하므로(자주 등장하는 영어 약어는 색으로 표시했다) 지금 전체적으로 보며 눈으로 익히고, 이해가 안 될 때마다 돌아와서 읽으면 도움이 될 것이다.

주식 기초

- **티커**Ticker : 미국 증권거래소에서 주식을 표기할 때 사용하는 기호이다.

- **매출**Revenue : 기업이 벌어들인 총수입으로, 수익이라고도 불린다.

- **영업이익**Operating Income : 매출에서 제품 생산 등에 사용되는 매출원가, 판매비, 일반 관리비를 뺀 나머지를 말한다.

- **순이익**Net Income : 영업이익에서 법인세(영업비, 잡비 등) 비용을 빼고 순수하게 남은 이익을 말한다.

펀더멘털

- **펀더멘털**Fundamentals : 수익성, 수익, 자산, 부채, 성장 잠재력과 같은 정보를 말한다. 보통 기업의 재무제표가 안정적일 때 '펀더멘털이 튼튼하다'고 한다.

- **시가총액**Market Cap. : 기업의 시장가치를 나타내는 지표로, Capitalization을 줄여서 주로 Cap.으로 사용한다. 주가에 기업의 총주식 수를 곱한 값으로 장중에 계속해서 변동되는 수치다.

- **부채비율**Debt Ratio : 기업이 갖고 있는 자산 중 부채가 어느 정도인지를 나타내는 비율로, 재무제표상의 부채를 자기자본으로 나누어서 구한다. 부채비율은 낮을수록 좋으며 1(100%) 미만이면 안전, 2(200%) 이상은 위험하다고 간주한다.

- **유동비율**Current Ratio ： 유동자산(1년 이내 현금화할 수 있는 자산)을 유동부채(1년 이내 갚아야 하는 부채)로 나눈 것으로, 기업의 단기부채에 대한 지급 능력을 측정하는 지표이다. 일반적으로 수치가 높을수록 좋으며 1(100%) 미만이면 단기부채로 고통받을 수 있고, 1.5(150%) 이상이면 지급 능력이 충분하다고 본다.

가치지표

- **주당순이익**Earnings Per Share, EPS ： 기업의 순이익을 주식 수로 나눈 값으로, 한 주당 이익이 주가 관점에서 적정한지 판단할 수 있는 지표다.

- **주당순자산**Book-value Per Share, BPS ： 기업의 순자산을 주식 수로 나눈 값으로, 순자산을 주가 관점에서 비교해볼 수 있는 지표다.

- **주가순자산비율**Price to Book Ratio, P/B Ratio ： 미국에서는 P/B로 줄여서 쓰기도 하고, 국내에서는 흔히 PBR로 불린다. 주가를 기업의 주당순자산으로 나눈 값이다(시가총액과 기업의 순자산과의 비율이기도 하다). 순자산 대비 주가가 어느 정도인지를 나타내어, 수치가 낮을수록 저평가일 가능성이 높다.

- **주가이익비율**Price Earnings Ratio, P/E Ratio ： 미국에서는 P/E로 줄여서 쓰기도 하고, 국내에서는 흔히 PER로 불린다. 주가를 기업의 주당

순이익으로 나눈 값이다(시가총액과 기업의 순이익과의 비율이기도 하다). 이익 대비 주가가 어느 수준인지를 나타내어, 낮을수록 저평가일 가능성이 높다. P/E는 일반적으로 과거 이익에 기반하기 때문에 투자할 때는 미래 이익 추정치에 근거한 선행Forward P/E를 더 많이 참조한다.

- **주가매출비율**Price to Sales Ratio, P/S Ratio : 미국에서는 P/S로 줄여서 쓰기도 하고, 국내에서는 흔히 PSR로 불린다. 필립 피셔Philip Fisher('성장주 투자의 아버지'로 불린다)의 아들인 켄 피셔Kenneth Fisher가 유행시킨 투자지표다. 주가를 기업의 주당매출액Sales-Per-Share, SPS으로 나눈 값이다. 어떤 회계 항목보다 변동성이 낮고 안정적인 수치인 매출과 주가를 비교한 지표로, 매출 대비 기업의 시장가치가 몇 배인지 한눈에 알아볼 수 있다. 수치가 낮을수록 저평가일 가능성이 높다.

- **잉여현금흐름**Free Cash Flow, FCF : 기업에 현금이 얼마나 들어왔는지를 나타내는 지표다. 기업이 영업활동에서 벌어들인 현금에서 각종 비용과 세금 등을 빼고 남은 현금흐름을 말한다. 애널리스트들이 기업의 재무 성과를 파악하는 데 이 지표를 주로 사용한다.

- **주가잉여현금흐름비율**Price to Free Cash Flow Ratio, P/FCF Ratio : 시가총액을 잉여현금흐름으로 나눈 값이다. 현금흐름은 장부에 기록된 순이

익보다 기업이 실제로 활용할 수 있는 현금에 가까운 수치다. 이러한 관점에서 잉여현금흐름과 주가를 비교하여 현 주가가 저평가인지 고평가인지 확인하는 지표다. 수치가 낮을수록 저평가일 가능성이 높다.

- **기업가치**Enterprise Value, EV : 기업의 총가치로, 시가총액에 부채를 더하고 현금과 현금등가물(현금과 유사한 역할을 하는 금융자산)을 빼서 계산한다. 시가총액에 현금과 부채를 고려하여 평가한 가치로, 기업을 인수하는 입장에서 보면 지급해야 하는 금액이라고 할 수 있다. 현금이 많고 총부채가 적은 회사는 시가총액보다 기업가치가 더 낮고, 반대로 현금이 적고 부채가 많은 회사는 시가총액보다 기업가치가 더 높다.

- **이자 세금 감가상각 감모상각 전 이익**Earnings Before Interest, Tax, Depreciation and Amortization, EBITDA : 통상 EBITDA로 부른다. 법인세, 이자, 감가상각비 차감 전 영업이익으로, 기업이 영업활동을 통해 벌어들이는 현금창출 능력을 보여주는 지표다.

- EV/EBITDA : 기업가치EV를 EBITDA로 나눈 값이다. 이 지표는 기업이 벌어들이는 이익 대비 기업가치가 대략 몇 배인지를 나타낸다. 예를 들어 EV/EBITDA가 5라면 이 기업을 샀을 때 5년 안에 투자금을 회수할 수 있다는 뜻이다. 값이 낮을수록 저평가일

가능성이 높다.

성장지표

- **자기자본이익률**Return On Equity, ROE : 순자산 대비 순이익을 계산한 수치다. 자기자본으로 얼마만큼의 이익을 냈는지를 나타낸 지표다. 워런 버핏Warren Buffett이 가장 중요하게 생각하는 투자지표로, 수치가 높을수록 좋다.

- **투자자본수익률**Return On Investment, ROI : 투자자본 대비 이익을 계산한 수치다. 투자로 얻은 이익을 해당 투자 비용으로 나누어 계산한다.

- **주가순이익성장비율**Price Earnings to Growth Ratio, PEG Ratio : 주가이익비율P/E을 주당순이익EPS 성장률로 나눈 수치다. P/E가 높으면 일반적으로 고평가로 보지만, EPS 성장률이 높으면 고평가가 아닐 수 있다. 이러한 논리로 P/E가 EPS 성장률 대비 높은지를 평가한 지표다. 수치가 낮을수록 저평가일 가능성이 높다.

배당지표

- **배당수익률**Dividend Yield Ratio : 투자금 대비 배당금이 얼마나 나오는지 알 수 있는 지표다. 일반적으로 주당배당금을 주가로 나눠서 계산한다.

이 책을 읽기 위해 필요한 배경지식

- **배당성향**Payout Ratio : 기업이 만들어낸 이익 중 얼마만큼의 비중으로 배당하는지 나타낸 지표로 높을수록 회사가 벌어들인 이익을 주주에게 많이 돌려준다는 것을 의미한다.

퍼포먼스

- **연평균 성장률**Compound Annual Growth Rate, CAGR : 연 단위의 복리 수익률을 말한다. 일반적으로 이자나 금리, 투자 수익률, 기업 및 시장의 성장성을 나타낼 때 주로 사용한다.

- **최대낙폭**Maximum Drawdown, MDD : 특정 기간 동안 최고점과 최저점을 비율로 계산한 값이다. 과거에 일어난 최악의 상황이므로 앞으로 투자할 때 일어날 수 있는 최악의 상황이라고 가정하기에 좋은 수치다.

- **샤프비율**Sharpe Ratio : 변동성 대비 수익률을 나타내는 지표다. 어떤 종목이나 전략이 최종적으로 같은 수익률이라고 해도 위아래로 크게 움직이지 않고 안정적으로 올라가는 게 질 좋은 수익이라고 볼 수 있다. 따라서 샤프비율이 높을수록 수익의 질이 좋다는 뜻이다.

기타 자주 등장하는 용어

- **텐배거**ten bagger : 야구 용어를 활용한 10루타라는 표현으로, 피터 린치Peter Lynch가 《전설로 떠나는 월가의 영웅》에서 처음 사용한 용어다. 린치는 매수 가격의 10배 이상 가치가 상승한 주식을 설명하기 위해 이 용어를 대중화했다.

- **배당성장주**Dividend Growing Stocks : 정기적으로 배당금을 지급하며 시간이 지남에 따라 지속적으로 배당금을 늘려가며 지급하는, 성장성 있는 기업의 주식을 일컫는다.

- **배당귀족주**Dividend Aristocrats : 최소 25년 이상 연속으로 배당금을 늘려온 기업의 주식을 말한다. 일반적으로 이들 기업은 재정적으로 안정적이어서 신뢰할 수 있다.

- **배당왕**Dividend Kings : 최소 50년 이상 연속으로 배당금을 늘려온 기업의 주식을 말한다. 배당귀족보다 훨씬 드물고 가장 안정적인 배당 투자처로 여겨진다.

이 책을 읽기 위해 필요한 배경지식

차례

인기 많은 주식을 따라가던 개미들

10년 후에 10배가 될 주식과 함께하라

유명하지만 유명하지 않은
미국 주식 33선 리스트

11개 섹터, 33개 기업을 한눈에 볼 수 있도록 표로 정리했다. 반드시 책에 나온 순서대로 읽을 필요는 없다. 이 중 관심 가는 섹터나 기업이 있다면 먼저 읽어도 좋다. 이제 남들 따라 투자하지 않겠노라 다짐하며 스스로 투자처를 선정해보자!

다음 리스트에서 관심 가는 기업에 표시하고, 책의 내용을 완전히 이해하고 내 것으로 만드는 체크리스트로 활용하자.

	섹터	기업명	티커	관심 기업	기타(스터디, 투자일, 투자금, 수익률 등)
1	1. 정보기술	오토데스크	ADSK	○	√ (2023.04.24.스터디)
2		앤시스	ANSS		
3		시놉시스	SNPS		
4		아리스타 네트웍스	ANET		
5		베리사인	VRSN		

6	2. 금융	무디스	MCO		
7		블랙록	BLK		
8		S&P 글로벌	SPGI		
9		프로그레시브	PGR		
10	3. 헬스케어	월그린스 부츠 얼라이언스	WBA		
11		리제네론	REGN		
12		모더나	MRNA		
13		맥케슨	MCK		
14	4. 자유소비재	베스트바이	BBY		
15		엣시	ETSY		
16		D.R. 호튼	DHI		
17		롤린스	ROL		
18	5. 통신 서비스	매치 그룹	MTCH		
19		차터 커뮤니케이션즈	CHTR		
20	6. 산업	페이첵스	PAYX		
21		웨이스트 매니지먼트	WM		
22		신타스	CTAS		
23		베리스크 애널리틱스	VRSK		
24	7. 에너지	EOG 리소스	EOG		
25		슐룸베르거	SLB		
26	8. 필수소비재	처치 앤 드와이트	CHD		
27		타이슨 푸드	TSN		
28	9. 자재	셔윈-윌리엄스 컴퍼니	SHW		
29		에어 프로덕츠 앤 케미컬스	APD		
30	10. 유틸리티	듀크 에너지	DUK		
31		아메리칸 워터 웍스	AWK		
32	11. 부동산	리얼티 인컴	O		
33		퍼블릭 스토리지	PSA		

PART

인기 많은
주식을 따라가던
개미들

01

유명하다는 그 주식들 근황

'삼네카'라고 들어봤는가? 삼네카는 삼성전자, 네이버, 카카오의 앞 글자를 따서 부른 말로 2022년 기준 투자자별 순매수 상위 3개 종 목이다. 대표적인 국내 기업들로 대한민국 국민에게 가장 뜨거운 사랑을 받았던 종목들이기도 하다. 이들의 2022년 주식 성적은 어 땠을까?

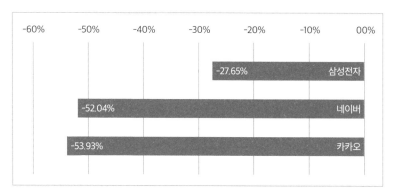

▲ '삼네카'의 최근 1년 수익률(2022년)

모두가 좋아하던 기업들의 최근 1년 수익률이다. 어떠한가? 최근 1년만 성적이 안 좋았던 거 아니냐고? 그렇다면 최근 2년 수익률을 보여드리겠다.

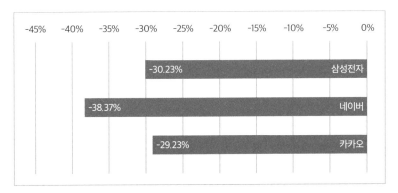

▲ '삼네카'의 최근 2년 수익률(2021~2022년)

좋은 투자 성적이라고 할 수 있겠는가? 여전히 처참한 성적이다. 국내 주식시장이 안 좋았던 거야 누가 모르냐고? 그렇다면 미국 주식시장을 살펴보자.

02

미국 주식에 투자했더라면…

많은 투자자가 소위 '박스피*'라고 불리는 국내 주식장에 지쳐서 성장성이 높은 미국 주식으로 옮겨갔다. 이 책을 읽고 있는 당신도 국내 주식에 염증을 느껴서 미국 주식으로 관심을 돌렸을 수도 있겠다.

100년 단위의 긴 역사로 보면 일반적으로 미국 주식의 연평균 성장률은 10% 정도다. 최근 10년간(2013년 1월부터 2023년 1월 기준) 미국 주식의 연평균 성장률은 10%를 넘는다. 이에 반해 국내 주식의 최근 10년간 성장률은 1.5%에도 못 미치는 수준이다. 100년 단위의 성장률을 말할 때도 그랬듯, 실제 주식시장 성장률을 계산하려면

---

*   박스피: 박스box와 코스피KOSPI를 합쳐 만든 신조어로, 주가가 상승할 경우에도 일정 수치 이상 상승하지 않고, 하락할 경우에도 일정 수치 이하로 하락하지 않는 코스피를 가리킨다. (출처: 시사상식 사전)

배당금의 영향을 포함하는 것이 중요하다. 최근 10년간 미국 주식의 연평균 성장률은 배당금의 영향을 포함하면 13% 수준이지만 국내 주식은 배당금을 포함해도 3% 수준이다.

기간	국내 주식	미국 주식
5년	-8.31%(-1.72%)	41.99%(7.26%)
10년	14.69%(1.38%)	164.60%(10.22%)
20년	264.44%(6.68%)	319.92%(7.44%)
30년	225.05%(4.01%)	807.84%(7.63%)

▲ 국내 주식(코스피 기준)과 미국 주식(S&P500 기준)의 성장성 차이(괄호 안의 수치는 연평균 성장률)

위 표에 따르면 최근 5년간 국내 주식은 마이너스 성장을 했다. 반면 미국 주식은 최근 5년간 성장률도 준수하다. 그나마 20년 단위로 보았을 때는 차이가 많이 좁혀지지만, 다시 30년 단위로 보면 차이가 벌어진다. 즉, 최근 30년간 데이터를 기준으로 보면 미국 주식이 국내 주식에 비해 훨씬 준수한 성장성을 보였다.

이제 미국 주식을 하는 이유를 알았을 것이다. 우리가 '삼네카' 같은 국내 주식에 투자해서 그런 것일 뿐, 미국 주식에 투자했다면 달랐을 것이다. 그렇다면 이번에는 서학개미들이 최근 2년간 가장 많이 매수한 미국 주식 5개에 대한 성적표를 보여드리겠다.

다음에 나오는 그래프를 보자. 아니, 이게 무슨 결과인가? 미국 주식을 골랐는데 왜 이런 걸까? 그 이유는 서학개미들이 고른 종목에 있다. 특정 종목이 나쁘다는 말을 하려는 것이 아니다. 그저 남

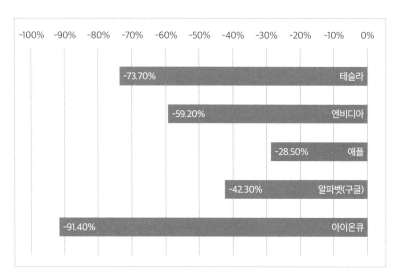

▲ 서학개미 순매수 상위 종목 수익률(2021~2022년)

들이 좋다고 하는 기업을 좇았을 때 이런 결과를 얻기 쉽다는 것을 말하고자 한다. 주식 투자는 기업에 투자하는 것이기에 사업과 닮은 점이 많다. 유행을 좇다가는 한철 장사로 그치기 쉽고, 남들이 보지 못하는 기회를 포착할 수 있어야 큰돈을 벌 수 있다. 이런 면에서 주식시장은 충분히 효율적인 시장*이 아닐까 생각한다. 그런데 혹시 최근 2년간 주식시장이 안 좋았기 때문에 이런 결과가 나온 것은 아닌가?

---

* 효율적 시장 가설: 어떤 금융 자산의 가격과 기대 수익률은 이미 공개된 모든 정보를 반영하기 때문에 추가적인 위험을 부담하지 않고서는 더 높은 수익률을 기대할 수 없다는 가설이다. (출처: 시사경제용어사전)

03

덜 유명한 주식들은 덜 올랐을까?

이번에는 이 책에서 소개하는 기업 5개를 골라 최근 2년 치 성적을 내보았다. 왠지 사업 내용이 재미없어 보이고, 2020~2021년 폭발적인 상승장에서 매력적으로 평가받지 못한 종목들 위주로 선정했다. 당시에는 성장주 투자가 각광받고 있었고, 특히 배당주 투자는 패시브 투자(45p 참고)보다 못한 우매한 투자로 여겨졌다. 실제로 내 투자 포트폴리오 중에서 최근 3년간 가장 높은 성적을 보인 건 배당주 포트폴리오였다. 각설하고, 5개 기업의 성직을 살펴보자.

첫 번째 WM은 쓰레기를 처리하는 기업인 웨이스트 매니지먼트Waste Management, 두 번째 CTAS는 유니폼 대여 사업을 하는 기업인 신타스Cintas Corporation, 세 번째 PSA는 개인용 창고 임대 사업을 하는 기업인 퍼블릭 스토리지Public Storage, 네 번째 DHI는 주택 건설사인

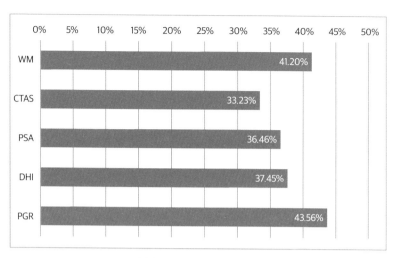

▲ 유명하지만 유명하지 않은 미국 주식 수익률

D.R. 호튼D.R. Horton, 다섯 번째 PGR은 자동차 보험 회사인 프로그레시브Progressive다.

여러분이 봤을 땐 이 기업들의 사업 내용이 매력적인가? 이 질문이 어렵다면 이렇게 바꿔보겠다. 아이온큐의 양자 컴퓨터*가 멋있어 보이는가, WM의 쓰레기 처리 사업이 멋있어 보이는가? 그렇다. 사업 내용이 매력적인 것과 주식 성적은 아무런 관계가 없다. 오히려 매력적으로 보이는 주식은 대부분 수익률이 좋지 않다는 인과관

---

* 　양자 컴퓨터Quantum Computer: 양자 컴퓨터는 양자 역학의 원리를 활용하여 계산을 수행하는, 근본적으로 다른 유형의 컴퓨터. 데이터를 표현하기 위해 이진수(비트)를 사용하는 기존 컴퓨터와 달리 양자 컴퓨터는 중첩이라는 현상인 여러 상태에서 동시에 존재할 수 있는 양자 비트(큐비트)를 사용한다. 이를 통해 양자 컴퓨터는 특정 계산을 기존 컴퓨터보다 기하급수적으로 빠르게 수행할 수 있다. 양자 컴퓨터는 암호화, 최적화, 신약 발견과 같은 분야를 혁신할 수 있는 잠재력을 가지고 있지만 아직 초기 단계에 있으며 널리 사용되기까지 상당한 기술적, 실제적 문제에 직면해 있다.

계가 있다. 매력적으로 보이기 시작했다는 것은 이미 대중의 인기를 얻고 있다는 방증이기 때문이다. 단순한 수요-공급 논리에 따라 대중의 인기를 많이 얻은 주식은 비싸지게 마련이다. 주식은 쌀 때 사서 비쌀 때 팔아야 돈을 버는 법이니, 비쌀 때 주식을 산다면 좋은 수익률을 기대하기는 어렵다.

하지만 그렇다고 해서 사업 내용이 매력적인 게 꼭 나쁘다는 건 아니다. 책에서 소개하는 바이오테크 기업 중에는 사업 내용도 매력적이면서 위에서 소개한 5개 기업보다 더 높은 수익률을 보이는 곳도 있다.

물론 이 책에서 소개하는 기업 중에는 주가 성적이 나쁜 기업도 있다. 미리 스포하자면 S&P500에 포함되는 기업만 골랐다. S&P500 지수가 2년 동안 제자리걸음을 하고 2022년 한 해에만 주가가 20% 떨어졌는데 안 떨어지는 건 쉬운 일이 아니다. 그럼에도 말하고자 하는 핵심은 호황장에서 인기 없어 보였던 종목이 밀물이 썰물로 변했을 때 빛을 발하기도 한다는 점이다.

◆ 미국 주식시장의 구조

미국 주식시장에는 가장 대표적인 2개의 증권거래소가 있는데 뉴욕증권거래소
New York Stock Exchange, 이후 NYSE와 나스닥NASDAQ, 이후 NASD이다. 일반적으로
NYSE가 NASD보다 더 엄격한 상장 요건을 가지고 있다. 역사적으로 NYSE는 금융
및 산업 부문의 많은 기업을 포함하여 우량 기업을 상장하는 것으로 알려져 있다.
반면 NASD은 전통적으로 젊고 기술 지향적인 회사에 중점을 두었다. 이러한 구분
은 시간이 지남에 따라 덜해졌지만, NASD은 여전히 기술과 성장 지향적인 기업의
집중도가 높다. 국내와 비교하면 코스피KOSPI와 코스닥KOSDAQ과 유사한 관계라고
할 수 있다.

미국을 대표하는 주가지수는 크게 세 가지로 다우지수, S&P500지수, 나스닥지수
이다.

다우지수는 다우존스 산업평균지수Dow Jones Industrial Average Index인데 보통 다우
지수로 줄여서 부른다. 미국의 대표 기업 30개에 대해서 산출한 것으로, 세계에서
가장 역사가 오래된 주가지수다. 여전히 널리 활용되고 있다.

S&P는 스탠더드 앤드 푸어스Standard & Poors의 줄임말로, S&P500은 미국을 대표
하는 500개 기업에 대해서 산출한 주가지수다. 다시 말해, S&P500은 현재 미국
주식을 대표하는 주가지수다.

나스닥지수는 경우에 따라 NASD에 상장된 모든 기업에 대하여 산출하는 나스닥
종합주가지수Nasdaq composite index를 사용하기도 하고, 대표 100개 기업에 대해
서 산출하는 나스닥100지수Nasdaq 100 index를 활용하기도 한다.

다우지수와 S&P500지수는 NYSE와 NASD 모두에서 대표 기업 30개, 500개를
산출하는 반면, 나스닥지수는 NASD에 포함된 종목만으로 지수가 산출된다는 차
이가 있다.

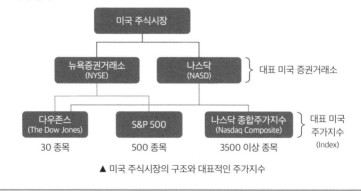

▲ 미국 주식시장의 구조와 대표적인 주가지수

04

대체 어떤 주식을 사야 하오?
우량주?

유명한 주식을 남들 따라 샀더니 망했고, 덜 유명한 주식은 잘 오른 것도 있고 아닌 것도 있다면, 대체 우리는 어떤 주식을 사야 하는 걸까? 투자 현인들은 우량한 주식을 사서 묻어두라는데 그럼 우량주란 대체 무엇일까? 유명하다고 해서 샀던 주식들이 우량주 아니었던가?

그렇다. 이처럼 시중에 알려진 단순한 명제들이 알고 보면 단순하지 않은 법이다. 우량주를 사라고 해서 샀을 뿐인데 유명한 주식은 사지 말라고 하고, 기업 규모가 큰 게 우량주 같아서 샀는데 내가 사니 또 떨어지고…. 대체 어쩌란 말인가!

워런 버핏은 경제적 해자가 있는 기업을 사야 한다고 했다. 경제적 해자가 있는 기업이란, 적군이 쉽사리 성벽을 넘지 못하도록 성벽을 둘러싼 연못(해자)처럼 경쟁자들이 넘볼 수 없는 기술이나 비즈니스 모델을 갖춘 것을 말한다. 이 책에서는 이러한 관점에서 기업들을 다룰 것이다.

여기에는 정성적인 부분과 정량적인 부분이 있다. 정성적인 부분은 기업의 발전 과정이나 비즈니스를 수행하는 방식, 기업문화, CEO와 경영진의 특성과 같은 성격적인 것을 말한다. 여러분이 살면서 경험했던 지혜를 접목해 이런 부분을 바라보길 바란다. 특정 업계에서의 경험은 당신만의 특기가 될 수 있다. 만약 당신이 보험업계에 종사한다면 보험 회사를 살피는 데 남다른 안목이 있을 수 있고, 직장 생활을 통해 좋은 경영진을 구분하는 안목이 남다르다면 경영진에 대한 평가를 주식 평가에 반영할 수도 있다. 또 특정 제품이나 서비스에 '덕후'로서 남들이 보지 못하는 측면을 평가할 수 있다면 이 또한 투자에 큰 도움이 된다. 게다가 기관 투자자와 비교했을 때 개인 투자자의 가장 큰 장점은 누구의 지시도 받지 않고 자금을 운용할 수 있으며, 소외된 주식일지라도 원하는 주식을 사고 싶을 때 사고, 팔고 싶을 때 팔 수 있다는 것이다. 그래서 전설적인 투자자 피터 린치는 개인 투자자가 기관 투자자에 비해서 얼마든지 '더 잘 아는' 분야가 있기 마련이고, 그런 의미에서 개인 투자자가 기관 투자자보다 얼마든지 투자를 더 잘할 수 있다고 말했다.

다음으로 정량적인 부분은 숫자로 셀 수 있는 부분이다. 이런 관점에서 하는 투자를 '퀀트 투자'라고도 한다. 한글로는 계량 투자인데, 셀 수 있는 숫자를 기반으로 투자한다는 뜻이다. 이 관점에서 주로 살펴볼 것은 기업의 성적표인 재무제표와 여기에서 파생되는 투자지표들이다.

이 책은 대부분의 전문 투자자가 주로 살펴보는 지표이자 개인 투자자인 나도 즐겨 사용하는 지표들의 교집합으로 구성했다. 이렇게 정성적인 부분과 정량적인 부분을 소개하고 최종적으로 내가 생각하는 결론을 말할 것이다.

여기서 중요한 점! 투자는 전적으로 본인이 책임을 지는 게임이다. 한 개인 투자자의 의견을 너무 맹신하기보다는 '아 이 사람은 이렇게 생각하는구나!' 하고 참고하며, 뛰어난 당신의 직관과 판단 능력을 믿으면서 투자에 임하기를 바란다.

PART

10년 후에
10배가 될 주식과
함께하라

미국 주식을 몽땅 사는 게(패시브 투자) 답이다?

먼저 나도 패시브 투자(지수 추종 투자)를 즐겨하는 투자자라는 점부터 밝힌다. 미국 주식이 십수 년간 좋은 성적을 거두자 쓸데없이 어렵게 기업을 고르지 말고 패시브 투자만 하면 된다는 이야기가 많이 퍼졌다. S&P500지수를 추종하는 ETF에만 투자하면, S&P가 선정한 최고의 기업 500개에 투자하는 셈이니 우량주만 고를 수 있게 된다. 게다가 ETF는 알아서 500개 종목을 최신 상태로 교체해준다. 미국의 우수한 기업들은 꾸준히 좋은 성과를 올려왔기에 이 전략은 매우 성적이 좋았다. 워런 버핏도 본인 사후에는 투자금의 90%를 S&P500을 추종하는 ETF에 투자하라고 했을 정도로 좋은 투자 전략이기도 하다. 그럼에도 패시브 투자에는 네 가지 태생적인 한계가 존재한다.

첫째, 절대 시장의 평균을 능가할 수 없다. 당연한 얘기지만 패시브 투자, 특히 지수 추종 투자는 시장의 평균을 좇겠다는 뜻이다. 그렇기에 수동적으로 투자한 후에 그저 시장이 좋기를 바라는 수밖에 없다.

둘째, 재미가 없다. 많은 투자자가 초보임에도 불구하고 개별 기업 투자부터 시작한다. 나로서는 패시브 투자부터 시작하라고 권하곤 하지만 한편으로는 이해가 간다. 기업을 분석해서 투자하는 것이 '진짜 투자를 한다는 기분'을 느끼게 해주기 때문이다. 게다가 기업이 어떤 사업을 영위하고 어떻게 돈을 벌어들이는지 공부하는 것은 재밌다. 반면에 패시브 투자는 그저 시장이 우상향할 것이라는 믿음하에 기다리는 수밖에 없기 때문에 재미가 없다.

셋째, 주식 투자의 본질을 이해하기 어렵다. 주식 투자의 본질은 훌륭한 기업에 돈을 보태주어 기업은 조달한 돈으로 이윤을 창출하고, 투자자는 기업의 발전에 따른 주식의 시세 차익을 누리고 이윤을 주주들에게 나누는 배당을 받는 것이다. 하지만 지수를 추종하는 패시브 투자는 기업의 재무제표를 볼 필요도, 무엇을 하는지도 알 필요가 없기 때문에 이러한 개념을 이해하기가 어렵다. 다시 말해, 본질적으로 주식 투자를 이해하기 위해서는 개별 기업에 투자하는 것이 좋다.

넷째, 주가지수는 시가총액 비중에 따라 구성된다. 즉, 주가지수 ETF를 통해 투자하면 필연적으로 시가총액이 높은 기업에 비중을 두고 투자하게 된다. 이 책에서 소개하는 유명하지 않은 주식들은 S&P500지수를 구성하는 데 있어 그렇게 높은 비중을 차지하지 않는 종목들이다. 만약 이 책에 있는 종목들로만 포트폴리오를 구성한다면 주가지수와는 크게 상관없는 포트폴리오를 만들 수도 있다.

◆ 패시브 투자 vs 액티브 투자

'인덱스 펀드의 아버지'로 불리는 존 보글John Bogle(1929~2019년)은 세계 최대 억만장자 중 한 명이었다. 그는 자신의 대표 저서 《모든 주식을 소유하라》에서 인덱스 펀드를 소개하며 "건초 더미에서 바늘을 찾느니 건초 더미를 통째로 사는 게 낫다."고 펀드의 특징을 설명했다. 이러한 인덱스 펀드에 투자하는 방식을 패시브passive 투자라고 한다. 패시브 투자는 S&P500 같은 특정 시장 지수를 추적하는 포트폴리오를 매수하고 보유하는 투자 방식을 말한다. 쉽게 말해, 미국 대표 기업 500개에 몽땅 투자하고, 아무것도 안 하겠다는 방식이다. 이에 반대되는 방식이 액티브active 투자다. 액티브 투자는 시장보다 더 높은 수익을 창출한다는 목표로 펀더멘털 분석과 기술적 분석을 포함하여 적극적으로 투자처를 찾고 투자 기회를 노리는 방식이다. 패시브 투자는 시장이 효율적이라는 철학을 따르는 반면, 액티브 투자는 시장은 비효율적이며 가격이 잘못 책정된 것을 적극적으로 찾겠다는 철학이다.

▌	Apple Inc.	6.24%	Alphabet Inc. Class C	1.59%
▌	Microsoft Corpotation	5.35%	NVIDIA Coporation	1.42%
▌	Amazon.com, Inc.	2.56%	Exxon Mobil Corporation	1.37%
▌	Alphabet Inc. Class A	1.76%	UnitedHealth Group Incorporated	1.34%
▌	Berkshire Hathaway Inc. Class B	1.65%	Johnson & Johnson	1.30%

Total Top 10 Weighting 24.58%

▲ S&P500지수를 추종하는 ETF인 SPY의 상위 10개 종목 비중
시가총액이 높은 순으로 구성되어 유명한 기업들이 눈에 띈다.(© 2022 ETF.com)

개별 종목 투자로
누릴 수 있는 이점

개별 기업에 투자하면 어떤 이점이 있을까?

첫째, 시장의 평균을 능가할 수 있다. 앞에서 소개한 매력 없어 보이던 주식들의 성적을 기억하는가? S&P500지수가 제자리걸음을 하는 동안에도 이 기업들은 높은 수익률을 냈다. 하지만 꼭 높은 수익률을 내지 않아도 된다. 시장 전체는 하락했는데 내가 가진 기업의 주식은 하락하지 않았다면 돈을 벌지 못했다 하더라도 시장을 능가한 것이자 알파를 창출한 것이다! 좋은 투자처를 고르는 눈을 기른다면 이는 당신의 투자 수익률을 올려주고 시장을 능가하게 도와준다.

둘째, 투자가 재밌다. 만약에 당신이 테슬라 전기차를 정말 좋아한다면, 주식에 문외한일지라도 팬심으로 주식 투자를 할지도 모른다. 그리고 이런 팬심으로 하는 투자는 투자라는 행위 자체를 즐겁게 만든다(물론 투자는 돈을 벌어야 한다는 전제가 있으므로 재미만 있어서는 안 된다). 재미에만 빠지지는 말라고 당부하고 싶지만, 본인이 기업을 물색해 좋은 기업이라는 판단에 투자했고 성과를 낸다면 도박판에서 돈을 번 것보다 짜릿할 수도 있다.

셋째, 주식 투자의 본질을 이해하기 좋다. 기업의 사업성을 살펴보고, 재무제표를 통해 성적표를 살피며, 투자지표를 통해 투자 관점까지 반영하여 투자한다는 것. 이것이 적정가치보다 떨어진 가격에 주식을 사서 돈을 버는 가치 투자의 본질 아니겠는가!

마지막으로, 주가지수만 따라가는 것과는 거리가 먼 나만의 포트폴리오를 구성할 수 있다. 이 덕분에 첫 번째 장점을 누릴 수 있다. 패시브 투자는 시가총액이 큰 종목순으로 구성되기에 편입된 종목의 가격이 오르면 그만큼 더 편입하게 된다. 즉, 비싸진 주식을 더 사 모으는 방식이다. 반면에 나만의 포트폴리오를 구성하면, 가치투자 관점에서 저렴해 보이는 주식을 쌀 때 사서 모아갈 수 있다. 얼마든지 당신의 투자 능력과 창의력을 발휘할 수 있는 것이다.

03

앞으로도 살아남을
좋은 주식과 함께하라

여러분이 20년 전에 애플에 1000만 원을 투자했다면 지금 57억 8500만 원(578.5배)이 되어 있을 것이다. 혹은 드라마 〈재벌집 막내아들〉의 주인공처럼 아마존에 투자했더라면 지금 8억 7500만 원 (87.5배)이 되어 있을 것이다. 이처럼 오래도록 사업을 잘 영위하며 시장에서 살아남고 최강자가 된 기업은 엄청난 성과를 가져다주었다. 어렵지만 개별 주식에 투자하려는 이유는 바로 이런 기업에 투자하기 위해서다.

10배의 수익을 가져다준 기업을 '텐배거'라고 한다. 이 책에서 소개하는 기업들은 이미 투자자들 사이에서는 충분히 유명하다. 아무래도 미국의 대표 기업 500에 이미 들어갔으니 말이다. 하지만 그렇다고 기회가 없는 것은 아니다. 애플 역시 2000년대 초부터 유명하지 않았던가? 게다가 이 책에서 소개하는 기업 중에는 S&P500에 편입된 지 몇 년이 채 되지 않은 기업도 있다.

주식 투자를 잘하기 위해서는 거시경제라든지 경기 주기와 섹터와의 관계* 같은 탑다운 관점도 필요하고, 좋은 주식을 선별하기 위한 바텀업 관점도 필요하다. 하지만 길게 보고 앞으로도 쭉 살아남을 좋은 주식과 함께하기 위해서는 바텀업 관점만 있어도 충분하다. 개별 주식 투자를 잘하려면 네 가지 관점에서 분석하면 된다. 회사의 수익성, 재무 건전성, 가치, 기술적 관점이다.

회사의 수익성은 회사가 가진 돈을 잘 활용하고 투자해서 효율적으로 돈을 잘 벌고 있는지를 말한다. 재무 건전성은 현금 보유량이 많고 빚이 적은지 같은 자금 사정을 말한다. 가치 분석은 기업의 수익성과 재무 건전성 대비 주가가 높은지(고평가), 낮은지(저평가)를 보는 것이다. 마지막으로 기술적 분석은 과거 가격, 거래량, 차트 패턴과 같은 데이터를 통해 미래 가격의 움직임을 예측하는 방식이다. 앞으로 10년, 20년 함께할 주식을 고르는 데 있어 상대적으로 기술적 분석은 중요도가 낮다고 할 수 있겠다.

지금부터 기업 분석을 본격적으로 들어가며 수익성, 재무 건전성, 가치적 관점까지 살펴보고, 주식 퍼포먼스와 같은 기술적 관점도 최소한을 곁들여서 설명할 것이다. 앞으로 소개할 33개 기업들을 살펴보고 나의 평가도 참고하며 각자의 취향을 가득 담아 투자

---

* 섹터 순환 이론: 경제 지표와 같은 전반적인 경기 주기를 분석함으로써 섹터 간의 예상 성과를 기반으로 다른 섹터로 투자를 이동하여 수익을 향상시킬 수 있다는 이론이다.

해보기를 바란다.

아마존의 제프 베이조스Jeff Bezos는 10년 후의 변화를 열심히 예측하기보다, 10년 후에도 변하지 않는 게 무엇일지 질문해야 한다고 했다. 변하지 않는 것에 집중해야 헛고생하지 않는 법이다. 앞으로도 100년 넘게, 멋지게 살아남을 우량주나 10년 뒤 텐배거가 될 기업에 투자할 수 있기를 기원한다.

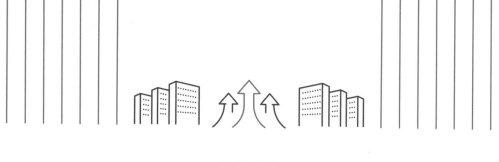

PART

유명하지만
유명하지 않은
미국 주식 33선

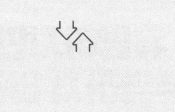

01

섹터란 무엇인가?(11개 섹터)

이 책에서 소개하는 33개 주식은 섹터별로 나누어졌다. 아마 섹터란 말은 많이 들어봤을 것이다. 반도체 섹터? 산업 분류? 이렇게 어렴풋이 들어봤을 뿐 아직 분명하게 알지는 못할 수도 있다. 이번 기회에 섹터가 무엇인지 정확하게 알아보자.

▲ 글로벌 산업 분류(The Global Industry Classification Standard, GICS®)

글로벌 산업 분류GICS에 따르면 섹터는 총 11개다. 각 섹터는 24개 산업 그룹에서 다시 69개 산업으로 세밀하게 분류되고, 또 다시 158개 하위 산업으로 분류된다. 이 책에서는 11개 섹터만 알아보자.

▲ 글로벌 산업 분류에 따른 11가지 섹터(GICS®)

그림과 같이 11개 섹터에는 에너지, 자재, 산업, 유틸리티, 헬스케어, 금융, 자유소비재, 필수소비재, 정보기술, 통신 서비스, 부동산이 있다. 각 섹터에 대한 설명은 기업을 소개하는 부분에서 자세하게 다룰 예정이다.

유명하지만 유명하지 않은 주식?

이 책에서 말하는 '히든 챔피언(유명하지만 유명하지 않은 주식)'은 어떤 주식일까? 먼저 프롤로그에서 밝혔듯이 앞으로 소개할 33개 기업들은 미국의 대표 기업 500개 안에 들은, 즉 S&P500을 구성하는 종목들이다. 그렇기 때문에 우선 유명하다고 할 수 있다. 하지만 왜 유명하지 않다는 것일까?

다음은 세계 100대 브랜드다. 우리에게 익숙한 기업 로고가 눈에 띈다(각 기업 칸의 퍼센트 수치와 두 번째 수치는 브랜드 가치 상승률과 브랜드 가치를 말한다). 그런데 앞으로 소개할 기업들은 여기에 없다. 다시 말해 세계 100대 브랜드 안에는 포함되지 못한 기업이라는 뜻이다.

01 **Apple** +26% 408,251 $m	02 **Amazon** +24% 249,249 $m	03 **Microsoft** +27% 210,191 $m	04 **Google** +19% 196,811 $m	05 **Samsung** +20% 74,635 $m
06 **Coca-cola** +1% 57,488 $m	07 **Toyota** +5% 54,107 $m	08 **Mercedes-Benz** +3% 50,866 $m	09 **McDonald's** +7% 45,865 $m	10 **Disney** +8% 44,183 $m
11 **Nike** +24% 42,538 $m	12 **BMW** +5% 41,631 $m	13 **Louis Vuitton** +16% 36,766 $m	14 **Tesla** +184% 36,270 $m	15 **Facebook** +3% 36,248 $m
16 **Cisco** +6% 36,228 $m	17 **Intel** -3% 35,761 $m	18 **IBM** -5% 33,257 $m	19 **Instagram** +23% 32,007 $m	20 **SAP** +7% 30,090 $m
21 **Adobe** +36% 24,832 $m	22 **Chanel** +4% 22,109 $m	23 **Hermès** +20% 21,600 $m	24 **J.P.Morgan** +6% 21,401 $m	25 **Honda** -2% 21,315 $m
26 **YouTube** +21% 20,905 $m	27 **IKEA** +6% 20,034 $m	28 **Pepsi** +4% 19,431 $m	29 **UPS** +1% 19,377 $m	30 **American Express** -2% 19,075 $m
31 **GE** +3% 18,420 $m	32 **Accenture** +7% 17,758 $m	33 **Gucci** +6% 16,656 $m	34 **Allianz** +17% 15,174 $m	35 **Hyundai** +6% 15,168 $m
36 **Netflix** +19% 15,036 $m	37 **Budweiser** -4% 15,022 $m	38 **Salesforce** +37% 14,770 $m	39 **Visa** +19% 14,741 $m	40 **Nescafé** +4% 14,466 $m
41 **Sony** +20% 14,445 $m	42 **PayPal** +36% 14,322 $m	43 **H&M** +1% 14,133 $m	44 **Pampers** -8% 13,912 $m	45 **Zara** -9% 13,503 $m
46 **Audi** +8% 13,474 $m	47 **Volkswagen** +9% 13,423 $m	48 **AXA** +10% 13,408 $m	49 **Adidas** +11% 13,381 $m	50 **Mastercard** +18% 13,065$m

미국 주식 히든 챔피언 33

51 **Starbucks** +16% 13,010 $m	52 **Ford** +2% 12,861 $m	53 **L'Oréal** 0% 12,501 $m	54 **Citi** +5% 12,501 $m	55 **Goldman Sachs** +3% 12,491 $m
56 **eBay** 0% 12,285 $m	57 **Philips** +4% 12,088 $m	58 **Porsche** +4% 11,739 $m	59 **Nissan** +5% 11,131 $m	60 **Siemens** +5% 11,047 $m
61 **Gillette** -8% 10,657 $m	62 **Nestlé** +4% 10,646 $m	63 **HP** +8% 10,481 $m	64 **HSBC** +2% 10,317 $m	65 **Danone** -5% 9,846 $m
66 **Spotify** +16% 9,762 $m	67 **3M** +3% 9,702 $m	68 **Colgate** +3% 9,629 $m	69 **Morgan Stanley** +19% 9,380 $m	70 **Nintendo** +26% 9,197 $m
71 **LEGO** +21% 9,082 $m	72 **Kellogg's** -9% 8,642 $m	73 **Cartier** +9% 8,161 $m	74 **Santander** +8% 8,100 $m	75 **FedEx** +2% 7,548 $m
76 **Ferrari** +12% 7,160 $m	77 **Dior** +17% 7,024 $m	78 **Corona** +6% 6,952 $m	79 **Canon** -14% 6,897 $m	80 **DHL** +7% 6,747 $m
81 **Jack Daniel's** +4% 6,537 $m	82 **Caterpillar** +11% 6,503 $m	83 **LinkedIn** +22% 6,368 $m	84 **Hewlett Packard Enterprise** -5% 6.313 $m	85 **Huawei** -2% 6,196 $m
86 **Kia** +4% 6,087 $m	87 **Johnson & Johnson** +3% 5,937 $m	88 **Panasonic** 0% 5,832 $m	89 **Heineken** +4% 5,720 $m	90 **John Deere** +5% 5,616 $m
91 **Zoom** +24% 5,536 $m	92 **Tiffany & Co.** +10% 5,484 $m	93 **KFC** +6% 5,428 $m	94 **Prada** +20% 5,416 $m	95 **Hennessy** +3% 5,299 $m
96 **MINI** +5% 5,231 $m	97 **Burberry** +8% 5,195 $m	98 **Land Rover** 0% 5,088 $m	99 **Uber** -4% 4,726 $m	100 **Sephora** NEW 4,628 $m

▲ 세계 100대 브랜드

PART 3 · 유명하지만 유명하지 않은 미국 주식 33선

물론 세계 100대 브랜드라고 해서 모두에게 친숙한 기업만 있는 건 아니다. 그럼에도 부제에 걸맞게 '유명하지 않다'는 뜻을 살리기 위해 100대 기업은 제외했다(사실 포함하고 싶은 기업들도 제법 있었다. 독자들이 원한다면 다음 책으로 준비해서 새로 낼지도 모르겠다).

2023년 1월 27일 기준,* S&P500 시가총액 상위 50위 주식은 코노코필립스ConocoPhillips(티커: COP)로 약 155억 달러(약 191조 원) 규모다. 앞으로 소개할 주식들은 모두 이 이하 규모의 시가총액 기업이다. 다시 말해, 시가총액 상위 50위 기업은 규모가 큰 기업이므로 제외하겠다는 뜻이다. 우리가 음악 스트리밍 사이트에서 TOP100을 순차 재생으로 듣는다면(랜덤 재생을 하지 않는다면), 일반적으로 상위 50개까지는 익숙할 것이다. 여기서 익숙하다는 것은 유명하다는 의미다. 같은 논리로 나는 S&P500 중에서 TOP50을 제외한 나머지 450개 기업에서 33개를 선정했다.

또한 최근 5년간 매출이 증대되지 않은 기업은 제외했다. 기왕이면 독자들에게 좋은 투자처가 될 수 있는 기업만을 소개하고 싶었다. 최소한 자본주의 체제하에서 '매출 성장'이라는 기본은 하는 기업들만 골랐다. 그러다 보니 33개도 적지 않은 숫자였다. 이미 대형

---

* **기준일 참고!** 기준일과 출간 시점 사이에 연례보고서가 발표되는 등 현재(2023년 7월)와는 데이터 차이가 있을 것이다. 비록 과거의 데이터일지라도 변동성이 큰 종목을 제외하면 큰 틀에서는 유사하다. 또한 장기적 관점에서 투자처를 살피기를 원하는 만큼 단기적인 변화에 크게 집중할 필요는 없다. 만약 기준일과 출간일 사이에 큰 변화가 일어났다면 이 부분은 따로 집중해서 살펴보기를 바란다. 책에서 제공하는 정보를 바탕으로 최신의 정보를 추가하면서 인사이트를 얻을 수 있을 것이다. 또한 그렇게 한 번 더 꼼꼼하게 살펴보고 투자 결정을 하는 것이 저자로서 바라는 바이다.

주로 분류될 만큼 성장한 기업이기에 폭발적인 주가 성장은 기대하기 힘들지만, 대부분 망할 확률이 지극히 낮은 튼튼한 우량주가 주를 이룬다. 그럼에도 미래를 선도할 기업도 있고, 안정적으로 여러분에게 배당을 안겨줄 든든한 배당주도 있을 것이다.

섹터는 앞에서 살펴봤듯 11개가 있다. 이 중 정보기술, 금융, 헬스케어, 자유소비재, 산업 5개 섹터는 S&P500 종목이 각각 60개가 넘는다. 이에 반해 통신 서비스, 필수소비재, 부동산, 유틸리티 4개 섹터의 종목은 각각 40개가 되지 않는다. 자재와 에너지 섹터는 20개 수준이다.

그런 점에서 미래에 가장 유망한 정보기술 섹터는 5개 종목을 선정했고, 금융, 헬스케어, 자유소비재, 산업은 섹터당 4개 종목을 선정했다. 종목 수가 적은 통신 서비스, 에너지, 필수소비재, 자재, 유틸리티, 부동산은 섹터당 2개 종목을 선정했다. 그렇게 총 33(=5+4×4+6×2)개 종목이 선정되었다.

각 섹터 안에서는 최대한 산업 분류가 다른 것을 소개하려고 했다. 아무래도 유사 업종을 파헤치기보다는 폭넓은 분야를 다루고 싶었기 때문이다. 때로는 개인적으로 잘 아는 분야이거나 꼭 소개하고 싶은 기업이 있어서 산업 분류가 겹치기도 하지만, 대부분 다른 업종으로 선정했다.

짧다면 짧고 길다면 긴 8년이라는 기간 동안 투자하며 공부했던 나의 지식을 총동원하여 해당 기업에 대한 평가도 넣었다. 여러분의 투자 결정에 부디 조금이나마 도움이 되길 바란다.

유명하지만 유명하지 않은
미국 주식 33선

이 책에서 소개하는 기업은 서로 연관이 있는 경우도 있지만 대부분 독립적으로 작성됐다. 그런 점에서 순서대로 읽어도 되고, 섹터별로 또는 원하는 기업만 골라서 봐도 무방하다. 한 번에 책 전체를 읽어야 한다는 강박 없이 필요할 때 관심이 가는 기업만 골라서 봐도 좋다.

섹터 11개는 시가총액 순서로 구성했다. 기업별로는 동일한 구성을 두었다. 어떤 기업인지 간단하게 소개하고, 기업의 역사를 다루었다. 기업 역사는 기업 분석에 도움이 되는 요소와 읽는 재미가 함께 있어 상식을 쌓는다는 느낌으로 가볍게 읽어보면 좋다. 이 책을 통해 당신이 모르던 기업을 알게 되고, 투자하고 싶은 기업을 발견하기를 바란다.

만약 투자에 본격적으로 도움을 받고 싶다면 비즈니스와 매출 구조부터 보는 것을 추천한다. 최근 매출과 이익 추이도 포함했다. 주가는 단기적으로는 기업가치와 동떨어지기도 하지만, 장기적으로는 기업의 이익 수준에 수렴하는 법이다. 그래서 주가 추이도 10년 정도로 짧지 않은 시간을 실었다. 투자지표도 펀더멘털Fundamentals, 가치지표, 성장지표, 배당지표, 퍼포먼스 5가지로 나누어 정리했다. 지표들은 전부 2023년 1월 27일 기준이다.

펀더멘털은 시가총액Market Cap.과 부채비율Debt Ratio, 유동비율Current Ratio만을 포함했다. 부채비율은 30% 미만이면 낮음, 30% 이상 200% 미만이면 보통, 200% 이상이면 높음으로 정했다. 유동비율은 75% 미만이면 낮음, 75% 이상 200% 미만이면 보통, 200% 이상은 높음으로 정했다. 일반적으로 부채비율은 낮을수록 좋고, 유동비율은 높을수록 좋다.

가치지표는 저평가, 보통, 고평가로 분류했다. 해당값이 섹터 평균값의 20% 범위 안에 포함되면 보통, 그 밖은 저평가와 고평가로 정했다. 가치지표는 섹터 평균과 비교했는데 보다 깊이 있게 투자 결정을 하기 위해서는 섹터보다 비즈니스 형태가 유사한 경쟁사들과 비교하는 것이 좋다. 이를 위해 경쟁사 정보도 포함했다.

성장지표에서 자기자본이익률Return On Equity, 이후 ROE은 30% 이상을 높다고 정의했으며, 그 외 이익률은 모두 20% 이상이면 높음, 10% 이상 20% 미만은 보통, 10% 미만은 낮음으로 정했다. 참고로 ROE부터 이익률 지표를 모두 '높음'으로 만족하는 기업은 S&P500 중 22개 기업에 불과하다. 사실 이러한 일률적인 기준은 큰 의미는 없지만, 초심자를 위한 최소한의 가이드 라인이 될 것이다.

투자할 때 직접적으로 도움이 되는 배당 정보도 포함했다. 배당 정보는 배당수익률, 배당성장 기간, 배당성향을 다루었다.

배당수익률은 1% 미만을 낮음, 1% 이상 3% 미만을 보통, 3% 이상을 높음으로 정했다. 배당성향은 유틸리티 섹터의 경우 75%를 기준으로, 그 외의 섹터는 50%를 기준으로 이를 초과하면 과도, 그 이하는 적정으로 정했다.

| 부채비율 |

30% 미만	낮음
30% 이상~200% 미만	보통
200% 이상	높음

| 유동비율 |

75% 미만	낮음
75% 이상~200% 미만	보통
200% 이상	높음

| 가치지표 |

(예: 정보기술 섹터 - 평균 P/B 6.23, 평균값의 20% 범위)

4.98 미만	저평가
4.98% 이상~7.48 미만	보통
7.48 초과	고평가

| 이익률(ROE 외) |

10% 미만	낮음
10% 이상~20% 미만	보통
20% 이상	높음

| 배당수익률 |

1% 미만	낮음
1% 이상~3% 미만	보통
3% 이상	높음

| 배당성향 |

유틸리티 섹터	그 외 섹터	평가
75% 초과	50% 초과	과도
75% 이하	50% 이하	적정

기업 성적은 10년간 연평균 성장률CAGR과 최대낙폭MDD을 수록했으며, 최근 1년 주가 성적과 샤프비율Sharpe Ratio을 포함했다. S&P500 ETF인 SPY와 비교하여 ±10% 범위에 있는 경우는 보통, 수익률은 높은 경우가 좋음, 낙폭은 더 낮은 경우를 좋음으로 했다. 반대의 경우는 나쁨이다.

| 기업 성적 |

SPY 기준	낮음	보통	좋음
CAGR 12.46%	11.21% 미만	11.21% 이상~13.71% 미만	13.71 이상
MDD -23.93%	-26.32% 미만	-26.32~-21.54%	-21.54 이상
샤프비율 0.82	0.74 미만	0.74 이상~0.90 미만	0.90 이상

이 책의 흥미로운 포인트는 기업에 대한 나의 사적인 코멘트와 투자에 참고할 만한 총평까지 포함했다는 점이다. 소개한 기업에 흥미를 느꼈다면 투자 결정에도 도움이 될 것이다. 다만 기업은 생명체와 같아서 계속해서 매출, 이익, 주가도 변하고, 이에 따라 투자지표도 변한다는 걸 명심하자.

이 책에서 공부한 기업을 일상에서 접할 때 친숙하게 다가오도록 기업의 로고와 제품 사진 또는 매장 사진도 포함했다. 나중에 미국 여행을 가거든 이 책과 함께 성지순례(?)를 할 수 있도록 본사 사진도 함께 실었다. 여기에 소개된 기업에 방문할 일이 있거든 꼭 책과 함께 인증샷을 찍어서 나에게 보내주면 감사하겠다. 오랜 시간 공들여 분석하고 소개한 나의 수고에 뿌듯함을 느낄 것 같다.

정보기술
Information Technology, IT

정보기술은 현재 가장 시총 비중이 높은 섹터다. 1990년대 말부터 2000년 초에는 인터넷 혁명과 IT 붐이 있었다. 이에 닷컴버블이 일어나기도 했다. 이를 3차 산업혁명이라고 부른다. 현재는 인공지능 기술을 필두로 4차 산업혁명이라 불리는 시기를 맞았다. 그런 점에서 2000년대에 정보기술 섹터가 가장 높은 시가총액을 보이는 것은 당연한 이야기일 것이다. 이 흐름은 앞으로도 한동안 쉽게 변할 것 같지는 않다.

오토데스크
앤시스
시놉시스
아리스타 네트웍스
베리사인

오토데스크

#CAD #3차원모델링 #BIM #건축도면 #설계소프트웨어 #그래픽소프트웨어

티커: ADSK (NASD), **기업명**: Autodesk, Inc.

AUTODESK

CAD, 3D 설계 소프트웨어의 글로벌 리더

▲ 캘리포니아주 샌러펠에 있는 오토데스크 본사. 실리콘밸리가 있는 샌프란시스코로 이전 예정 중이다.

● 기업 개요

오토데스크는 건축, 엔지니어링, 건설, 제조, 미디어, 교육 및 엔터테인먼트 산업을 위한 소프트웨어 제품과 서비스를 만드는 미국의 소프트웨어 기업이다. 캘리포니아주 샌러펠에 본사가 있으며 전 세계에 지사를 두고 있다.

회사의 주력 소프트웨어는 CAD* 프로그램인 오토캐드AutoCAD와 건축 정보 모델링BIM** 소프트웨어인 레빗Revit이다. 이 프로그램은 주로 건축가, 엔지니어, 구조 설계자가 건물이나 기타 구조물을 설계하고 도면을 그리거나 제품을 모델링하는 데 사용된다. 오토데스크 소프트웨어는 원 월드 트레이드 센터부터 테슬라Tesla 전기차에 이르기까지 다양한 분야와 프로젝트에 사용되었다.

오토데스크는 오토캐드로 유명해졌지만 지금은 설계, 엔지니어링뿐만 아니라 엔터테인먼트 분야까지 광범위한 소프트웨어 제품을 개발하고 있다. 제조 산업에서는 오토데스크 인벤터Inventor, 퓨전 360Fusion 360과 같은 소프트웨어를 사용하여 제품 설계 과정에서 디지털 모델로 시뮬레이션하며 실제 성능을 시각화하고 분석할 수 있다. 건축 정보 모델링을 위한 레빗 소프트웨어 라인은 사용자가 건물을 짓기 전에 가상으로 건물의 계획, 시공 및 관리를 할 수 있다.

---

* CADComputer Aided Design: 컴퓨터 지원 설계. 도면 제작이나 2차원, 3차원 객체 파일을 제작하는 것을 말한다.
* 건축 정보 모델링Building Information Modeling, BIM: 기존의 CAD 등을 이용한 평면도면 설계에서 한 차원 진화해 3D 가상공간을 이용하여 시공 단계에서부터 운영 및 유지보수까지의 전 과정을 포괄적으로 관리하는 기술이다.

오토데스크 미디어 및 엔터테인먼트 사업부는 영화, 광고, 게임 제작에 사용되는 3D 애니메이션과 시각 효과 등을 만드는 소프트웨어인 3ds 맥스3ds Max와 마야Maya를 만들고 있다.

● 기업 역사

오토데스크는 1982년에 존 워커John Walker가 설립했다. 워커는 공동창업자들과 함께 오토캐드의 첫 번째 버전을 만든 장본인이다. 초기에 이 프로그램은 소규모 설계, 엔지니어링, 건축 회사가 상세한 기술 도면을 작성하는 데 주요한 역할을 했다. 이후 성공적으로 사업을 영위해나간 오토데스크는 1985년에 기업공개IPO*를 했다. 이후 1989년 오토데스크의 매출은 4년 만에 1억 달러(약 1231억 원) 이상으로 성장했다.

1990년대에는 전략적 기업 인수를 통해 건축, 토목공학 및 제조를 포함한 광범위한 산업 부문을 대상으로 하는 오토캐드의 특수 버전을 개발하기 시작했다. 이후 파라메트릭Parametric 건물 모델링 응용 프로그램인 레빗(2002년 레빗 테크놀로지Revit Technologies로부터 인수)과 내부에서 개발한 파라메트릭 기계 설계 CAD 응용 프로그램인 인벤터Inventor를 포함하여 몇 가지 주요한 제품을 추가했다.

하지만 2000년대까지 계속해서 잘나가던 오토데스크에게도

---

* 기업공개Initial Public Offering, IPO: 넓은 의미로 기업의 전반적 경영 내용을 공개하는 것을 말하며, 좁은 의미로는 주식공개를 의미한다. 비상장 주식회사가 이미 발행했거나 새로 발행하는 주식의 전부 또는 일부를 정규 증권시장에 내놓고 불특정 다수에게 공개적으로 주식을 파는 일이다.

2016년부터 위기가 찾아왔다. 2016년 1월에 1000명 가까운 직원을 해고한 후 2017년 11월 27일에 1150명을 추가로 해고하면서 대규모의 인력을 감축했다. 이에 따라 오토데스크 직원 수는 2년도 채 되지 않아 약 9200명에서 7200명으로 줄었다.

● 주요 비즈니스 및 매출 구성

오토데스크는 CAD 분야에서 독보적인 소프트웨어인 오토캐드 제품을 개발 및 보급하고 있다. 또한 미디어 분야에서도 가장 널리 사용되는 소프트웨어인 3ds 맥스와 마야를 개발 및 판매하고 있다. 이외에도 건축, 토목공학 및 제조를 포함한 광범위한 산업에서 사용되는 각종 엔지니어링 소프트웨어를 개발하고 판매한다. 이러한 소프트웨어를 활용한 컨설팅을 통해 수십 년간 성공적인 비즈니스를 수행해왔고, 현재는 독보적인 CAD, 엔지니어링, 그래픽 소프트웨어 기업으로 굳건하게 자리 잡았다.

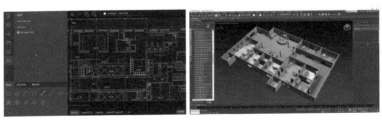

▲ 오토데스크의 대표적인 소프트웨어인 오토캐드(좌)와 3ds 맥스(우)

오토데스크의 매출은 다음 그림과 같이 5개 사업 부문으로 구성
된다.

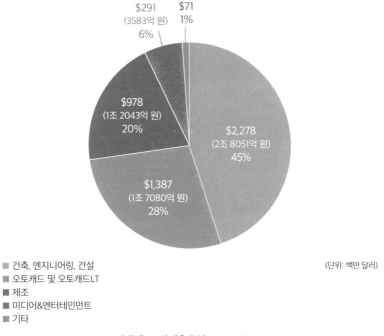

 오토데스크의 매출 구성(2022년 연례보고서)

건축, 엔지니어링, 건설 부문은 각종 소프트웨어(AutoCAD Civil 3D,
BIM 360, AEC Collection, Autodesk Build, Revit)로 구성된다.

오토캐드와 2차원만 지원되는 라이트 버전인 오토캐드LT 부문
이 매출순으로 두 번째다.

제조 부문은 CAM 솔루션과 제조 관련 소프트웨어(Fusion360,

Inventor, Vault)로 구성된다.

미디어와 엔터테인먼트 부문은 대표 소프트웨어인 마야, 3ds 맥스와 숏그리드ShotGrid로 구성된다.

건설과 엔지니어링 전반에 걸치는 소프트웨어군이 종류도 많고 매출도 가장 높다. 대표 소프트웨어인 오토캐드 제품군이 매출의 1/3을 차지하며, 제조에서 제품 설계나 시뮬레이션 분야가 20% 매출을 내고 있다. 미디어와 엔터테인먼트, 기타 분야는 합쳐서 약 7% 정도의 매출을 차지한다.

● 경쟁사

여기서는 CAD 기술 위주로 살펴봤다. 다른 기술 부문은 바로 뒤에서 소개할 기업에서 보충할 예정이다. 경쟁사로는 다쏘시스템Dassault Systemes이 있는데, CAD 소프트웨어인 솔리드웍스SolidWorks와 카티아CATIA를 만들고 있다. 피티씨PTC는 CAD 소프트웨어인 온세이프OnShape를 만들고 있다. 지멘스Siemens는 CAD 소프트웨어인 엔엑스NX를 만들고 있다. 앤시스ANSYS는 CAD 소프트웨어인 스페이스클레임SpaceClaim을 만들어 경쟁 중이다. 글로벌 시장조사기관인 스태티스타Statista에 따르면 오토데스크는 CAD 분야에서 23% 점유율을 보이며, 엔지니어링 소프트웨어 분야에서는 35%, 그래픽 소프트웨어 분야에서는 4% 점유율을 보이며 포토샵으로 유명한 어도비Adobe가 주요 경쟁사다.

● 매출 및 이익 현황

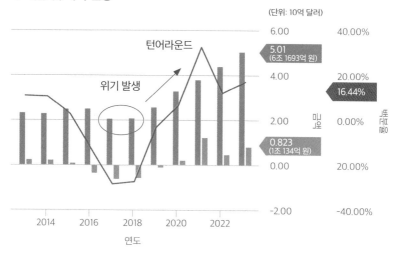

(단위: 10억 달러)

▲ 오토데스크의 매출, 이익, 이익률 추이(©2022 stockrow.com)

■ ADSK, 연간 매출액   ■ ADSK, 연간 순이익   ― ADSK, 연간 순이익률

오토데스크는 과거 높은 성장을 보였지만 2010년대에는 주춤했고, 2016~2017년까지 위기를 맞았다. 당시에 오토데스크는 비즈니스 모델을 영구 라이센스에서 구독 기반으로 변화를 발표하며 큰 매출 하락을 겪었다. 회사는 위기를 해결하기 위해 비용 절감, 회사 구조조정, 구독 사업 성장에 집중하는 등 여러 조치를 취했다. 이후 회사 매출은 턴어라운드하여 2017~2022년까지 약2.5배의 상당한 매출 성장을 보였다.

● 주가 현황

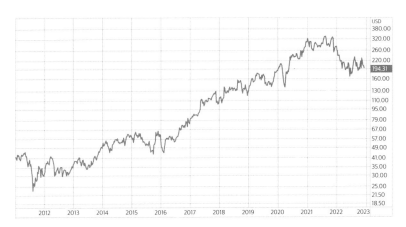

▲ 오토데스크의 주가 추이(©2022 Tradingview.com)

오토데스크의 매출은 꾸준히 우상향해왔다. 회사 매출이 감소하는 위기 시점에는 주가도 휘청였지만 이내 매출과 이익이 다시 우상향하면서 큰 폭으로 주가가 상승했다. 코로나 팬데믹 이후 주가는 더욱 큰 폭으로 상승했으나 2022년 러시아-우크라이나 전쟁과 높은 인플레이션 등 경제적 악재가 겹치면서 주가가 거의 반토막났다.

● 투자지표

| 펀더멘털 |

시가총액	433억 달러(57조 1,256억 원)
부채비율	290% ⬆
유동비율	70% ⬇

| 가치지표 |

P/B Ratio	50.33 ⊕
P/E Ratio	74.38 ⊕
선행 P/E Ratio	28.94 ⊕ ▲
P/S Ratio	8.84 ⊕
P/FCF Ratio	23.49 ⊝
EV/EBITDA	40.82 ⊕

📝 선행 P/E는 28.94로 고평가지만 이 정도 수치면 무난하다고 볼 수 있다.

| 성장지표 |

ROE	78.0% ⬆ ★
ROI	15.8% ⬌
EPS성장(최근 5년)	23.4% ⬆
EPS성장(향후 5년)	20.38% ⬆ ★
영업이익률	17.4% ⬌
순이익률	12.6% ⬌
PEG Ratio	3.65 ⊕

📝 ROE가 매우 높게 나타나는 수익성 높은 비즈니스다. 게다가 향후 5년간 EPS 성장 전망도 좋은 성장주다.

| 배당지표 |

배당수익률	-
배당성장 기간	-
배당성향	-

| 퍼포먼스 |

CAGR	18.12% ★
MDD	-46.45% ✕
최근 1년	-9.6% ✕
샤프비율	0.63 ✕

📝 연평균 성장률이 18%가 넘는 매우 높은 성장률을 보인다. 4년이면 투자 자산이 거의 2배가 되는 성장률이다.

● **저자 코멘트**

오토데스크의 오토캐드는 토목, 건축, 건설 관련 전공을 한 사람이라면 대부분 접해봤을 소프트웨어다. 특히 설계 도면과 관련된 일을 하는 사람이라면 무조건 접할 것이다. 즉, 한 분야에서 독점적인 지위를 누리고 있는 기업임을 의미한다. 마찬가지로 3차원 그래픽을 다루는 사람들은 마야나 3ds 맥스도 흔히 접할 것이다.

오토데스크는 40년 동안 누적된 높은 기술력으로 전 세계의 수많은 사용자를 확보하고 있다. 하이테크 기업이기에 성장이 다소 정체되었을지라도 새롭게 진입하는 위치에서 함부로 넘볼 수 없는 공룡기업이다.

● 결론

오토데스크는 최고의 CAD 소프트웨어를 만드는 기업이자 최고의 건설, 건축 엔지니어링 및 3차원 그래픽 소프트웨어 기업임에 틀림없다. 엔지니어링 시뮬레이션 분야 최강자이자 경쟁사인 앤시스보다도 시가총액이 높다. 또한 오토캐드 같은 주력 제품이 다른 회사의 제품으로 대체될 가능성은 매우 낮다. 다만 앞으로의 전망이 밝은 소프트웨어 회사인 만큼 고전적인 지표 관점에서는 모두 고평가로 보여 왠지 부담스럽다. 선행 P/E는 괜찮은 수준이다. ROE가 높은 회사인 것을 봐서는 좋은 회사라는 데는 동의하지만, 저렴한 주식인가에 대해서는 의문이 든다. 그럼에도 나 역시 해당 업계 종사자로서 오토데스크는 최고의 소프트웨어를 만들고 있는 기업임에 의심의 여지가 없다. 장기적인 관점에서는 훌륭한 투자처가 될 기업이라고 생각한다.

앤시스

#CAE #공학시뮬레이션 #디지털트윈 #시뮬레이션소프트웨어

티커: ANSS (NASD), **기업명**: ANSYS, Inc.

Ansys

공학 시뮬레이션 소프트웨어 선두 주자,
디지털 트윈의 시대를 여는 중

▲ 펜실베이니아주 캐넌즈버그에 있는 앤시스 본사

● 기업 개요

앤시스는 펜실베이니아주 캐넌즈버그에 본사를 둔 소프트웨어 기업이다. 전 세계 고객을 대상으로 제품 수명 주기 전반에 걸쳐 사용되는 다물리(다중물리학이라고도 함) 엔지니어링 시뮬레이션 소프트웨어를 개발해 판매하고 있다. 이러한 소프트웨어를 활용하여 디지털 환경에서 제품을 설계하고 테스트, 운영하는 것을 CAE*라 부른다. 앤시스 소프트웨어는 구조물, 전자제품, 기계나 그 구성 요소에 대해 컴퓨터 모델을 활용하여 강도, 탄성, 온도 분포, 전자기, 유체 흐름이나 기타 속성을 분석하기 위한 시뮬레이션을 하는 데 사용된다. 앤시스는 제품 테스트 단계에서 주로 사용되는데, 이를 테면 자동차의 충돌 테스트를 직접 수행하지 않고 컴퓨터로 다양한 사양을 미리 시뮬레이션하는 방식이다.

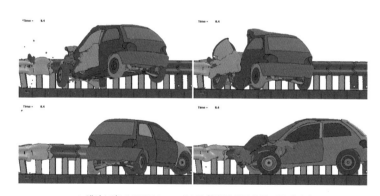

▲ 앤시스의 LS-DYNA(소프트웨어)를 활용한 차량 충돌 시뮬레이션

* CAEComputer Aided Engineering: 컴퓨터 응용 해석. 제품 설계 과정에서 CAD 모델 등을 활용하여 수학, 물리적인 기술 기반으로 성능 시뮬레이션을 수행하는 일을 말한다. 일반적으로 크게 구조역학, 유체역학 두 파트로 나뉜다.

● 기업 역사

앤시스는 1970년 존 스완슨John Swanson이 설립했다. 앤시스에 대한 아이디어는 스완슨이 1960년대 웨스팅하우스 천문핵연구소에서 일하면서 처음 구상했다. 당시 엔지니어들은 손으로 유한요소해석FEA*을 수행했다. 웨스팅하우스는 범용 엔지니어링 소프트웨어를 개발하여 유한요소해석을 자동화하려는 스완슨의 아이디어를 거부했고, 스완슨은 1969년에 회사를 떠나 스스로 소프트웨어를 개발했다. 그는 이듬해 피츠버그에 있는 자신의 농가에서 일하면서 스완슨 해석 시스템Swanson Analysis Systems Inc., 이후 SASI이라는 이름으로 회사를 설립했다.

스완슨은 펀치 카드로 초기 앤시스(회사 이름의 일부인 **AN**alysis **SYS**tems에서 제품 이름이 탄생했다) 소프트웨어를 개발했다. 앤시스 소프트웨어의 첫 번째 상용 버전은 버전 2.0으로 표시되어 1971년에 출시되었다. 초기 버전에는 명령줄 인터페이스Command-Line Interface, CLI로 되어 있었으나, 1980년 Apple II가 출시되어 SASI는 그해 말 버전 4.0에서 그래픽 사용자 인터페이스Graphic User Interface, GUI로 변환할 수 있었다.

1991년까지 SASI는 직원 153명으로 연간 매출 2900만 달러(약 357억 원)를 올렸고, 유한요소해석 소프트웨어 시장의 10%를 장악했다. 1992년 SASI는 전산유체역학Computer Fluid Dynamics, CFD 소프트웨어 플로트란Flotran을 개발한 컴퓨플로Compuflo를 인수했고, 이 소프트웨어

---

* 유한요소해석Finite Element Analysis, FEA: 다양한 구조물에 적용되는 물리 방정식을 유한한 개수의 요소로 쪼개서 수학적으로 풀어내는 방법을 뜻한다.

는 1993년에 출시된 버전 5.0에서 통합되었다. 이후 버전 업데이트와 함께 컴퓨터 성능의 발전에 발맞추어 소프트웨어의 성능도 개선되었다.

1994년 스완슨은 회사에 대한 대부분의 지분을 벤처 캐피털 회사에 매각했다. 이후 피터 스미스Peter Smith가 CEO로 임명되었고, SASI는 이듬해 소프트웨어 앤시스의 이름을 따서 기업명을 변경했다.

1996년에 앤시스는 구조 분석 소프트웨어인 디자인 스페이스DesignSpace, 충돌 및 낙하 테스트 시뮬레이션 제품인 LS-DYNA, 전산유체역학 시뮬레이터 앤시스 CFDAnsys CFD를 출시했다. 앤시스는 그해 나스닥에 상장하며 초기 공모로 약 4600만 달러(약 566억 원)를 모았고, 1997년까지 연간 매출 5050만 달러(약 622억 원)로 성장했다.

1990년대 후반, 앤시스는 비즈니스 모델을 소프트웨어 라이선스 체계로 전환하며 수익이 감소했지만 서비스 수익은 증가했다. 1996~2000년까지 앤시스의 수익은 매년 평균 160% 성장했다.

2000년대에는 수많은 CAD, CAE 회사를 인수합병했다. ICEM CFD, CFX, 플루언트Fluent, 안소프트Ansoft, 스페이스클레임SpaceClaim 등을 인수하며 구조에서 유체나 전기전자 등으로 시뮬레이션 분야의 범위를 넓혔고, 오토캐드와 같이 기하형상을 다루는 높은 수준의 CAD 기술을 확보했다.

2005년에는 버전 8.0이 발표되었으며, 구조와 유체가 서로에 미치는 영향을 시뮬레이션하는 앤시스의 유체-구조 상호작용Fluid-Structure Interaction, FSI 소프트웨어를 도입했다. 최근까지도 활발하게 동종 업계 기업을 인수합병하며 엔지니어링 시뮬레이션 소프트웨어 분야의 독보적인 공룡기업으로 성장했다.

2020년에는 삼성전자의 파운드리 사업부와도 협업했고, 같은 해 5월에는 마이크로소프트Microsoft, 델Dell 등과 디지털 트윈* 기술의 개발 및 사용을 위한 디지털 트윈 컨소시엄 운영 위원회에 합류했다.

● 주요 비즈니스 및 매출 구성

세계 최고의 엔지니어링 소프트웨어 기업인 만큼 소프트웨어로부터 모든 매출이 나온다. 크게는 소프트웨어 유지 보수 부문과 라이선스로 나뉘는데, 각각 거의 절반을 차지하고 있다. 유지 보수 및 서비스가 52%, 라이선스가 48%를 차지한다. 라이선스 중에서는 구독 및 임대 방식이 33%, 영구 라이선스가 15%다. 참고로 앤시스 소프트웨어는 패키지 방식으로 구매할 수 있는데, 워크벤치Workbench 라는 환경에서 여러 개의 소프트웨어를 조합해서 사용할 수 있는 형태다.

---

* 　디지털 트윈Digital Twin: 제너럴 일렉트릭GE이 주창한 개념으로, 컴퓨터에 현실 속 사물의 쌍둥이를 만들고 현실에서 발생할 수 있는 상황을 컴퓨터로 시뮬레이션함으로써 결과를 미리 예측하는 기술이다. (출처: 위키백과)

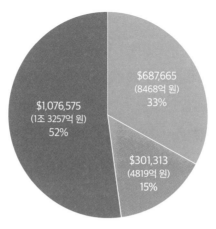

■ 유지 보수 및 서비스　■ 구독 및 임대 라이선스　■ 영구 라이선스　　(단위: 천 달러)

▲ 앤시스의 매출 구성(2022년 연례보고서)

● **경쟁사**

최근 들어 CAD나 CAE 시장은 CAM 시장까지 포함한 CAx 시장으로 통합되는 추세다. 그러다 보니 오토데스크와 경쟁사가 겹치는 편이다.

다쏘시스템은 카티아, 솔리드웍스 같은 CAD 소프트웨어뿐만 아니라 시뮬리아Simulia 같은 CAE 소프트웨어를 보유하고 있다.

지멘스는 엔엑스와 같은 CAD 소프트웨어와 스타씨씨엠플러스STAR-CCM+와 같은 유체역학 CAE 소프트웨어를 포함한 심센터Simceter 제품군을 보유하고 있다.

피티씨PTC는 온셰이프Onshape나 크레오Creo 같은 CAD 소프트웨어 외에도 AE, CAM 소프트웨어를 보유하고 있다.

알테어_{Altair}(티커: ALTR)는 CAE의 핵심 요소인 격자 생성 작업의 대표적인 소프트웨어 하이퍼메쉬_{HyperMesh}와 CAE 소프트웨어인 하이퍼웍스_{Hyperworks}, 알테어 CFD_{Altair CFD} 등을 보유하고 있다.

● **매출 및 이익 현황**

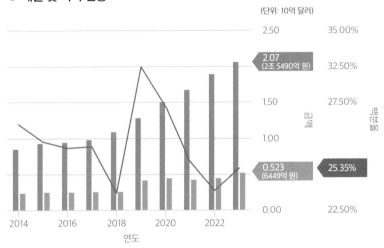

▲ 앤시스의 매출, 이익, 이익률 추이(©2022 stockrow.com)

앤시스의 매출은 최근 10년간 꾸준한 성장을 보였다. 이익도 증가하여 20% 이상의 높은 이익률도 지속하고 있다. 특히 매출 성장이 눈에 띄게 두드러졌다.

● 주가 현황

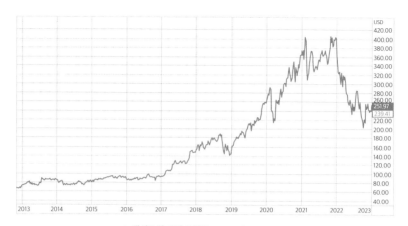

▲ 앤시스의 주가 추이(©2022 Tradingview.com)

매출이 꾸준히 성장하는 기업이라면 주가가 안 오르는 경우는 거의 없다. 특히나 S&P500에 포함된 잘 알려진 기업은 더욱 그렇다. 꾸준한 성장을 보이다가 2018년 말과 2020년 코로나 시기에 잠시 주춤한 것을 빼면 전반적으로 꾸준하면서도 큰 폭의 성장을 보였다. 2022년에는 전반적인 경제 상황이 좋지 않았고 나스닥 시장 전체가 침몰하면서 앤시스 주가도 반토막났다.

● 투자지표

| 펀더멘털 |

시가총액	22.50B(27조 7065억 원)
부채비율	19% ⬇ ★
유동비율	240% ⬆ ★

📝 재무구조가 우량하다. 부채비율이 매우 낮고 유동비율이 높다. 쉽게 말해 부채는 별로 없고, 현금성 자산의 비중이 높다.

| 가치지표 |

P/B Ratio	5.11 ⬌
P/E Ratio	49.92 ⊕
선행 P/E Ratio	31.73 ⊕
P/S Ratio	11.10 ⊕
P/FCF Ratio	41.78 ⊕
EV/EBITDA	34.35 ⊕

| 성장지표 |

ROE	10.5% ⬌
ROI	8.6% ⬇
EPS성장(최근 5년)	11.6% ⬌
EPS성장(향후 5년)	9.0% ⬇
영업이익률	28.2% ⬆ ★
순이익률	23.1% ⬆ ★
PEG Ratio	5.55 ⊕

📝 기업의 수익성을 보여주는 대표적인 지표인 영업이익률과 순이익률이 높다. 높은 수익성을 지닌 비즈니스란 뜻이다.

| 배당지표 |

배당수익률	-
배당성장 기간	-
배당성향	-

| 퍼포먼스 |

CAGR	13.63% ⬌
MDD	-44.86% ✕
최근 1년	-16.16% ✕
샤프비율	0.62 ✕

● **저자 코멘트**

　나는 실제 해당 제품으로 엔지니어링 시뮬레이션을 수행한 엔지니어다. 앤시스의 경쟁사이기도 한 국내 CAE 소프트웨어 1등 기업에서 유체역학 소프트웨어 해석기 개발을 주로 했다. 아무래도 내가 해당 분야에 밀접하게 관련되어 있기에 다른 기업들보다 자신 있게 소개할 수 있다.

　앤시스 해석 소프트웨어는 대표적으로 기계공학부터 타 공학 분야에 이르기까지 수많은 대기업과 연구소에서 가장 널리 활용되고 있는 제품이다. 단, 라이선스가 한 카피당 1억 원에 달할 정도로 가격이 비싸서 회사가 아닌 개인이 활용하기에는 어려운 제품이다.

● 결론

투자지표나 주가 상황은 썩 매력적이지 않다. 하지만 매출과 이익이 성장세에 있다는 점은 분명하다. 또한 수많은 엔지니어가 앤시스의 소프트웨어 의존도가 높다. 실제로 내가 속한 업계에서도 앤시스는 너무 비싸다며 투덜대지만 결국에는 사용하곤 한다. 마치 어도비(티커: ADBE)사의 포토샵이나 일러스트 같은 소프트웨어에 사용자들이 익숙해져서 새로운 툴을 사용하기 어려운 것과 비슷하다. 지난 30년간 꾸준한 인수를 통해 공학 시뮬레이션 회사로 세계 최고의 공룡기업이 된 만큼 다른 기업이 앤시스를 따라가기란 매우 어려워졌다. 미국 내 독점적인 시뮬레이션 기업으로서 입지를 다지고 있는 앤시스. 앞으로도 앤시스의 성장은 쉽게 꺾일 것 같지 않다.

시놉시스

#2017년S&P500편입 #성장성좋음 #EDA #반도체지재권 #집적회로 #반도체 #실리콘

티커: SNPS (NASD), **기업명**: Synopsys, Inc.

SYNOPSYS®

반도체 전자 설계 자동화 소프트웨어와
반도체 지식재산권 글로벌 리더

▲ 캘리포니아주 마운틴뷰에 있는 시놉시스 본사

● 기업 개요

시놉시스는 전자 설계 자동화EDA* 소프트웨어와 반도체 지식재산권IP 제품을 개발하고 판매하는 해당 분야 글로벌 기술 리더로, 캘리포니아주 마운틴뷰에 본사를 두고 있다. EDA 소프트웨어는 집적회로IC**를 설계, 검증, 테스트하는 데 사용된다. 또한 반도체 IP는 엔지니어들이 이러한 회로를 직접 설계하기보다는 더 큰 칩의 구성 요소로 사용하는 사전 설계된 회로다.

● 기업 역사

시놉시스는 1986년 아트 드 제우스Aart de Geus와 데이비드 그레고리David Gregory가 설립했다. 제너럴 일렉트릭General Electric 팀이 개발한 합성 기술을 개발 및 판매하기 위한 지부인 옵티멀 솔루션즈Optimal Solutions로 설립되었다. 이듬해 캘리포니아주 마운틴뷰로 이전하여 시놉시스Synopsys(SYNthesis 및 OPtimization SYStems)가 되었다.

시놉시스의 매출은 1980년대 전반에 걸쳐 매년 극적으로 증가했다. 1987년 수익은 13만 달러(약 1억 6000만 원)였는데, 이듬해 매출은 700% 이상 증가하여 98만 달러(약 12억 원), 1989년에도 매출이 700% 이상 급증하여 730만 달러(약 90억 원)로 2년 만에 놀라운 매출

---

* 전자 설계 자동화Electronic Design Automation, EDA: 인쇄 회로 기판부터 내장 회로까지 다양한 전자 장치를 설계 및 생산하는 수단의 일종이다.

** 집적회로Integrated Circuit, IC: IC칩 또는 마이크로칩으로 불리는 반도체로 만든 일련의 전자 회로를 말한다. 여러 개의 독립적인 요소를 단일 칩에 결합하여 개별 트랜지스터 칩을 사용하는 것에 비해 훨씬 더 작은 회로를 만들 수 있다. 손톱과 같은 작은 영역에 수십억 개의 트랜지스터가 들어가는 고밀도의 회로를 구성할 수 있다. 기술 발전에 따라 회로 라인은 더욱 상세해지고 소형화되고 있다.

증가를 기록했다.

1992년에는 기업공개를 했다. 제너럴 일렉트릭에서 분사한 지 5년 후인 1993년, 시높시스는 칩 설계 속도를 높이는 전문 소프트웨어 주요 시장의 70%를 점유했다. 또한 애플Apple, 썬 마이크로시스템즈Sun Microsystems, 소니Sony와 같은 컴퓨터 제조 업체뿐만 아니라 인텔Intel에 이르기까지 거의 모든 칩 설계자가 시높시스의 소프트웨어를 사용했다. 이후 멘토 그래픽스Mentor Graphics, 케이던스 디자인 시스템즈Cadence Design Systems(티커: CDNS)가 주요 경쟁자로 부상하여 시높시스는 독점적 지위를 잃게 된다.

2002년까지는 시높시스, 케이던스, 멘토 세 업체가 시장의 75%를 장악하여 치열하게 경쟁하는 상황이었다. 심지어 시높시스는 케이던스에 뒤처지고 있었다. 하지만 2003년 아반트Avant를 인수한 후 시높시스는 다시 1위로 우뚝 서게 된다. 이후로 다양한 전략적 기업 인수합병을 통하여 글로벌 리더로 거듭났다.

시높시스는 주력 제품인 디자인 컴파일러Design Compiler를 통해 자동 논리 합성을 상용화했다. 회로도 기반에서 언어 기반으로 칩 설계를 전환한 이 기본 기술이 없었다면 오늘날의 고도로 복잡한 회로 설계와 엔지니어의 높은 생산성은 불가능했을 것이다. EDA 소프트웨어의 출현으로 엔지니어는 규모와 시스템의 복잡성을 동시에 해결할 수 있었다.

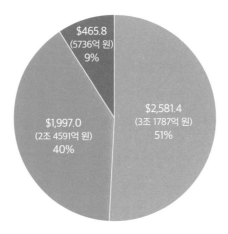

$465.8
(5736억 원)
9%

$2,581.4
(3조 1787억 원)
51%

$1,997.0
(2조 4591억 원)
40%

■ 반도체 및 시스템 설계 부분: EDA
■ 반도체 및 시스템 설계 부분: IP 및 시스템 통합
■ 소프트웨어 무결성 부문

(단위: 백만 달러)

▲ 시놉시스의 매출 구성(2022년 연례보고서)

시놉시스의 매출은 반도체 및 시스템 설계 부문과 소프트웨어 무결성 부문으로 나뉜다. 기업의 대표적 사업인 EDA와 IP 및 시스템 통합은 반도체 및 시스템 설계 부문에 포함된다. 소프트웨어 무결성 부문에서는 애플리케이션 개발 수명 주기 전반에 걸쳐 소프트웨어 보안 및 품질 문제를 사전에 해결할 수 있도록 지원하는 데 중점을 두며, 각종 테스트 도구나 전문 서비스, 교육 등이 포함된다.

반도체 및 시스템 설계 부문이 매출의 91%, 소프트웨어 무결성 부문이 9%를 차지하며, 반도체 및 시스템 설계 부문에서 EDA가 51%, IP 및 시스템 통합 부문이 40%를 차지한다.

● 경쟁사

케이던스, 지멘스 EDA(구 멘토 그래픽스)가 주요 경쟁사다. 시높시스와 이 두 기업은 EDA '빅3'로 불리며 30년 이상의 역사를 가지고 있다.

● 매출 및 이익 현황

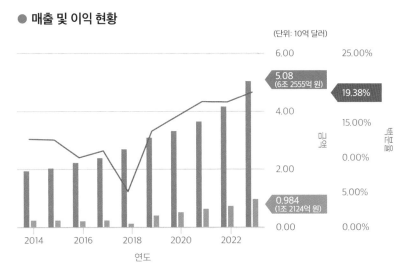

▲ 시높시스의 매출, 이익, 이익률 추이(©2022 stockrow.com)

매출은 10년간 꾸준히 성장하고 있고 이익 역시 최근 5년간 꾸준히 성장하고 있다. 주가에 가장 크게 영향을 미치는 한 가지는 결국 기업의 이익이다. 이렇게 뛰어난 성적을 보이는 기업의 주가는 과연 어땠을까?

● 주가 현황

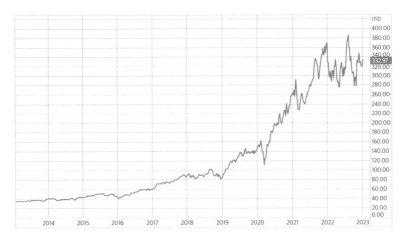

▲ 시높시스의 주가 추이(©2022 Tradingview.com)

시높시스의 주가는 엄청난 우상향을 보이고 있다. 연평균 성장률 25.93%에 최대낙폭이 -22.17%밖에 되지 않는다. 게다가 앞서 확인했듯이 매출과 이익이 매우 좋았고, 반도체 소프트웨어 분야에서 2022년 기준 60% 수준의 점유율을 보이며 독점적 지위를 누리고 있기 때문에 큰 틀에서 봤을 땐 코로나와 2022년 나스닥 폭락에도 상대적으로 거의 무너지지 않은 느낌이다.

| 높음 ⬆ | 보통 ⬌ | 낮음 ⬇ | 고평가 ⓐ | 저평가 ⓓ | 좋음 ★ | 무난 ▲ | 나쁨 ✕ |

| 펀더멘털 |

시가총액	52.68B(64조 8543억 원)
부채비율	11% ⬇
유동비율	109% ⬌

| 가치지표 |

P/B Ratio	9.89 ⓐ
P/E Ratio	56.77 ⓐ
선행 P/E Ratio	30.32 ⓐ
P/S Ratio	10.37 ⓐ
P/FCF Ratio	32.88 ⬌
EV/EBITDA	39.79 ⓐ

| 성장지표 |

ROE	17.8% ⬌
ROI	18.5% ⬌
EPS성장(최근 5년)	48.1% ⬆
EPS성장(향후 5년)	16.89% ⬌
영업이익률	22.9% ⬆ ★
순이익률	19.4% ⬌
PEG Ratio	3.36 ⓐ

📝 영업이익률이 높게 나타났으며, 종합적으로 보면 ROE, ROI, 향후 5년 EPS 성장률과 순이익률도 준수한 편이다.

배당수익률	-
배당성장 기간	-
배당성향	-

| 퍼포먼스 |

CAGR	25.93% ★
MDD	-22.17% ⬌
최근 1년	23.81% ★
샤프비율	1.07 ★

📝 연평균 성장률이 25%가 넘는 괴물 같은 성장주다. 시높시스에 투자된 자산은 3년에 2배씩 성장했을 것이다.

● **저자 코멘트**

반도체 산업은 크게 설계, 제조(파운드리), 소프트웨어 세 가지 분야로 나눌 수 있다. 시높시스는 이 중 마지막, 반도체를 만들기 위한 소프트웨어 분야의 1등 기업이다.

EDA 소프트웨어를 개발하기 위해서는 반도체 산업에 대한 전문 지식과 높은 수준의 소프트웨어 개발 역량이 필요하다. 컴파일러 기술부터 물리 시뮬레이션을 위한 광학과 전자기학 등 다양한 기술이 요구된다. EDA 빅3 제품들은 오랜 기간 사용되며 발전해왔고 반도체 산업의 표준 도구로 자리 잡았다. 해당 분야는 기술 격차 탓에 후발 주자가 진입하기에는 매우 어려우며, 빅3가 계속해서 신생 기업들을 인수하여 기술적 우위를 보여주고 있다.

● 결론

시높시스는 수십 년 동안 반도체 설계 소프트웨어의 최강자로 군림해왔다. EDA 분야 빅3 경쟁은 여전히 치열하지만 엎치락뒤치락한 끝에 결국 시높시스가 현재까지 최강자이다. 주식 투자에서 높은 수익을 올릴 수 있는 한 가지 방법은 한 분야의 독점적인 지위를 구축하고 있는 기업에 투자하는 것이다. 게다가 최근 10년간 끊임없는 매출 성장과 최근 5년간 계속된 이익 성장으로 높은 주가 상승을 이끌었다. 이런 종목들의 특징은 가치지표를 봤을 때 저평가로 볼 만한 수치가 거의 없다는 점이다. 수많은 투자자의 관심을 끌고 있기에 미래 가치를 반영하는 주가의 특성상 항상 고평가로 보인다. 그럼에도 최근 애널리스트들의 주가 전망을 보면, 2022년 나스닥 시장의 큰 하락으로 인해 시높시스 주가는 전망치보다 많이 하회하고 있다. 따라서 효율적인 시장 관점에서 보고, 선행 P/E와 애널리스트 전망치를 고려하면 꼭 고평가라고 볼 수는 없다. 미래 가치에 투자하고 싶다면 관심을 가져볼 만한 기업이다.

아리스타 네트웍스

#데이터센터 #네트워크장비 #이더넷스위치 #S&P500 #2018년8월편입

티커: ANET (NYSE), **기업명**: Arista Networks, Inc.

ARISTA

높은 성장성의 대규모 데이터 센터 네트워킹 전문 기업

▲ 캘리포니아주 샌타클래라에 있는 아리스타 네트웍스 본사

● 기업 개요

아리스타 네트웍스는 미국의 데이터 센터 네트워킹 전문 장비 및 솔루션 기업으로, 캘리포니아주 샌타클래라에 본사를 두고 있다. 이 회사는 대규모 데이터 센터, 클라우드 컴퓨팅, 고성능 컴퓨팅 및 고주파 거래 환경을 위한 소프트웨어 정의 네트워킹SDN*을 제공하기 위해 다계층 네트워크 스위치**를 설계 및 판매한다. 아리스타의 리눅스 기반 네트워크 운영 체제인 EOSExtensible Operating System는 모든 아리스타 제품에서 실행된다.

아리스타는 데이터 센터, 클라우드 컴퓨팅, 고성능 스위치 시장에서 시스코Cisco의 대항마로 불리며 업계 1, 2위인 시스코와 화웨이의 점유율을 계속해서 뺏어오고 있다.

2021년 12월 31일 기준, 아리스타는 전 세계 8000명 이상의 고객에게 클라우드 네트워킹 솔루션을 제공했다. 아리스타의 고객은 다양한 산업 분야에 걸쳐 있으며 대형 인터넷 회사, 서비스 제공 업체, 금융 서비스 기관, 정부 기관, 미디어 및 엔터테인먼트 회사 등을 포함한다.

---

* 소프트웨어 정의 네트워킹Software-Defined Networking, SDN: 개방형 API를 통해 네트워크의 트래픽 전달 동작을 소프트웨어 기반 컨트롤러에서 제어·관리하는 접근 방식이다. 이는 전용 하드웨어 디바이스(라우터 및 스위치)를 사용하여 네트워크 트래픽을 제어하는 기존 네트워크와는 차이가 있다. SDN은 가상 네트워크를 생성 및 제어하거나 소프트웨어가 포함된 기존 하드웨어 네트워크를 제어한다.

** 다계층 네트워크 스위치: 2012년 9월까지 500나노초 미만의 대기 시간으로 SFP+ 광학을 사용하여 가장 빠른 스위치로 남아 있던 7124SX와 아리스타의 모듈식 10G/40G/100Gb(기가바이트)/s 스위치를 포함하여 10/25/40/50/100GB(기가비트) 이더넷 스위치Ethernet Switch가 관련 제품이다.

● 기업 역사

1982년 수석 하드웨어 디자이너였던 앤디 벡톨스하임Andy Bechtolsheim
은 썬 마이크로시스템즈를 공동 설립했다.

1995년 데이비드 체리톤David Cheriton과 벡톨스하임은 기가비트 이
더넷 제품을 개발한 회사인 그래닛 시스템즈Granite Systems를 공동 설
립했다. 이 회사는 1996년 시스코 시스템즈Cisco Systems(티커: CSCO)에
인수되었다. 1996~2003년까지 벡톨스하임과 체리톤은 그래닛 시
스템즈의 첫 직원이었던 케네스 두다Kenneth Duda와 함께 카탈리스트
Catalyst 제품 라인의 개발을 주도하면서 시스코의 임원직을 역임했다.

2004년에 세 사람은 아라스트라Arastra를 설립했고, 이후 사명을
아리스타Arista로 개명했다.

2008년 5월, 제이슈리 울랄Jayshree Ullal은 시스코에서 15년을 근무
한 후 나와 10월 아리스타의 CEO로 임명되었다.

2014년 6월, 아리스타 네트웍스는 ANET이라는 기호로 뉴욕증권
거래소에서 기업공개를 했다. 같은 해 시스코는 지식재산권 침해를
주장하며 아리스타를 상대로 소송을 제기했고, 2018년 아리스타가
시스코에 4억 달러(약 4900억 원)를 지불하며 법정 싸움은 마무리되
었다. 같은 해 8월, 아리스타는 S&P500에 포함되었다.

울랄은 회사의 성장을 주도하고 데이터 센터 네트워킹 선두 업
체로 변모시킨 리더십을 인정받아 2018년, 2019년 〈바론즈〉 선정
'세계 최고 CEO' 목록에 이름을 올렸다.

● 주요 비즈니스 및 매출 구성

아리스타 플랫폼의 핵심은 고성능 데이터 센터 및 클라우드 네트워크를 위한 이더넷 스위칭과 고급 네트워크 운영 체제인 EOS다. 아리스타는 주로 데이터 센터와 캠퍼스 통신망*을 위한 하드웨어 및 소프트웨어 제품 판매를 기반으로 수익을 창출한다. 또한 최종 고객이 일반적으로 당사 제품과 함께 구매하는 계약 후 지원PCS과 PCS 갱신을 통해 수익을 창출한다. 또한, 10GB 이더넷 이상의 데이터 센터 스위칭 시장에서 주로 경쟁한다.

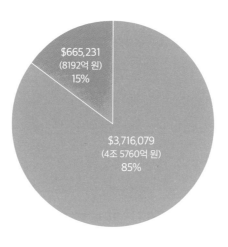

■ 제품　■ 서비스

(단위: 천 달러)

▲ 아리스타의 전체 매출 구성(2022년 연례보고서)

---

*　캠퍼스 통신망Campus Network: 대학이나 회사 캠퍼스와 같은 특정 지리적 영역에서 근거리 통신망 간의 데이터 전송을 위해 구성된 제한된 지역 내 통신망이다. 보통 캠퍼스 네트워크의 범위는 1~5km로 알려져 있다.

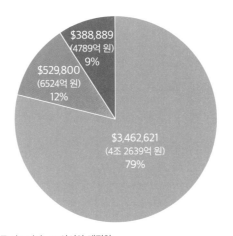

$388,889
(4789억 원)
9%

$529,800
(6524억 원)
12%

$3,462,621
(4조 2639억 원)
79%

■ 미국　■ 유럽·중동·아프리카　■ 아시아·태평양　　　(단위: 천 달러)

▲ 아리스타의 국가별 매출 구성(2022년 연례보고서)

아리스타의 매출은 크게 제품과 서비스로 나뉘며 이 중 제품이 85%, 서비스가 15%를 차지한다. 제품은 스위칭과 라우팅 장비, 소프트웨어 라이선스가 매출의 대부분을 차지하며 서비스 매출은 PCS 계약에서 나온다.

국가별로는 미국에서 79%, 유럽·중동·아프리카에서 12%, 아시아·태평양에서 9% 매출 구성을 보였다.

● 경쟁사

주요 경쟁자는 시스코 시스템즈이며, 그 외에는 익스트림 네트웍스Extreme Networks(티커: EXTR), 주니퍼 네트웍스Juniper Networks(티커: JNPR), 휴렛 팩커드 엔터프라이즈Hewlett Packard Enterprise의 아루바 네트웍스Aruba Networks 사업부가 있다. 네트워크 스위치나 SDN 분야에서는 화웨이Huawei와 델Dell Technologies(티커: DELL)도 경쟁사다.

● 매출 및 이익 현황

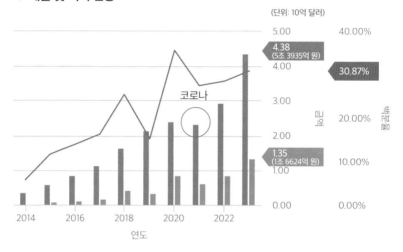

▲ 아리스타의 매출, 이익, 이익률 추이(©2022 stockrow.com)

아리스타 네트웍스는 상장된 이래로 폭발적인 성장을 보이고 있다. 2020년에 매출 성장이 잠시 주춤했으나 이내 다시 성장을 이어갔다. 이익률 또한 폭발적으로 증가하는 추세여서 테크주의 성장주적인 면모를 제대로 보여주고 있다.

● **주가 현황**

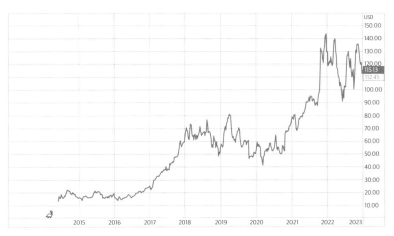

▲ 아리스타의 주가 추이(©2022 Tradingview.com)

    2014년 상장된 이래로 주가가 8배 넘게 올랐다. 2018~2020년까지는 주춤하는 모습을 보였으나 다시 2배 가까운 상승을 보였다. 만약 막 상장되었을 때 샀다면 머지않아 텐배거가 될 기세다.

● 투자지표

| 펀더멘털 |

시가총액	37.318B(45조 9422억 원)
부채비율	1% ⬇ ★
유동비율	401% ⬆ ★

📝 부채비율이 매우 낮고 유동비율이 매우 높아 재무구조는 안정적이다.

| 가치지표 |

P/B Ratio	8.77 ⊛
P/E Ratio	34.35 ⊛
선행 P/E Ratio	22.99 ⬌ ▲
P/S Ratio	9.49 ⊛
P/FCF Ratio	58.84 ⊛
EV/EBITDA	25.76 ⊛

📝 가치지표 중 투자자들이 가장 주요하게 보는 선행 P/E는 괜찮은 수준이어서 이익 전망 관점에서는 비싸지 않은 주식이다.

| 성장지표 |

ROE	28.2% ⬌
ROI	21.0% ⬆
EPS성장(최근 5년)	33.3% ⬆
EPS성장(향후 5년)	25.21% ⬆ ★
영업이익률	33.7% ⬆ ★
순이익률	29.6% ⬆ ★
PEG Ratio	1.36 ⊕ ★★

📝 이익률이 매우 높고, EPS성장 전망까지 높다 보니 가치지표가 대부분 고평가로 나타났음에도 PEG는 저평가로 나타났다는 점에 주목하자.

| 배당지표 |

배당수익률	-
배당성장 기간	-
배당성향	-

| 퍼포먼스 |

CAGR	29.66% ★★
MDD	-38.59% ×
최근 1년	6.88% ★
샤프비율	0.82 ⬌

📝 연평균 성장률이 30%에 육박할 정도로 괴물 같은 주식이다. 4년에 거의 3배씩 성장한 엄청난 성장주다.

● **저자 코멘트**

　아리스타는 성공적으로 사업을 영위하고 기업공개와 함께 빠르게 데이터 센터 및 스위칭 사업을 확장했다. 상장 후 반년 만인 2014년 12월부터 시스코가 네트워킹 기술 관련 특허 14건에 대한 특허 침해 소송을 제기하면서 법정 싸움은 4년간 지속되었다. 최종적으로 두 회사는 화해하여 이후 5년간 특허 침해로 상대방을 고소할 수 없게 합의했다. 참고로 이 사건은 최근 네트워킹 업계에서 가장 주목받았던 법적 분쟁이있다.

● 결론

아리스타 네트웍스는 데이터 센터, 고성능 네트워크 스위치 분야에서 점유율을 늘려가고 있는 신흥 강자다. 핵심이 되는 자체 운영체제 기술 EOS부터 고성능 스위치와 같은 높은 기술력을 보유한 기업이다. 고속 스위치 시장에서 점유율이 2013년 5.4%부터 2021년 19.5%까지 상승하여 향후 2위로 올라설 것으로 예상된다. 2014년 상장된 이래로 폭발적인 매출 성장을 기록하고 있고, 이익과 이익률 또한 높은 수준으로 성장했다. 향후 5년간 이익 성장도 높을 것으로 전망한다.

떠오르는 테크 기업인 만큼 가치지표는 대부분 저평가로 보기 어렵지만, 성장성을 고려한 가치지표인 PEG는 저평가로 나타난다. 부채비율이 낮고 유동비율도 높아 재무적으로도 안전하다. 데이터 센터는 계속해서 늘어갈 것이기에 앞으로도 높은 성장과 더불어 주가 상승이 기대되는 IT 성장주다.

베리사인

#도메인이름 #DNS #닷컴 #닷넷 #보안솔루션

티커: VRSN (NASD), **기업명**: VeriSign, Inc.

도메인 이름과 인터넷 보안 분야의 글로벌 리더

▲ 버지니아주 레스턴에 있는 베리사인 본사

● 기업 개요

　베리사인은 도메인 이름 등록 및 인터넷 보안 솔루션을 포함한 인터넷 인프라 서비스를 제공하는 기술 회사다. 본사는 버지니아주 레스턴에 있다. 베리사인의 핵심 비즈니스는 도메인 이름 레지스트리* 서비스다. 지난 10년 동안 수익이 증가했으며, 신뢰성과 안정성을 바탕으로 강력한 실적을 보였다. 또한 관리형 DNS, DDoS 보호 및 사이버 보안 솔루션을 포함하도록 서비스를 확장했다. 베리사인은 여전히 인터넷 인프라 업계의 주요 업체다.

● 기업 역사

　베리사인은 1995년 RSA 시큐리티RSA Security에서 분사하여 설립되었다. 창립자들은 인터넷에서 웹사이트 내 개인의 신원을 확인할 수 있는 시스템의 필요성을 인식했다. 당시에는 온라인 신원을 인증하는 표준화된 방법이 없었기 때문에 안전한 거래를 수행하고 통신하는 것이 어려웠다. 베리사인은 이 문제를 해결하기 위해 온라인에서 웹사이트와 개인의 신원을 확인할 수 있도록 디지털 인증서를 개발했다. 이러한 인증서는 인터넷을 통해 중요한 정보를 안전하게 전송하는 방법을 제공했으며, 베리사인을 신뢰할 수 있는 온라인 보안 서비스 공급자로 인식하는 데 도움이 되었다. 회사의 초기 성공으로 이 분야에서 .com 및 .net 최상위 도메인Top Level Domain,

---

*　도메인 이름 레지스트리domain name registry: .com, .org, .net과 같은 도메인 이름 데이터베이스를 관리하는 회사를 말한다.

TLD 레지스트리 기업인 네트워크 솔루션즈Network Solutions를 인수하게 된다.

2000년에 .com 및 .net TLD의 독점 레지스트리 운영자가 되어 인터넷 인프라 산업에서 지배적인 위치를 차지하게 되었다. 또한 수년 동안 수익원을 다각화하기 위해 관리형 DNS, DDoS 보호 및 사이버 보안 솔루션을 포트폴리오에 추가하여 서비스를 지속적으로 확장해왔다.

2010년 인증 서비스 사업부를 시만텍Symantec에 현금 12억 8000만 달러(약 1조 6000억 원)에 양도했다. 이를 기점으로 회사는 핵심 사업을 도메인 이름 등록 서비스에 초점을 맞춘다. 이후 2011년에는 .gov에 대한 TLD 레지스트리로 선정되었다.

하지만 이러한 성공에도 불구하고 수년 동안 몇 가지 문제에 직면했다. 2003년 사이트 파인더Site Finder라는 서비스를 도입하여 .com 및 .net TLD에 대한 계약 조건을 초과해 국제인터넷주소관리기구Internet Corporation for Assigned Names and Numbers, ICANN에서 문제를 제기한 것이다. 베리사인과 ICANN 간의 분쟁은 결국 법적 조치로 이어졌고, 2005년에 합의에 도달하여 소송을 종료했다.

2019년, 베리사인은 ICANN과 향후 10년 동안 .com 도메인 이름의 가격을 연간 최대 7% 인상할 수 있는 계약을 체결했다.

이러한 문제에도 불구하고 베리사인은 신뢰성과 안정성을 갖추어 인터넷 인프라 업계의 주요 업체로 남아 있다. 도메인 이름 등록 서비스에 중점을 둔 이 회사는 인터넷 보안 외 다른 영역으로 확장하며 미래 성장을 위한 입지를 다졌다.

● **주요 비즈니스 및 매출 구성**

베리사인의 주요 수익원은 도메인 이름 레지스트리 서비스로, .com 및 .net TLD에 대한 독점 레지스트리 운영자 권한을 통해 나오며 매출의 95%를 차지한다. 세계적으로 일반 최상위 도메인generic Top Level Domain, gTLD 점유율 1, 2위는 바로 .com과 .net이다.

보안 서비스 부문은 DDos 보호, 관리형 DNS 서비스 등의 다양한 보안 서비스를 제공하며 매출의 5% 미만을 차지한다. 보안 서비스 부문은 총수익에서 비중이 작지만 사이버 보안 위협의 빈도와 심각성이 계속 증가함에 따라 앞으로 성장할 것으로 예상된다.

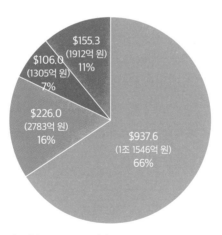

■ 미국 ■ 유럽, 중동, 아프리카 ■ 중국 ■ 기타 　　　　　(단위: 백만 달러)

▲ 베리사인의 국가별 매출 구성(2022년 연례보고서)

국가별로는 미국이 66%로 가장 매출 비중이 높고, 유럽·중동·아프리카 16%, 중국 7%, 기타 11%로 구성된다.

● **경쟁사**

도메인 이름 등록 서비스 시장에서 베리사인의 주요 경쟁사로는 세 곳이 있다.

첫 번째는 영국 기반 회사 센트럴닉CentralNic으로, 여러 국가 코드 최상위 도메인country code Top Level Domain, ccTLD 및 새로운 일반 최상위 도메인gTLD .xyz, .site 등에 대한 레지스트리 서비스를 운영한다.

두 번째는 미국 기반 회사 뉴스타Neustar로, .us, .biz, .co를 포함하여 여러 TLD에 대한 레지스트리 및 DNS 서비스를 제공한다.

세 번째는 아일랜드 기반 회사 어필리어스Afilias로, .info, .mobi를 포함하여 .io와 같은 여러 ccTLD 및 gTLD에 대한 레지스트리 서비스를 운영한다.

보고서에 따르면 베리사인은 2022년 12월 기준, .com 및 .net TLD에서 도메인 이름 약 1억 7380만 개를 운영했으며 이는 전체 도메인 이름 시장의 약 60%를 차지한다. 경쟁에도 불구하고 상당한 시장 점유율로 현재 도메인 이름 등록 서비스 시장에서 지배적인 역할을 하고 있다.

● 매출 및 이익 현황

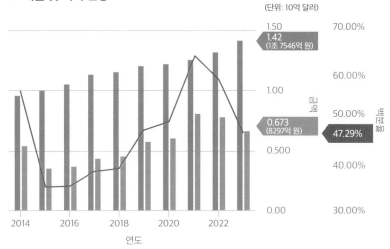

(단위: 10억 달러)

▲ 베리사인의 매출, 이익, 이익률 추이(©2022 stockrow.com)

■ VRSN, 연간 매출액 ■ VRSN, 연간 순이익 — VRSN, 연간 순이익률

베리사인은 최근 10년간 꾸준히 매출 성장을 기록했으며, 이익률은 2014년부터 줄곧 우상향했으나 최근 2년간 감소했다. 하지만 2022년 연례보고서 기준으로 거의 50%에 가까운 높은 이익률을 보였다.

● **주가 현황**

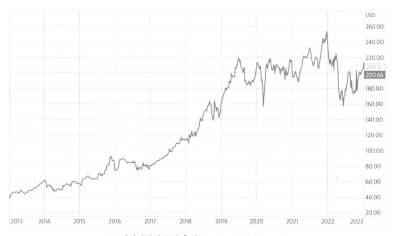

▲ 베리사인의 주가 추이(©2022 Tradingview.com)

매출과 이익 추이가 좋았던 만큼 주가도 최근 10년 동안 5배 정도 성장했다. 다만 2019년 고점 이후로는 크게 성장하지 못하고 있으며 2022년 말까지 횡보하는 모습을 보인다.

● 투자지표

| 펀더멘털 |

시가총액	21.43B(26조 3825억 원)
부채비율	-
유동비율	90% ⬌

📝 부채가 자산보다 높아 자기자본이 마이너스로 나타나기 때문에 부채비율을 표시하지 않았다.

| 가치지표 |

P/B Ratio	-
P/E Ratio	35.00 ⊛
선행 P/E Ratio	26.77 ⊛
P/S Ratio	16.38 ⊛
P/FCF Ratio	29.03 ⊛
EV/EBITDA	23.74 ⊛

📝 자기자본이 마이너스여서 P/B를 표시하지 않았다.

| 성장지표 |

ROE	-46.10% ⬇
ROI	326.40% ⬆ ★
EPS성장(최근 5년)	10.70% ⬌
EPS성장(향후 5년)	16.93% ⬌
영업이익률	66.2% ⬆ ★
순이익률	47.3% ⬆ ★
PEG Ratio	4.38 ⊛

📝 비즈니스가 단순하고 거의 지식재산으로만 이루어지다 보니 이익률이 매우 높다. ROI가 비정상적으로 높게 나오는데, 표에는 없지만 자산 대비 수익률인 ROA도 37.4% 수준으로 높다.

배당수익률	-
배당성장 기간	-
배당성향	-

| 퍼포먼스 |

CAGR	18.13% ★
MDD	-34.08% ✕
최근 1년	-7.89% ✕
샤프비율	0.79 ⬌

📝 유망한 테크주답게 연평균 성장률이 20%에 가까운 수치로 높게 나타났다.

● **저자 코멘트**

베리사인은 알게 모르게 우리 생활 속에 깊숙이 침투해 있다. 우리가 당연하게 사용하고 있는 수많은 웹사이트 .com과 .net의 최상위 도메인 관리자로서 해당 분야에서 강력한 시장 지위를 가지고 있다. ICANN과의 계약 개정을 근거로 2021년 9월 1일부터 .com 도메인의 원가를 7%로 인상한다고 발표했는데, 이는 인터넷 시스템의 보안과 안정성을 위한 투자 목적으로 향후 5년간 ICANN에 매년 2000만 달러(약 260억 원)를 지급하기로 한 계약 때문이다. 이 같은 인상은 향후 8년에 걸쳐 매년 7%씩 상승할 예정이어서 10년 후 도메인 가격은 지금의 2배 가까이 상승할 전망이다. 소비자 입장에서는 가격 인상이지만, 기업 입장에서는 매출 증대다. 또한 수익원을 다각화하기 위해 보안 분야로까지 확장하며 발전을 거듭하고 있어 인터넷 시대가 지지 않는 이상 베리사인의 비즈니스는 계속될 것이다.

● 결론

베리사인은 도메인 이름 등록 서비스에 중점을 두고 인터넷 인프라 공간에서 일관된 성과를 거두고 있다. 수익은 지난 10년 동안 꾸준히 증가했으며, 주가는 최근 몇 년 동안 상당한 성장을 경험했다. 덕분에 가치지표로는 전반적으로 고평가로 보이지만 그만큼 성장지표는 대부분 준수하게 나타나며, 특히 영업이익률과 같은 수익성 지표들이 좋게 나타났다. 점점 더 많은 장치가 인터넷에 연결됨에 따라 안전하고 신뢰할 수 있는 온라인 인프라에 대한 요구는 계속 증가할 것이다. 이런 관점에서 전반적으로 베리사인은 기술 부문에 관심이 있는 사람들에게 안정적이고 신뢰할 수 있는 투자 옵션으로 보인다.

금융
Financials

뉴욕 월스트리트가 있는 미국인 만큼 금융 섹터에 굴지의 기업들이 많이 포진해 있다. 11개 섹터 중 S&P500에 포함된 기업 수로는 정보기술, 산업 섹터에 이어 세 번째다. 금융 섹터는 다른 섹터와 달리 수익을 계산하는 데 차이가 있다. 예를 들어 은행 수익은 애플 같은 회사와 다르다. 일반적으로 손익계산서 상단에는 순매출 또는 매출이라는 칸이 있다. 일반 회사와 다르게 은행의 수익은 순이자 수익net interest income과 비이자 수익total non-interest income의 합으로 계산된다. 때때로 애널리스트들이 은행 수익을 계산할 때 순이자 수익 대신 총이자 소득total interest income을 사용하여 혼란스럽게 만드는 경우가 있다. 이는 총이자 소득에서 비용이 차감되지 않았기 때문에 수익 수치를 부풀리려는 의도다. 이 책에서는 다른 섹터와 혼동되지 않도록 최대한 매출과 이익 관점에서 같은 방식으로 구성했으니 이해에 도움이 되기를 바란다.

무디스
블랙록
S&P 글로벌
프로그레시브

무디스

#신용평가기관 #재무분석 #무디스등급 #투자신용도

티커: MCO (NYSE), **기업명:** Moody's Corporation

MOODY'S

세계대공황에서 살아남을 기업들을 맞춘 무디스

▲ 뉴욕시 맨해튼 세븐 월드 트레이드 센터에 있는 무디스 본사

● 기업 개요

보통 줄여서 무디스라고 불리는 무디스 코퍼레이션은 역사가 100년이 넘는 미국 금융 서비스 회사로 뉴욕시 맨해튼에 본사가 있다. 현재 미국 신용평가 기관인 무디스 투자자 서비스Moody's Investors Service, MIS와 재무분석 소프트웨어 및 서비스를 제공하는 미국의 무디스 애널리틱스Moody's Analytics, MA의 지주 회사다.

무디스에서는 기업의 등급을 매기는데, '투자자들에게 증권의 미래 상대 신용도를 측정할 수 있는 간단한 등급 시스템을 제공하는 것'이 목적이다. Aaa부터 C까지 각 등급에 숫자 1, 2, 3을 추가하며 Aaa가 가장 높고 C가 가장 낮으며 숫자는 낮을수록 등급이 높다. 1929년 세계대공황이 터지기 직전에 무디스가 투자적격등급이라고 표시한 회사들만 대공황 때 살아남음으로써 신용평가사로 큰 명성을 얻게 되었다. 지금까지도 세계 3대 신용평가회사(나머지 2개는 피치Fitch와 S&P)로 분류되며 최고의 지위를 누리고 있다. 무디스는 2021년 처음으로 〈포춘〉 '500대 기업'에 선정되었다.

● 기업 역사

무디스는 1900년 존 무디John Moody가 설립한 존 무디 앤 컴퍼니John Moody & Company에 기원을 둔다. 무디는 철도 채권에 대한 신용등급을 제공하는 《무디스 산업 및 기타 유가증권 매뉴얼Moody's Manual of Industrial and Micellaneous Securities》이라는 책을 출판했고, 1909년 주식, 채권 및 채권 등급과 관련된 통계 매뉴얼을 제작하기 위해 무디스를 설립했다.

1914년 국채에 대한 신용등급을 제공하기 시작했다.

1920년에는 회사채 및 기타 증권을 포함하도록 신용평가 서비스를 확장했다.

1931년에는 신용도에 대한 수치 등급 시스템을 도입했다.

1940년대인 제2차 세계대전 동안 전쟁 채권을 평가하여 연합국에 자금을 지원하는 데 핵심적인 역할을 했다.

1950년대에는 유럽과 아시아에 사무소를 설치하며 전 세계적으로 사업을 확장하기 시작했다.

1962년 기업공개를 하여 상장기업이 되었다.

1966년 신용평가 부문인 MIS는 신용 보고 관련 회사인 던 앤 브래드스트리트Dun & Bradstreet에 인수되었다. 이후에도 독립회사로 운영되었지만 1990년대 후반까지 모회사에 비해 우수한 성과를 거두자 투자자들은 사업을 분리하라는 압력을 가했다.

2000년 던 앤 브래드스트리트는 상장과 함께 MIS 분사를 완료했다. 분사 이후 무디스는 MIS를 신용평가를 담당하는 주요 부서로 두고 계속해서 사업을 확장하고 제품을 다양화했다. 이때 위험 평가, 연구 및 의사 결정을 지원하기 위해 재무 분석 소프트웨어 및 서비스를 제공하는 데 중점을 둔 부서인 MA를 시작했다.

● 주요 비즈니스 및 매출 구성

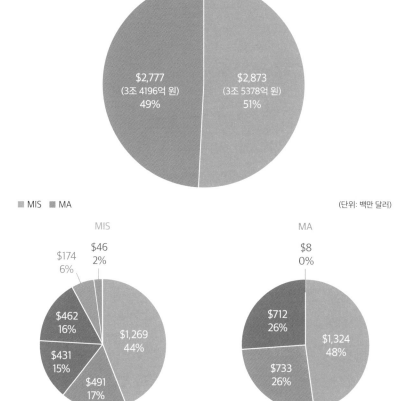

$2,777
(3조 4196억 원)
49%

$2,873
(3조 5378억 원)
51%

■ MIS ■ MA

(단위: 백만 달러)

MIS

$174
6%

$46
2%

$462
16%

$431
15%

$491
17%

$1,269
44%

MA

$8
0%

$712
26%

$733
26%

$1,324
48%

■ 기업금융
■ 금융 기관
■ 공공, 프로젝트 및 인프라 금융
■ 구조화 금융
■ 부문 간 로열티
■ 기타

■ 의사 결정 솔루션
■ 연구 및 인사이트
■ 데이터 및 정보
　부문 간 매출

▲ 무디스의 매출 구성(2022년 연례보고서)

무디스의 주요 비즈니스는 신용평가 MIS와 재무분석 MA다. 각각의 매출 비중은 51%, 49%로 거의 비슷하다.

MIS 부문에서는 다양한 산업군에 대한 회사의 신용등급과 연구서비스 등을 제공하는 기업금융이 매출의 44%로 절반 정도 비중을 차지하고, 금융이나 공공 영역과 같은 나머지가 15% 정도씩 차지하고 있다.

MA 부문에서는 의사 결정 솔루션이 48%로 가장 높은 비중을 차지하고, 나머지는 연구 및 인사이트, 데이터 및 정보 부문에서 각각 26%씩 차지한다.

● 경쟁사

신용평가회사로서의 경쟁은 무디스를 포함해서 크게 세 회사가 각축을 벌이고 있다. 무디스와 뒤에서 소개할 S&P, 피치다.

그 외에 시장 인텔리전스 부문에서는 팩트셋 리서치 시스템즈 FactSet Research Systems Inc.(티커: FDS)나 DBRS 모닝스타Morning star 등이 경쟁사다.

● 매출 및 이익 현황

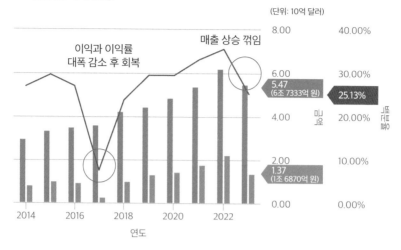

▲ 무디스의 매출, 이익, 이익률 추이(©2022 stockrow.com)

■ MCO, 연간 매출액　■ MCO, 연간 순이익　— MCO, 연간 순이익률

무디스는 지난 10년 동안 꾸준한 매출 상승을 일으켰으나 2022년 연례보고서 기준으로 상승이 꺾였다. 하지만 2016년 이익과 이익률이 저조했다가 이내 극복하고 다시 상승세로 돌아섰듯이 매출도 다시 상승으로 전환할 것으로 본다. 100년이 더 된 금융 회사가 이 정도로 꾸준한 성장을 하고 있다는 것만으로도 훌륭하다.

● 주가 현황

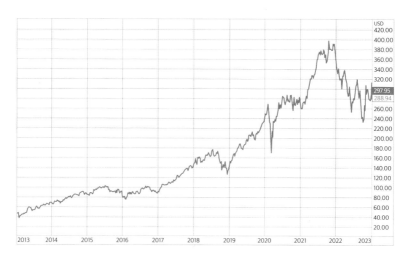

▲ 무디스의 주가 추이(©2022 Tradingview.com)

꾸준하고 안정적으로 사업을 영위하며 매출까지 증대시킨 만큼 안정적인 우상향 차트를 보인다. 2022년은 다양한 경제 악재에 따라 주가 하락이 있었고, 시장 평균보다 조금 높은 수준의 낙폭을 보였다.

● 투자지표

| 펀더멘털 |

시가총액	57.18B(70조 3943억 원)
부채비율	349% ⬆
유동비율	180% ⬌

| 가치지표 |

P/B Ratio	25.96 ⊕
P/E Ratio	38.19 ⊕
선행 P/E Ratio	34.30 ⊕
P/S Ratio	10.00 ⊕
P/FCF Ratio	91.19 ⊕
EV/EBITDA	25.88 ⊕

| 성장지표 |

ROE	64.3% ⬆ ★
ROI	22.7% ⬆
EPS성장(최근 5년)	53.9% ⬆
EPS성장(향후 5년)	-0.82% ⬇
영업이익률	36.6% ⬆ ★
순이익률	27.2% ⬆ ★
PEG Ratio	6.56 ⊕

📝 수익성 지표가 탁월하다. ROE가 매우 높고 다른 이익률 수치도 높게 나타났다.

배당수익률	0.88% ⬇
배당성장 기간	13년 ▲
배당성향	32.3% ⬌

📝 배당성장 기간이 10년이 넘어가며 배당성장주다운 면모를 보인다.

| 퍼포먼스 |

CAGR	20.02% ★
MDD	-39.34% ✕
최근 1년	-1.53% ★
샤프비율	0.85 ⬌

📝 연평균 성장률이 20%가 넘는 무시무시한 금융주다.

● **저자 코멘트**

무디스는 1929년 세계대공황에서 살아남을 만한 기업에만 높은 신용등급을 매겨 수십 년간 신뢰를 받아왔다. 그러나 2008년 세계금융위기 때에는 고위험으로 판명 난 개별 모기지론을 묶어서 만든 복합 증권에 Aaa 신용등급을 매겨 비판을 받았다. 미국증권거래위원회SEC는 무디스의 이러한 등급을 면밀히 조사했고, 내부 통제 실패와 등급 결함에 대해 기소했다. 무디스는 1625만 달러(약 200억 원)의 벌금을 지불했고, 이후로 무디스는 등급을 매길 때 보다 정확하고 편파적이지 않도록 프로세스와 절차를 변경했다. 또한 최근 몇 년 동안 신용등급에서 ESG(환경Environment, 사회Social, 지배구조Governance) 요소를 더욱 강조했다. 이와 더불어 신용평가 방법론을 발전시키며 평가 과정에서 투명성과 책임성을 높이기 위해 노력 중이다.

● 결론

100년이 넘는 역사를 자랑하는 무디스. 지금까지도 성장하는 저력이 무시무시하다. 대개 오래된 금융 기업(예: JP모건체이스J.P. Morgan Chase, 골드만삭스Goldman Sachs)의 경우 성장은 저조하며 배당주로서의 성격이 강한 법인데, 무디스는 지속적인 성장을 보이는 성장주 성격이 있다. 그런 점에서 배당수익률은 0.88%로 높지 않은 편이다. 배당성장 기간이 10년을 넘어 13년을 유지하고 있다는 점은 고무적이다. 특히 ROE가 매우 높아 자기자본 대비 높은 이익을 만들어내고 있다. 다만 이렇게 오래되고 재무가 우량한 기업이 좋은 주식이라는 점을 시장이 모를 리 없다. 덕분에 가격 대비 투자지표인 P/B, P/E, P/S 모두 고평가로 보인다.

블랙록

#전세계1위 #자산운용사 #ETF

티커: BLK (NYSE), **기업명**: BlackRock, Inc.

BlackRock.

세계 최대 자산운용사, 블랙록

▲ 뉴욕시에 있는 블랙록 본사

● 기업 개요

블랙록은 뉴욕시에 본사를 둔 미국의 다국적 투자 회사다. 1988년에 위험 관리 및 채권 자산 관리자로 설립된 블랙록은, 2022년 1월 기준으로 미화 10조 달러(1경 2314조 원) 자산을 관리하는 세계 최대 자산운용사다. 기관 및 개인 투자자에게 투자 관리, 위험 관리 및 자문 서비스를 제공하며 뮤추얼 펀드*, 상장지수펀드Exchange Traded Fund, ETF 등 다양한 투자 상품이 있다. 또한 전 세계 30개국에 70개 사무소를 운영하고, 100개국의 고객을 보유하고 있다.

투자 규모가 큰 기업들이 환경, 사회, 지배구조에 대한 비판에 직면하자 블랙록은 석탄 관련 기업의 투자를 줄이거나 '총기 프리' 펀드 상품을 출시하는 등 ESG 업계 리더로 자리매김하기 위해 노력하고 있다.

● 기업 역사

1988년, 래리 핑크Larry Fink 등 8인이 블랙록을 공동 설립했다. 핑크를 포함한 일부는 미국 모기지담보부증권 시장의 개척자였던 퍼스트 보스턴First Boston에서 함께 일했다. 핑크는 퍼스트 보스턴 재임 동안 수장으로서 1억 달러(현재 가치로 약 3189억 원)를 잃었는데, 이 경험이 자산 관리 서비스(위험 관리)를 개발하는 동기가 되었다고 한다.

---

* 뮤추얼 펀드Mutual Fund: 여러 투자자로부터 돈을 모아 주식, 채권, 단기 금융 상품 또는 이들의 조합과 같은 다양한 증권 포트폴리오에 집합적으로 투자하는 투자 수단의 한 유형으로, 펀드매니저 또는 자산운용사로 알려진 전문 투자관리사에서 운영한다.

블랙스톤 그룹Blackstone Group의 피트 피터슨Pete Peterson은 위험 관리에 전념하는 회사를 만들려는 핑크의 비전을 믿고 초기 운영 자본을 투자했다. 몇 달 만에 사업은 흑자를 냈고, 1989년 그룹 자산이 4배 증가했다. 이후 회사 이름을 블랙록으로 변경했다.

1992년까지 170억 달러(약 20조 9338억 원) 자산을 관리했는데, 1994년에는 무려 530억 달러(약 65조 2642억 원)로 증가했다. 이후 핑크는 인재를 끌어들이기 위해 지분 매각을 원했는데, 블랙스톤은 블랙록의 지분을 전부 매각하고 블랙스톤으로 남았으며 핑크는 블랙록의 회장 겸 CEO가 되었다. 이를 두고 블랙스톤의 스티븐 슈워츠먼Stephen Schwarzman은 훗날 '영웅적인 실수'였다고 회고했다.

1999년 블랙록은 뉴욕증권거래소에서 주당 14달러에 상장되었다. 1999년 말에는 1650억 달러(약 203조 1810억 원)에 달하는 자산을 관리하고 있었으며 이후 전략적인 인수를 통해 성장했다.

2008년 세계금융위기 때 미국 정부는 금융 붕괴의 여파를 해결하기 위해 블랙록과 계약을 맺었다. 워싱턴과 월스트리트 금융 기관은 블랙록이 최고의 선택이라고 믿었다. 연방준비제도이사회는 블랙록이 베어스턴스Bear Stearns와 아메리칸 인터내셔널 그룹American International Group, AIG의 부채 해결을 감독하도록 허용했다.

2009년, 블랙록은 처음으로 전 세계 1위 자산운용사가 되었다. 같은 해 6월 12일, 바클리즈Barclays는 iShares가 포함된 ETF 사업을 블랙록에 매각했다.

2011년 4월 1일, 블랙록은 S&P500 지수에 포함되었고, 〈포춘〉은

2013년에 블랙록을 '세계에서 가장 존경받는 50대 기업' 목록에 선정했다.

2014년, 〈더 이코노미스트〉는 블랙록이 4조 달러(약 4926조 원)를 관리하는 '세계 최대 자산운용사'가 되었으며 3조 달러를 운영하는 세계 최대 은행인 중국공상은행보다 규모가 더 크다고 보도했다. 2014년 말에는 블랙록의 운용 자산 중 65%가 기관 투자자로 구성되어 있었다.

2020년 8월, 블랙록은 중국 증권감독관리위원회로부터 중국에서 뮤추얼 펀드 사업 설립을 승인받았다. 이로써 블랙록은 중국 정부로부터 중국에서 운영을 시작하는 데 동의를 얻은 최초의 글로벌 자산운용사가 되었다.

● 주요 비즈니스 및 매출 구성

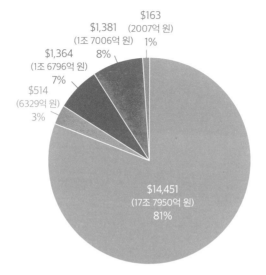

$163
(2007억 원)
1%

$1,381
(1조 7006억 원)
8%

$1,364
(1조 6796억 원)
7%

$514
(6329억 원)
3%

$14,451
(17조 7950억 원)
81%

(단위: 백만 달러)

■ 총 투자 자문, 관리 수수료 및 증권 대출 수익 ■ 총 투자 성적 수수료
■ 기술 서비스 ■ 총 유통 수수료 ■ 총 자문 및 기타 수익

▲ 블랙록의 매출 구성(2022년 연례보고서)

위험 관리를 위해 출범한 회사답게 투자 자문 수익이 전체 매출의 81%를 차지하며 가장 높다. 자문 수수료뿐 아니라 각종 투자 상품의 운용 수수료도 포함되는데, 이 중에서도 ETF나 주식 등을 통한 수익 비중이 가장 높고, 그 뒤를 채권이 잇는다. 다음으로는 총 투자 성적 수수료, 기술 서비스, 총 유통 수수료가 각각 3%, 7%, 8% 매출을 차지한다.

● 경쟁사

빅3 자산 관리 회사인 블랙록, 뱅가드Vanguard, 스테이트 스트리트State Street(티커: STT)가 관리 중인 글로벌 자산은 합쳐서 15조 달러(약 1경 8471조 원) 이상으로 이는 미국 국내총생산GDP의 3/4 이상이다. 그 외에 피델리티Fidelity Investments와 같은 자산운용사도 경쟁사다.

● 매출 및 이익 현황

▲ 블랙록의 매출, 이익, 이익률 추이(©2022 stockrow.com)

10년간 매출이 한차례도 빠짐없이 증가했으나, 2022년 연례보고서 기준으로 매출 상승이 멈췄다. 하지만 여전히 이익률은 28.97%로 높게 유지하고 있다.

● 주가 현황

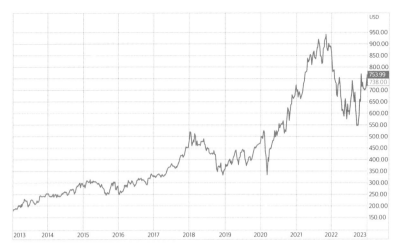

▲ 블랙록의 주가 추이(©2022 Tradingview.com)

    주가는 꾸준히 상승하다가 2018년에 크게 휘청였다. 이내 다시 회복하다가 코로나 위기에 다시 한번 크게 하락한 후 엄청난 폭의 상승을 보였다. 블랙록도 2022년의 주가 하락은 피해 가지 못했다. 다만 2022년 연말에 35% 넘는 상승을 보이며 주가를 크게 회복했다.

● 투자지표

높음 ⬆	보통 ⬌	낮음 ⬇	고평가 ⊛	저평가 ⊕	좋음 ★	무난 ▲	나쁨 ✖

| 펀더멘털 |

시가총액	113.65B(139조 9245억 원)
부채비율	23% ⬇ ★
유동비율	1001% ⬆ ★

🖉 금융주로서 매우 안정적인 재무 지표를 보이고 있다.

| 가치지표 |

P/B Ratio	3.08 ⊛
P/E Ratio	22.36 ⊛
선행 P/E Ratio	19.05 ⊛
P/S Ratio	6.36 ⊛
P/FCF Ratio	66.50 ⊛
EV/EBITDA	17.32 ⊛

| 성장지표 |

ROE	15.6% ⬌
ROI	12.1% ⬌
EPS성장(최근 5년)	15.00% ⬌
EPS성장(향후 5년)	6.08% ⬇
영업이익률	41.4% ⬆ ★
순이익률	32.7% ⬆ ★
PEG Ratio	3.67 ⊛

🖉 이익률이 매우 높은 수준이다.

| 배당지표 |

배당수익률	2.63% ⬌
배당성장 기간	14년
배당성향	46.9% ⬌

📝 배당성장 기간이 14년인 배당성장주로, 배당성장주치고 배당수익률도 높다.

| 퍼포먼스 |

CAGR	15.98% ★
MDD	-40.13% ✕
최근 1년	-4.56% ★
샤프비율	0.70 ✕

📝 연평균 성장률도 시장을 능가하는 훌륭한 성장성을 보였다.

● 저자 코멘트

블랙록은 ETF 투자를 하면 반드시 접하게 되는 이름이다. 블랙록에서 가장 운용 규모가 높은 ETF는 IVV로, SPY와 같이 S&P500 지수를 추종하는 ETF다. 국내의 일반 투자자들에게도 SPY보다 수수료가 덜 나가는 ETF로 알려져 있으며, 2022년 운용 자산 기준 미국에서 가장 큰 ETF 운용사다.

137

　매출 성장이 꾸준하게 나고 있는 세계 최대의 자산운용사 블랙록. 최근의 보고서를 살펴보면 ETF에서 나오는 매출이 계속해서 증가하고 있다. 게다가 이제는 기관뿐만 아니라 개인도 ETF 투자를 점점 늘려가는 추세다. 성장이 좋은 기업답게 가치지표로는 모두 고평가로 보인다. 그럼에도 배당수익률이 반올림하면 3% 수준이니, 가격이 높다고 할 수는 없다. 배당성장 기간도 14년 된 배당성취자다. 금융 섹터에서 배당과 시세 차익을 모두 노릴 만한 투자처로는 제격이 아닐까 싶다.

S&P 글로벌

#재무분석 #투자인덱스 #다우지수 #S&P500지수 #배당왕등극직전

티커: SPGI (NYSE), **기업명**: S&P Global Inc.

S&P Global

S&P500지수와 다우지수를 만드는 곳
켄쇼의 인공지능은 덤

▲ 뉴욕시 맨해튼에 있는 S&P 글로벌 본사

● 기업 개요

S&P 글로벌은 재무 정보 및 분석을 주요 비즈니스로 하는 미국 기업이다. 본사는 뉴욕시 맨해튼에 있다. 사명의 S&P는 스탠더드 앤드 푸어스Standard and Poor's의 줄임말이다.

현재 다음과 같은 6개 사업 부문으로 운영되고 있다. S&P 글로벌 시장 인텔리전스Global Market Intelligence, S&P 글로벌 등급Global Ratings, S&P 글로벌 원자재 인사이트Global Commodity Insights, S&P 글로벌 모빌리티Global Mobility, S&P 다우존스지수S&P Dow Jones Indices, S&P 글로벌 공학 솔루션Global Engineering Solutions이다.

또한 금융 분야 인공지능 글로벌 기업으로 알려진 켄쇼Kensho도 보유하고 있고, 켄쇼 지수*도 산출하고 있다.

● 기업 역사

S&P 글로벌의 전신 기업은 제임스 맥그로James McGraw가 〈미국 철도 기기 학회지American Journal of Railway Appliances〉를 인수한 1888년으로 거슬러 올라간다. 설립자인 맥그로는 계속해서 더 많은 출판물을 추가하며 사업을 확장하다가 결국 1899년에 맥그로 퍼블리싱 컴퍼니McGraw Publishing Company를 설립했다. 비슷한 시기 존 힐John Hill은 기술과 무역 관련 출판물을 제작했으며, 1902년에 더 힐 퍼블리싱 컴퍼니The Hill Publishing Company라는 사업체를 설립했다.

---

* 켄쇼 지수: 인공지능과 기계학습 기술을 적용하여 산출한 지수로, 새로운 트렌드와 파괴적 혁신을 일으키는 기업을 포착하도록 설계되었다.

1909년, 두 사람은 동맹하며 출판사의 서적 부서를 맥그로힐 북 컴퍼니McGraw-Hill Book Company로 통합했다. 이때 힐이 사장으로, 맥그로가 부사장으로 시작했다.

1916년, 힐이 갑작스러운 심장 질환으로 사망하면서 1917년에 나머지 각 사업 부문은 맥그로-힐 퍼블리싱 컴퍼니McGraw–Hill Publishing Company로 합병되었다.

1953년 플래츠Platts의 전신이 맥그로-힐에 합류했고, 1964년 맥그로-힐 퍼블리싱 컴퍼니와 맥그로-힐 북 컴퍼니는 맥그로-힐McGraw-Hill, Inc.로 합병되었다.

1966년 맥그로-힐은 신용평가 기관 스탠더드 앤드 푸어스를 인수했다. 현재 가장 범용적으로 활용되는 미국의 대표 주가지수인 S&P500은 스탠더드 앤드 푸어스에서 1957년에 처음 도입된 것이다.

1986년에는 당시 미국 최대의 교육 자료 출판사이자 경쟁사인 더 이코노미 컴퍼니The Economy Company를 인수했다. 이 인수로 맥그로-힐은 미국에서 가장 큰 교육 출판사가 되었다.

1995년 맥그로-힐은 기업 브랜드 변경의 일환으로 맥그로-힐 컴퍼니즈McGraw–Hill Companies, Inc.가 되었다.

2012년 맥그로-힐은 맥그로-힐 에듀케이션McGraw-Hill Education으로 알려진 교육 부서를 매각한다고 발표했고, 2013년에 매각을 완료했다. 판매 당시 교육 부문은 판매 감소 및 디지털 학습 리소스로의 전환을 포함하여 몇 가지 문제에 직면했다. 회사는 특히 대학 교과서 시장에서 높은 가격, 저작권 문제 등 비즈니스 관행에 대해 법적 조치와 규제 조사로 비판받고 있었다. 이에 교육 부문을 매각함으로써 불안정한 교육 시장에서의 노출을 줄이고, 인수한 기업인 S&P의 보다 안정적이고 수익성 있는 금융 서비스 및 정보 비즈니스에 집중했다. 같은 해에 회사 이름을 맥그로 힐 파이낸셜McGraw Hill Financial로 변경하며 S&P로 대표되는 금융 서비스에 집중했다.

2016년에는 다시 이름을 S&P 글로벌로 변경했으며 2018년에는 인공지능 투자의 대명사 격인 켄쇼Kensho를 인수했다.

2022년에는 IHS 마킷IHS Markit과 1400억 달러(약 1724조 원) 규모로 인수합병을 완료했다. IHS 마킷은 금융, 에너지, 자동차 등 다양한 산업의 주요 정보를 다루고 분석하며 솔루션을 제공하는 글로벌 리더 기업이다. 정보 서비스 전반에 걸쳐 최고의 브랜드와 기술을 갖춘 두 개의 세계적 조직이 통합되어 S&P 글로벌은 고유한 지위를 구축하게 되었다.

● 주요 비즈니스 및 매출 구성

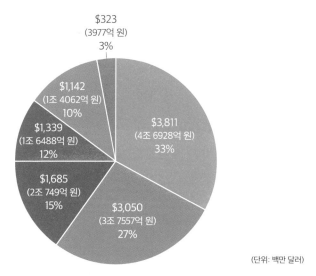

(단위: 백만 달러)

■ 시장 인텔리전스 ■ 등급 ■ 원자재 인사이트 ■ 지수 ■ 모빌리티 ■ 공학 솔루션

▲ S&P 글로벌의 매출 구성(2022년 연례보고서)

S&P 글로벌은 6개 사업 부문으로 주요 비즈니스가 나뉜다. 2022년 연례보고서 기준, 시장 인텔리전스, 등급, 원자재 인사이트, 지수, 모빌리티, 공학 솔루션순으로 매출이 발생했다.

시장 인텔리전스 부문은 투자 전문가, 정부 기관, 기업 및 대학을 위한 데이터나 분석 자료 등을 제공하며 S&P 캐피털 아이큐 프로 Capital IQ Pro 같은 프로그램도 제공한다.

등급 부문은 시장 참가자들에게 회사채나 지방채와 같은 채권 투자의 위험에 대한 신용등급을 제공한다.

원자재 인사이트 부문은 원자재 및 에너지 시장을 위한 정보나 벤치마크 자료 등을 구독 방식으로 운영하고 있다.

지수 부문은 시장 참여자들의 의사 결정에 도움이 되는 벤치마크인 다양한 글로벌 지수Index를 제공한다. 대표적으로는 S&P500과 다우존스산업평균지수를 산출하고 있다.

모빌리티와 공학 솔루션 부문은 각각 관련 분야에 대한 데이터와 컨설팅, 기술 자문 서비스를 제공한다.

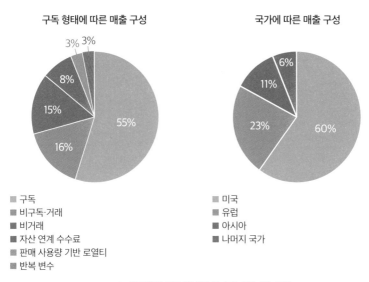

▲ S&P 글로벌의 구독 형태와 국가에 따른 매출 구성

구독 형태에 따라서도 매출 구성을 나눠볼 수 있는데 시장 보고서나 소프트웨어 등 구독 방식이 55%로 절반 이상을 차지한다.

비구독·거래 방식은 등급 부문에서 주로 수익이 발생하며 16%를 차지한다. 등급 부문에서는 등급 평가를 원하는 대상에게 수수료를 청구하여 수익이 발생하는데 채권 등급, 은행 대출 등급 산출이 대표적이다.

비거래 방식은 15%를 차지하며 정기적으로 신용도를 평가하고 모니터링하는 신용등급에 대한 수수료가 주를 이룬다.

지역에 따라서는 미국이 60%로 가장 높고, 유럽 23%, 아시아 11%, 나머지 국가들이 6%다.

● 경쟁사

지수 부문에서의 경쟁사로는 주요 지수를 산출하는 기관인 모건 스탠리 캐피털 인터내셔널Morgan Stanley Capital International, MSCI(티커: MSCI)이 있다. 일찍이 MSCI는 지수를 브랜드화했으며 지수 산출의 역사로는 S&P보다 앞선다. 그 외 러셀Russell지수를 산출하는 FTSE 러셀, 나스닥지수를 산출하는 나스닥Nasdaq, Inc.(티커: NDAQ)도 있다.

등급 부문에서는 3대 신용평가사에 포함되는 무디스와 피치가 경쟁사다.

시장 인텔리전스 부문에서는 S&P가 선도 기업이다. 금융 정보와 시장 데이터, 분석 소프트웨어와 관련된 경쟁사로는 선도적인 시장 데이터와 블룸버그 터미널로 잘 알려진 블룸버그Bloomberg, 그 외에는 톰슨 로이터Thomson Reuters Corporation(티커: TRI), 레피니티브Refinitiv 등이 있다.

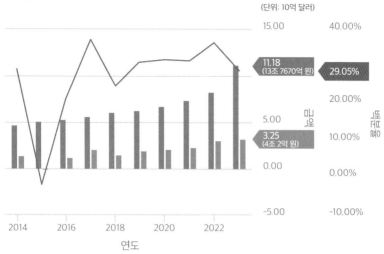

▲ S&P 글로벌의 매출, 이익, 이익률 추이(©2022 stockrow.com)

매출이 10년 동안 꾸준히 성장하고 있다. 최근 5년간은 이익도 성장 중이며, 이익률도 29.05%로 높은 수준을 유지하고 있다. 가히 이상적인 재무 상태가 아닐 수 없다. 게다가 IHS 마킷 인수합병으로 2022년 말 연례보고서 매출은 직전 대비 35% 급증했다.

● 주가 현황

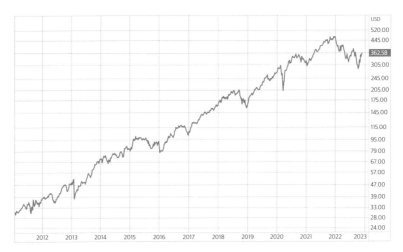

▲ S&P 글로벌의 주가 추이(©2022 Tradingview.com)

　　매출이 이렇게 꾸준히 성장하는데 주가가 이를 따라가지 않을 리가 없다. 10년 단위로 보면 직선에 가까운 상승을 보인다. 하지만 2020년 코로나 위기 때와 2022년 시장에서는 하락을 피해갈 수 없었다. 금융주 특성상 세계금융위기 때에는 역시나 많이 떨어졌던 것도 참고하시라.

● 투자지표

| 펀더멘털 |

시가총액	119.69B(147조 3504억 원)
부채비율	29% ⬇ ★
유동비율	80% ⬄

📝 부채비율이 낮아 안정적인 재무
상태를 보인다.

| 가치지표 |

P/B Ratio	3.31 ⊕
P/E Ratio	31.22 ⊕
선행 P/E Ratio	30.00 ⊕
P/S Ratio	11.59 ⊕
P/FCF Ratio	83.59 ⊕
EV/EBITDA	21.97 ⊕

| 성장지표 |

ROE	11.8% ⬄
ROI	54.0% ⬆ ★
EPS성장(최근 5년)	9.5% ⬇
EPS성장(향후 5년)	10.5% ⬄
영업이익률	49.5% ⬆ ★
순이익률	33.8% ⬆ ★
PEG Ratio	2.97 ⊕

📝 투자 대비 수익률이 매우 높으며,
영업이익률과 순이익률이 모두 높아
사업의 수익성도 좋다.

배당수익률	0.96% ⬇
배당성장 기간	51년 ★
배당성향	27.0%

📝 배당성장 기간이 50년이 넘는 배당왕인데도 배당성장주 같은 면모를 보인다. 배당성향은 매우 적정한 수준인데 성장성이 높아 수익률이 아쉬운 상황이다.

| 퍼포먼스 |

CAGR	21.29% ★
MDD	-35.07% ✕
최근 1년	-6.07% ⬌
샤프비율	0.90 ⬌

📝 오랜 역사를 자랑하는 기업인데 지속적인 기업 구조 개편과 대규모 인수합병으로 인해 성장성이 매우 뛰어나다. 연평균 성장률이 20%가 넘는 뛰어난 성적을 보였다.

● 저자 코멘트

현재는 기업명을 보면 S&P500이 생각나지만, 불과 몇 년 전까지만 해도 '맥그로 힐'이라는 이름이 붙었었다. 내가 대학교에 다닐 당시에는 전공 서적의 상당수가 맥그로 힐 출판사에서 출간된 책이어서, 아마 나와 비슷한 나이의 사람이라면 익숙한 느낌을 받을 것 같다. S&P 글로벌은 실제 그 출판사를 소유한 기업이었다. 2012년에 맥그로 힐 출판사 부문은 매각되었고, 현재는 금융 정보 및 분석 업체로 기업의 정체성을 변화하며 '맥그로 힐'이라는 이름은 역사 속으로 사라졌다.

● 결론

맥그로 힐부터 S&P 글로벌까지 역사가 긴 기업이다. S&P 글로벌은 시장 인텔리전스와 등급 부문으로 대표되는 탄탄한 사업을 운영하며 근 10년간 꾸준한 매출 성장을 이뤄왔다. 최근 5년간은 이익까지 쭉쭉 성장하는 모습과 높은 이익률까지 보여 성장주 같은 모양새다. 이로 인해 투자지표는 일반적인 가치 투자 관점에서는 고평가로 보일 만하다. 하지만 그럼에도 배당수익률이 아직도 1% 수준이며, 2023년 배당왕에 등극까지 했는데 누가 금방 무너질 것으로 판단하겠는가? S&P 글로벌은 밸류에이션* 관점에서만 신중하게 고려하면 장기적으로 배당과 성장 두 마리 토끼를 다 잡을 수 있는 투자처가 될 것이다.

---

* 밸류에이션valuation: 애널리스트가 현재 기업의 가치를 판단해 적정 주가를 산정해내는 기업가치 평가 작업을 말한다. 실적 대비 주가 수준을 가늠하는 것으로, 주식 대비 기업의 매출, 이익, 자산이나 현금흐름 등 다양한 경영지표의 변화를 분석해 종합적으로 산출한다. (출처: 네이버 지식백과)

프로그레시브

#미국1등 #자동차보험 #반려동물보험 #연중무휴고객서비스

티커: PGR (NYSE), **기업명**: The Progressive Corporation

PROGRESSIVE®

미국 내 1등 자동차 보험사

▲ 오하이오주 메이필드 빌리지에 있는 프로그레시브 본사

● 기업 개요

프로그레시브 코퍼레이션은 미국에서 세 번째로 큰 보험사이자 제1의 상업용 자동차 보험사다. 본사는 오하이오주 메이필드 빌리지에 있으며 승용차, 오토바이, RV(여가용 차량), 트레일러, 보트, PWC(수상 스쿠터 또는 제트 스키) 및 상업용 차량과 주택, 생명, 반려동물 및 기타 보험을 제공한다. 호주에서 자동차 보험을 제공하며 현재는 국제적으로 확장했다.

'혁신적progressive'이라는 기업명에 걸맞게 자동차 보험사 최초로 웹사이트를 구축하고 고객이 해당 사이트를 통해 보험 정책을 구매할 수 있도록 했으며, 이후 모바일 브라우저와 스마트폰 앱을 이용해 보험 내역을 확인하고 처리할 수 있도록 한 선구자다. 그리고 동시에 연중무휴 청구 보고 기능을 최초로 제공한 기업이기도 하다. 프로그레시브는 자체 견적과 함께 경쟁 업체 견적을 제공하는 독특한 마케팅 방식으로 유명하며, 현재 차량 보험의 한 형태인 '페이 애즈 유 드라이브Pay As You Drive(사용한 만큼 지불하는)' 보험에서 경쟁 업체보다 우위에 있다. 2022년 기준, 5만 5000명 이상의 직원이 있으며 미국 50개 주 모두에서 운영되고 있다.

● 기업 역사

1937년, 조셉 루이스Joseph Lewis와 잭 그린Jack Green이 모든 차량 소유자에게 저렴한 자동차 보험을 제공하기 위해 프로그레시브 뮤추얼 인슈어런스 컴퍼니Progressive Mutual Insurance Company를 설립하면서 시작되었다.

1956년, 비표준 보험의 최초 전문 보험사가 되기 위해 프로그레시브 캐주얼티 인슈어런스 컴퍼니Progressive Casualty Insurance Company가 설립되었다. 당시 직원 수는 40명이었다.

1965년에 프로그레시브 코퍼레이션The Progressive Corporation이 설립되었고, 루이스의 아들인 피터 루이스Peter Lewis가 CEO로 취임했다. 그는 2000년까지 CEO를 역임했다. 프로그레시브는 고객이 자동차 보험료를 할부로 지불할 수 있도록 허용한 최초의 자동차 보험사였다.

1971년에 기업공개를 했으며, 1974년 클리블랜드 시내에서 오하이오주 메이필드 빌리지에 있는 새 본사로 이전했다.

1987년 회사의 서면 보험료 총액은 10억 달러(현재 가치로 약 2조 원)를 돌파했는데, 2016년에는 그 숫자가 200억 달러(약 25조 원)를 넘어섰다.

1990년에는 연중무휴(24/7: 하루 24시간 1주 7일 동안) 고객 서비스를 최초로 시작했으며, 1998년에는 고객의 운전 습관을 추적하여 이를 기반으로 개인화된 보험료를 제공하는 스냅샷 프로그램을 도입했다.

2007년 9월, 프로그레시브는 개와 고양이가 다칠 때 보상해주는 펫 인쥬리 보험을 제공하기 시작했다. 이로써 반려동물 상해 보장을 제공하는 최초의 보험사가 되었다.

2021년, 〈포춘〉 선정 '500대 기업' 74위에 올랐다.

● 주요 비즈니스 및 매출 구성

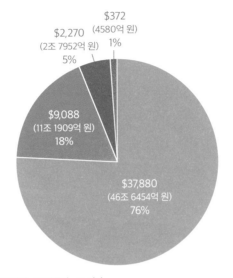

(단위: 백만 달러)

■ 개인 회선 ■ 상업 회선 ■ 부동산 ■ 기타

▲ 프로그레시브의 매출 구성(2022년 연례보고서)

프로그레시브는 사업 부문은 크게 개인 회선, 상업 회선, 부동산 이렇게 세 가지로 나뉜다.

개인 회선 부문에서는 개인용 자동차 및 레저용 차량 보험이 주를 이루며, 76%로 가장 높은 매출 비중을 보인다.

상업 회선 부문은 주로 자동차 관련 책임 및 물적 손해 보험, 운송 산업을 위한 근로자 보상 보험, 중소기업을 위한 사업 관련 일반 책임이나 재산 보험을 포함하며 18% 매출을 구성한다.

마지막으로 부동산 부문은 미국 50개 주 대부분의 주거용 부동산을 가입시켰는데, 이는 매출의 5%를 차지한다. 또한 사실상 모든 주에서 홍수 보험을 담당하는 국가 홍수 보험 프로그램 참가자로 활동하며, 이 사업의 100%가 재보험*에 가입되어 있다.

● 경쟁사

대표적인 경쟁사로는 재산 및 상해 보험과 자동차 보험을 제공하는 스테이트 팜State Farm Group과 자동차 보험으로 성장했던 올스테이트The Allstate Corporation(티커: ALL)가 있다. 그 외에도 워런 버핏의 버크셔 해서웨이Berkshire Hathaway(티커: BRK-A)가 소유한 자동차 보험사인 가이코GEICO가 있다.

---

* 재보험: 보험 계약의 위험을 분산시키기 위해 보험 회사가 드는 보험이다. 즉 '보험사를 위한 보험'이라고 할 수 있다.

● 매출 및 이익 현황

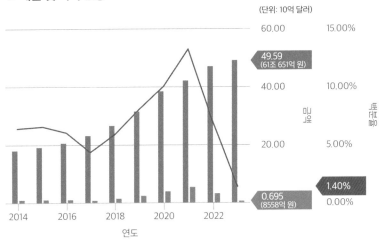

(단위: 10억 달러)

49.59
(61조 651억 원)

1.40%

0.695
(8558억 원)

■ PGR, 연간 매출액   ■ PGR, 연간 순이익   ── PGR, 연간 순이익률

▲ 프로그레시브의 매출, 이익, 이익률 추이(©2022 stockrow.com)

매출이 무서우리만큼 폭발적으로 성장하고 있다. 최근 10년간 한차례도 빠짐없이 성장했으며, 최근에는 높은 폭으로 성장하고 있다. 전반적으로 이익과 이익률까지 개선되는 모습이 나타났으나 최근 2년간 이익과 이익률이 급격하게 감소된 점은 주의해야 할 부분이다.

● **주가 현황**

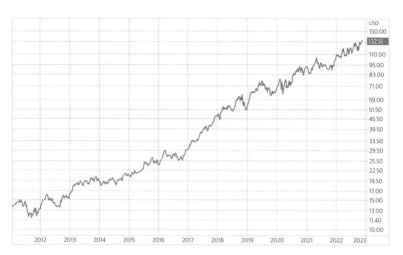

▲ 프로그레시브의 주가 추이(©2022 Tradingview.com)

　　엄청난 성장 덕분에 별다른 위기 없이 주가 상승을 이룬 것으로
보인다. 최근 10년간 주가가 10배가 된 진정한 텐배거 기업이다.
'10년 전에 알려드릴 수 있었다면 참 좋았을 텐데' 하는 아쉬운 마음
이 든다.

● 투자지표

높음 ⬆   보통 ⬅➡   낮음 ⬇   고평가 ⊕   저평가 ⊙   좋음 ★   무난 ▲   나쁨 ✕

| 펀더멘털 |

시가총액	78.91B(97조 1461억 원)
부채비율	45% ⬇
유동비율	31% ⬇

📝 유동비율이 낮게 나타나 단기적으로 현금이 부족할 수 있는 잠재적 유동성 위험이 있다.

| 가치지표 |

P/B Ratio	5.53 ⊕
P/E Ratio	116.44 ⊕
선행 P/E Ratio	17.52 ⊕ ▲
P/S Ratio	1.59 ⊙ ★
P/FCF Ratio	14.82 ⊕
EV/EBITDA	60.15 ⊕

📝 매출 관점에서는 가치지표가 저평가다. 일반적으로 P/E나 P/B보다 P/S가 보수적인 지표로 평가받는 점에서는 안심할 수 있는 수치다.

| 성장지표 |

ROE	5.2% ⬇
ROI	15.8% ⬅➡
EPS성장(최근 5년)	26.3% ⬆
EPS성장(향후 5년)	26.17% ⬆ ★
영업이익률	2.7% ⬇
순이익률	1.7% ⬇
PEG Ratio	4.45 ⊕

📝 당장은 이익률이 낮게 나타났으나 향후 이익은 다시 성장할 것으로 전망한다.

배당수익률	0.30% ⬇
배당성장 기간	0년
배당성향	28.3% ▲

| 퍼포먼스 |

CAGR	23.74% ★
MDD	-15.08% ★
최근 1년	25.49% ↔
샤프비율	1.17 ★

📝 연평균 성장률이 24% 수준으로 높았는데, 가장 많이 떨어졌던 순간에도 고작 -15%밖에 하락하지 않은 괴물 같은 주식이다.

● **저자 코멘트**

최초의 연중무휴 서비스와 운전 습관을 고려한 고객 맞춤형 서비스 등 회사 이름처럼 자동차 보험 업계를 선도하고 있는 프로그레시브. 이 기업은 코로나 팬데믹 상황에서도 크레딧 서비스와 환불을 제공하는 등 고객 서비스를 강화하며 매출 성장을 이끌었다. 기술적 차별화와 기업에서 가장 중요한 '고객'에게 초점을 맞추는 기업인 만큼 이러한 경영 방식을 유지한다면 20년 뒤에도 최고의 자동차 보험사로 남을 것이다.

● **결론**

우리나라도 거의 모든 운전자가 자동차 보험을 든다. 미국 또한 다르지 않다. 게다가 프로그레시브는 업계에서 가장 혁신적인 방식의 전략을 취함으로써 미국 내 1위 자동차 보험 회사가 되었고, 그만큼 매출과 이익에서 성장이 엄청나다. 이에 따라 주가도 폭발적으로 성장해서 텐배거 기업이 되었다. 덕분에 일반적인 가치지표 관점에서는 상당히 고평가로 보인다(P/S는 좋고, 선행 P/E 관점에서는 무난해 보이지만 말이다). 역시 미국 주식에서, 특히 S&P500과 같은 대표 기업들 안에서 좋은 기업을 '싸게' 사기란 매우 어렵다.

헬스케어
Healthcare

헬스케어 섹터는 코로나 상황이 가장 크게 영향을 미친 분야라고 할 수 있다. 쥐도 새도 모르게 갑자기 튀어나온 기업도 있고, 신약으로 매출이 엄청나게 부풀려진 기업도 나왔으니 말이다. 신약 개발과 같은 한 방이 중요한 기업도 있고, 의약품 유통이 주 비즈니스인 기업도 섞여 있는 섹터인 동시에 코로나 수혜를 가장 많이 입은 만큼 최근 1년간 피눈물이 났던 섹터다.

월그린스 부츠 얼라이언스
리제네론
모더나
맥케슨

월그린스 부츠 얼라이언스

#약국체인 #건강미용 #월그린스 #얼라이언스부츠 #공룡의인수합병

티커: WBA (NASD), **기업명**: Walgreens Boots Alliance, Inc.

미국의 대표적인 약국 체인 '월그린스'와
공룡 뷰티·헬스 체인 '부츠'의 만남

▲ 미국 최대의 약국 체인 중 하나인 월그린스와 영국 번화가에 흔히 보이는 부츠 매장
(글로벌 본사보다 매장 모습을 보여주는 편이 나을 것 같았다.)

● 기업 개요

월그린스 부츠 얼라이언스는 미국-영국-스위스 지주 회사로, 소매 약국 체인 월그린스와 부츠, 여러 제약 제조 및 유통 회사를 소유하고 있다. 본사는 일리노이주 디어필드에 있다. 2012년 월그린스 컴퍼니Walgreens Company가 얼라이언스 부츠Alliance Boots 지분 45%를, 2014년에 나머지 지분 55%를 매입한 후 현재의 회사로 설립되었다.

월그린스는 이전에 미국 내에서만 운영된 데 반해, 얼라이언스 부츠는 보다 다국적 사업을 운영해왔다. 이 인수합병을 통해 12개국에 1만 1000개 이상의 매장을 운영하는 세계 최대 약국 소매 업체이자 21개국에서 사업을 운영하는 도매 제약 비즈니스가 탄생하게 된다. 합병 조건에 따라 두 회사는 새로운 지주 회사인 월그린스 부츠 얼라이언스의 자회사가 되었다. 새 회사는 월그린스와 부츠를 포함한 총 4개 사업부로 구성되어 있는데, 나머지 두 부문은 얼라이언스 헬스케어Alliance Healthcare와 글로벌 브랜드를 포함하는 제약 도매 및 국제 소매 부문이다. 이 회사는 9개국에 진출했으며 직원 32만 5000명 이상을 고용하고 있다.

● 기업 역사

월그린스 컴퍼니

월그린스는 CVS 헬스cvs Health에 이어 미국에서 두 번째로 큰 약국 체인을 운영하는 회사다. 처방전 작성, 건강 및 웰빙 제품, 건강 정보와 사진 서비스를 전문으로 한다. 월그린스는 1901년 시카고의 작은 식품 매장에서 시작되었으며, 일리노이주 딕슨 출신 찰스 월그린Charles Walgreen이 설립했다. 시카고 교외 일리노이주 디어필드에 본사가 있다.

1913년까지 월그린스는 4개 매장으로 성장했다. 1915년에 다섯 번째 매장을 연 후 1916년에 4개를 더 열었고, 1919년에는 체인으로 20개 상점이 생겼다.

1920년대에 들어서면서 알코올 금지령으로 기회가 찾아왔다. 알코올은 불법이었지만 월그린스에서는 처방 위스키를 구입할 수 있었기 때문이다.

1929년 10월, 주식시장 붕괴와 대공황이 있었으나 월그린스는 큰 영향을 받지 않았다. 1934년까지 월그린스는 30개 주에서 매장 601개를 운영했다. 찰스 월그린이 1939년에 사망한 후 그의 아들 찰스 월그린 주니어Charles Walgreen Jr.가 은퇴할 때까지 체인을 이어받았다. 월그린 주니어 시대는 비교적 번영했지만 세기 초반에 볼 수 있었던 대규모 확장이 부족했다. 이후 월그린 가족은 월그린 3세 Walgreen III의 은퇴 이후 잠시 회사의 고위 경영진에 참여하지 않았다.

1995년 케빈 월그린Kevin Walgreen은 부사장이 되었고, 2006년에는 매장 운영 수석 부사장으로 승진했다.

2015년 10월 27일, 월그린스는 경쟁 업체이자 CVS와 더불어 탑3 대형 약국 체인인 라이트 에이드Rite Aid(티커: RAD)를 172억 달러(약 21조 원)에 인수한다고 발표했다. 그러나 독점 금지 문제로 인해 이 거래는 중단되었다.

2017년 9월, 연방거래위원회Federal Trade Commission, FTC는 월그린스가 합병 대신 총 43억 8000만 달러(약 5조 4180억 원)에 라이트 에이드 매장 1932개를 구매하도록 승인했으며, 판매는 2018년에 완료되었다.

얼라이언스 부츠

얼라이언스 부츠Alliance Boots GmbH는 스위스 베른에 본사가 있고, 영국 노팅엄과 웨이브리지에 운영 본사가 있으며 다국적 약국을 필두로 건강과 미용 부문을 포함하는 기업이다. 이 회사는 조인트 벤처*를 포함하여 27개국 이상에 지사를 두고 있다. 약국과 건강 및 미용 소매업, 의약품 도매 및 유통이라는 두 가지 핵심 비즈니스 활동을 하며 제품 브랜드를 점점 더 개발하고 국제화했다.

2006년 영국의 길거리 약국 부츠 그룹Boots Group과 범유럽 도소매 약국 그룹 얼라이언스 유니켐Alliance UniChem의 합병으로 설립되었으며, 런던증권거래소에 얼라이언스 부츠 유한책임회사Alliance Boots plc로 상장되었다.

2007년에는 AB 에쿼지션스 유한회사AB Acquisitions Limited가 사모펀드 거래를 통해 인수했다. 그룹은 주로 부츠 및 얼라이언스 헬스케어 브랜드로 운영되었다. 부츠 UKBoots UK는 영국의 선도적인 약국 주도 건강 및 미용 소매 업체다. 얼라이언스 부츠는 얼라이언스 헬스케어 사업을 통해 영국에서 가장 큰 제약 도매 업체였다. 2021년

---

* 　조인트 벤처Joint Venture: 2인 이상의 당사자가 공동 목적을 이루기 위해 진행하는 공동사업체로, 합병회사라고도 한다. (출처: 시사상식사전)

PART 3 · 유명하지만 유명하지 않은 미국 주식 33선

6월, 얼라이언스 헬스케어 도매 부문의 대부분은 글로벌 의료 회사인 아메리소스버겐AmerisourceBergen(티커: ABC)에 매각되었다.

2014년 12월 31일, 미국 최대 약국 체인 중 하나인 월그린스와 스위스에 기반을 둔 얼라이언스 부츠가 합병하여 '월그린스 부츠 얼라이언스'라는 새로운 지주 회사를 설립했다. 같은 날 티커 WBA로 나스닥에서 거래를 시작했고, 2018년 6월 26일에는 다우존스 산업평균지수에서 제너럴 일렉트릭General Electric이 빠지고 월그린스가 들어갔다.

2020년 기준, 월그린스 부츠 얼라이언스는 25개 이상의 국가에서 사업을 운영하고 있으며, 2022년 총매출 기준으로 〈포춘〉 '500대 기업' 순위에서 18위를 차지했다. 또한, 현재 나스닥100, S&P100 및 S&P500지수의 구성 요소이기도 하다.

● **주요 비즈니스 및 매출 구성**

월그린스는 미국에서 소매 약국을 통해 각종 소비재와 약품, 건강, 미용 제품 등을 제공하고, Walgreens.com과 같은 온라인 상점을 운영하고 있다. 부츠 브랜드는 영국에서 170년 이상의 역사를 가지고 있으며 번화가에서 흔하게 볼 수 있다. 대부분의 지점에는 약국이 포함되어 있고 헬스케어 제품과 화장품에 중점을 두고 있다. 대형 매장에서는 일반적으로 처방전 조제, 클라미디아(성병) 검사, 치료 외 다양한 의료 서비스를 제공한다. 또한 많은 대형 매장에서 부츠 안경사 같은 안경점 서비스가 제공된다. 그 외에도 전통적인 사진 관련 서비스나 전자제품을 판매하고 있으며 일부 매장은 식음료도 판매하고 있다. 매출 구성은 크게 미국 소매 약국, 국제, 미국 헬스케어 부문으로 나뉜다. 각각 82%, 17%, 1% 매출 비중을 보인다.

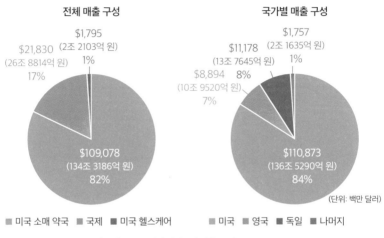

전체 매출 구성

$1,795
(2조 2103억 원)
1%

$21,830
(26조 8814억 원)
17%

$109,078
(134조 3186억 원)
82%

■ 미국 소매 약국 ■ 국제 ■ 미국 헬스케어

국가별 매출 구성

$1,757
(2조 1635억 원)
1%

$11,178
(13조 7645억 원)
8%

$8,894
(10조 9520억 원)
7%

$110,873
(136조 5290억 원)
84%

(단위: 백만 달러)

■ 미국 ■ 영국 ■ 독일 ■ 나머지

▲ 월그린스 부츠 얼라이언스의 매출 구성(2022년 연례보고서)

국가별로 보면 전체 매출의 84%가 미국에서 발생하고, 나머지 16%가 영국과 독일을 포함한 그 외 국가에서 나온다. 영국이 7%, 독일 8%, 나머지 국가 1%로 구성된다.

● 경쟁사

미국 내 1등 약국 체인 업체인 CVS 헬스가 대표적인 경쟁사다. CVS는 월그린스 부츠 얼라이언스에 비해 상당한 매출 성장을 기록하며 경쟁에서 유리한 고지를 점하고 있다. 또 다른 경쟁사인 라이트에이드Rite Aid Corporation도 뉴욕증권거래소에 상장되어 있는데, 2017년 이후 지금까지 매우 어려운 상황을 맞고 있어 주가는 고점 대비 거의 1/56 토막이 나 있는 상태다. 왜 업계에서 1등을 하는 게 중요한지 짐작이 가는 부분이다.

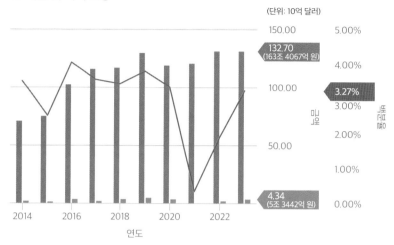

(단위: 10억 달러)

▲ 월그린스 부츠 얼라이언스의 매출, 이익, 이익률 추이(©2022 stockrow.com)

월그린스 부츠 얼라이언스의 매출은 전반적으로 상승세에 있으나, 코로나 위기 상황으로 이익이 거의 0이었다. 이내 다시 회복하여 원래의 이익률로 돌아왔으나 여전히 이익률은 3%대 수준으로 낮게 형성되어 있다. 하지만 2022년 연간보고서 기준으로 매출은 다시 최대치를 경신했다.

● 주가 현황

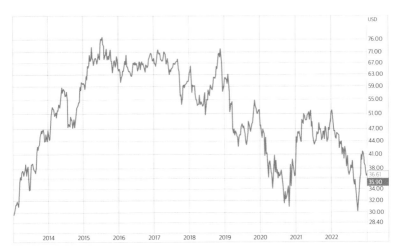

▲ 월그린스 부츠 얼라이언스의 주가 추이(ⓒ2022 Tradingview.com)

주가는 2015년 고점을 아직도 회복하지 못하고 오히려 반토막 수준에 머무르고 있다. 아무리 다우지수에 포함된 미국 대표 30개 기업일지라도 잘못 투자하면 큰코다칠 수 있음을 보여준다. 현재 다우지수 30 종목 중 시총 기준 30위이다.

● 투자지표

높음 ⬆ 보통 ⬌ 낮음 ⬇ 고평가 ◉ 저평가 ◉ 좋음 ★ 무난 ▲ 나쁨 ✖

| 펀더멘털 |

시가총액	31.48B(38조 7644억 원)
부채비율	62% ⬌
유동비율	70% ⬇

| 가치지표 |

P/B Ratio	1.56 ◉ ★
P/E Ratio	-
선행 P/E Ratio	7.68 ◉ ★
P/S Ratio	0.24 ◉ ★
P/FCF Ratio	23.3 ⬌
EV/EBITDA	10.23 ◉

📝 최근 주가가 많이 떨어져서 가치지표 차원에서는 대부분 저평가로 나타났다.

| 성장지표 |

ROE	-12.0% ⬇
ROI	4.6% ⬇
EPS성장(최근 5년)	5.8% ⬇
EPS성장(향후 5년)	2.3% ⬇
영업이익률	-5.1% ⬇
순이익률	-2.2% ⬇
PEG Ratio	-

📝 성장지표가 한결같이 나쁘다. 그 결과 주가가 이렇게 떨어졌다고 볼 수 있다.

| 배당지표 |

배당수익률	5.17% ⬆ ★★
배당성장 기간	47년 ★
배당성향	-

✏ 배당성장 기간이 끊기지만 않는다면 배당수익률 면에서는 최고의 주식이 될 수 있다.

| 퍼포먼스 |

CAGR	2.93% ✕
MDD	-59.81% ✕
최근 1년	-25.30% ✕
샤프비율	0.21 ✕

● 저자 코멘트

이 책에 간신히 합류한 기업이다. 5년 전 매출을 '간신히' 넘어섰기 때문이다. 책에서 소개하는 다른 기업들에 비해 최근 성장성이 좋지는 않다. 하지만 월그린스 부츠 얼라이언스는 S&P500 말고도 다우존스지수에도 포함된다는 점에서 특별하다. 즉, '미국 대표 기업 30개' 목록에 이름을 올린 기업이라는 말이다. 하지만 이에 반해 최근 기업 성적이 좋지 않다 보니 시가총액은 상당히 떨어져 있다. 미국 주식은 확실히 기업 실적에 대한 기대치가 주가에 그대로 반영되고 있음을 짐작할 수 있다. 170년 역사의 글로벌 유통 기업임에도 불구하고, 2022년 금융 시장 악화와 시장의 불안정성으로 인수 대상에 오르기도 했다.

● 결론

미국에서 두 번째로 큰 약국 체인이자 영국과 독일 등지에서 약국, 헬스케어, 미용 등의 사업을 운영 중인 월그린스 부츠 얼라이언스. 최근 자본주의의 기본인 성장이 마이너스로 가다 보니 지지부진한 성적에 따라 주가가 몇 년째 곤두박질치고 있다. 그 결과, 높은 배당수익률과 저평가된 가치지표를 보이고 있다.

'다우의 개'라는 투자 전략이 있다. 다우존스 산업평균지수에 포함된 30 종목 중 전년도 배당수익률이 높은 10개를 골라 일 년 내내 보유하고 연말 마지막 거래일에 매도하는 전략을 말한다. 월그린스 부츠 얼라이언스는 이 전략에 제격인 종목이다. 배당수익률이 5%가 넘기 때문이다. 게다가 배당성장 기간도 47년이나 된 배당귀족인데, 3년만 지나면 최고의 명예인 배당왕에 등극한다. 다만 현재는 설립 이래 최대 위기를 맞고 있는 시기다. 주가 매출 배수인 P/S는 무려 0.24 정도로 주가가 주당 매출의 1/5 수준이며, 선행 P/E도 섹터 평균의 절반도 되지 않는 수치다. 하지만 이 위기를 잘 넘긴다면 높은 배당뿐만 아니라 시세 차익도 함께 가져다줄 다우의 개가 될 수도 있겠다.

리제네론

#바이오테크시총1위 #신약개발 #도널드트럼프코로나치료 #노인실명치료제
#피부암치료제 #단일클론항체

티커: REGN (NASD), **기업명**: Regeneron Pharmaceuticals, Inc.

REGENERON

트럼프가 맞자마자 코로나가 나았다며 극찬했던 항체치료제를
개발한 미국 내 바이오테크 기업가치 1등 기업

▲ 뉴욕시 태리타운에 있는 리제네론 본사

● 기업 개요

리제네론은 뉴욕시 태리타운에 본사를 둔 미국 생명공학 회사다. 이 회사는 심각한 질병 치료를 위한 의약품을 개발 및 발명하며 제조하고 있다. 리제네론은 대표적으로 눈 질환, 대장암 및 희귀 염증성 질환 관련 의약품을 판매하고 고콜레스테롤혈증, 종양학, 류마티스 관절염, 천식 및 아토피성 피부염 관련 의약품도 판매하고 있다. 또한 의료 수요가 높지만 효과적인 치료법이 없거나 치료 옵션이 제한적인 분야에서 개발 중인 제품 후보도 있다.

리제네론의 대표 제품으로는 실명 원인인 노인황반변성 등의 안과용 치료제 아일리아Eylea, 피부암 치료제 리브타요Libtayo, 희귀병인 만성유전성염증질환 치료제 알칼리스트Arcalyst, 고콜레스테롤 치료제 프랄런트Praluent, 천식과 아토피피부염 치료제 듀피젠트Dupixent가 있다. 또 희귀 유전성 고콜레스테롤혈증 환자를 위한 에브키자Evkeeza, 에볼라 바이러스 치료제인 인마제브Inmazeb도 있다.

● 기업 역사

리제네론은 1988년 코넬대학교의 젊은 신경학자이자 조교수인 레너드 슐라이퍼Leonard Schleifer가 설립했다. 곧이어 컬럼비아대학교의 저명한 분자 면역학자인 조지 얀코풀로스George Yancopoulos 박사가 합류했다. 설립 초기에는 신경영양인자* 개발에 집중했고, 희귀질

---

* 신경영양인자Neurotrophic Factors, NTFs: 뉴런(신경계를 구성하는 세포)의 성장과 생존에 중요한 역할을 하는 단백질 유형이다. 마치 뇌의 '비료'로 생각하면 쉬운데, 이 인자들은 뉴런이 성장하고 건강을 유지하도록 돕는다.

환 치료제인 릴로나셉트Rilonacept를 개발했다.

1991년, 리제네론 주식은 티커 REGN으로 나스닥에서 기업공개하여 9160만 달러(현재 가치 약 2241억 원)를 조달했다.

1995년 머크Merke(티커: MRK)의 R&D 부서를 이끌었던 업계의 전설적인 기업가이자 과학자인 로이 바겔로스Roy Vagelos가 이사회 회장이 되어 현재까지 직책을 맡고 있다. 1999년에는 얀코풀로스 박사가 세계에서 가장 많이 인용된 과학자 11위에 올랐다.

2008년, 미국 식품의약국FDA은 리제네론의 첫 의약품인 희귀 자가염증성 질환 치료제 알칼리스트 주사제를 승인했다. 안과용 치료제 아일리아는 2011년에 두 번째로 FDA 승인을 받았다.

2012년에는 '올해의 생명공학 기업'으로 선정되었다.

2015년 프랄런트 주사가 FDA 승인을 받았다. 이는 최초의 FDA 승인을 받은 완전 인간 단일 클론 항체*였다. 같은 해 프랑스 제약회사인 사노피Sanofi와 글로벌 협업을 시작하였으며, 새로운 면역항암제를 발견, 개발하여 상용화했다.

듀피젠트 주사제는 2017년에 FDA 승인을 받으며, 같은 해 류마티스 관절염 치료제인 케브자라Kevzara도 승인을 받았다. 면역항암제 리브타요는 2018년에 FDA 승인을 받았는데, 이는 피부편평세포암 치료제로, 단일 클론 항체다.

2019년, 리제네론은 총 1457% 수익률을 기록하며 2010년대 최

---

* 단일 클론 항체Monoclonal Antibody: 하나의 항원 결정기에만 반응하는 항체로써 단일의 항체 생성 세포로부터 만들어진다. (출처: 동물학백과)

고의 주식 7위를 기록했다.

2020년 2월, 미국 보건복지부는 리제네론과 협력하여 코로나와 싸우기 위해 단일 클론 항체를 추구할 것이라고 발표했다. 그로부터 5개월 뒤인 7월, 리제네론은 코로나 치료제 REGN-COV2를 제조 및 공급하기 위해 정부와 4억 5000만 달러(약 5546억 원) 계약을 체결했는데, 같은 해 10월 도널드 트럼프Donald Trump 미국 전 대통령이 코로나에 감염되었고 이때 그는 리제네론의 REGN-COV2를 투여받았다. 이는 매우 예외적인 특별 처방이었다. 당시 이 치료제는 임상시험이 완료되지 않았고, 약물이 아직 FDA 승인도 받지 않은 상태였기 때문이다. 그리고 같은 해 11월에 트럼프는 트위터에 이 약이 '무료'여야 한다고 주장하는 5분짜리 비디오를 게시했고, 같은 날 리제네론은 FDA에 긴급사용승인Emergency Use Authorization, EUA을 신청했다.

리제네론은 현재까지 전략적 인수를 추가하며 각종 치료제와 면역항암제 수를 늘려가고 있다.

● 주요 비즈니스 및 매출 구성

전체 매출 구성

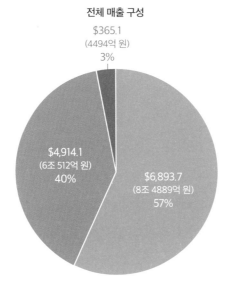

$365.1
(4494억 원)
3%

$4,914.1
(6조 512억 원)
40%

$6,893.7
(8조 4889억 원)
57%

(단위: 백만 달러)

■ 제품 판매 수익 ■ 콜라보 수익 ■ 기타

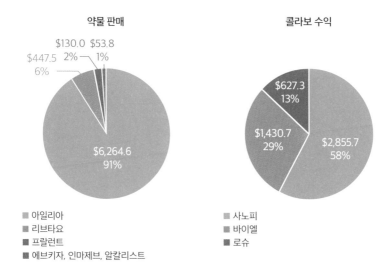

약물 판매

$130.0 $53.8
2%   1%
$447.5
6%

$6,264.6
91%

■ 아일리아
■ 리브타요
■ 프랄런트
■ 에브키자, 인마제브, 알칼리스트

콜라보 수익

$627.3
13%

$1,430.7
29%

$2,855.7
58%

■ 사노피
■ 바이엘
■ 로슈

▲ 리제네론의 매출 구성(아래는 약물, 콜라보 수익 각각의 비중, 2022년 연례보고서)

리제네론은 신약 개발 회사답게 신약 판매에서 매출 비중이 높다. 그중 아일리아가 항상 압도적으로 대부분의 매출을 차지한다. 2021년에는 코로나 치료제인 REGEN-COV가 아일리아와 유사한 비중으로 매출을 내면서 전체 매출이 대폭 상승했는데, 2021년 말 기준으로 미국 정부와의 계약이 종료되면서 2022년 중에는 판매가 이루어지지 않았다. 2022년 말 기준, 아일리아가 91%, 리브타요 6%, 프랄런트 2%로 그 뒤를 잇는다. 에브키자, 인마제브, 알칼리스트는 1%로 낮은 비중이다.

리제네논은 사노피와 독일의 제약회사 바이엘Bayer, 스위스의 제약회사 로슈Roche와 글로벌 협업을 통해 콜라보 제품을 판매하고 있는데, 여기에서 나오는 매출은 순서대로 58%, 29%, 13%로 구성되며 전체 매출에서도 제법 큰 40% 비중을 보인다.

● **경쟁사**

주요 경쟁사로는 암젠Amgen Inc.(티커: AMGN), 바이오젠Biogen Inc.(티커: BIIB), 길리어드 사이언스Gilead Sciences, Inc.(티커: GILD)가 있다. 그 외에도 협업 중인 사노피(티커: SNY), 바이엘, 로슈와 더불어 일라이 릴리 Eli Lilly and Company(티커: LLY), 모더나Moderna(티커: MRNA), 화이자Pfizer Inc.(티커: PFE), 노바티스Novartis AG(티커: NVS) 등이 경쟁사로 꼽힌다.

● 매출 및 이익 현황

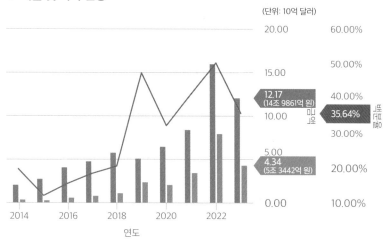

(단위: 10억 달러)

12.17
(14조 9861억 원)

35.64%

4.34
(5조 3442억 원)

연도

■ REGN, 연간 매출액 ■ REGN, 연간 순이익 ― REGN, 연간 순이익률

▲ 리제네론의 매출, 이익, 이익률 추이(©2022 stockrow.com)

리제네론의 매출은 가히 폭발적으로 성장하고 있다. 2019년 말에 잠시 주춤했으나, 코로나가 오히려 기회가 되어 2021년에는 2020년에 비해 매출이 2배 가까이 성장했다. 2022년 말 기준으로는 매출과 이익이 감소했으나, 이는 코로나 치료제인 REGEN-COV 판매를 멈춘 탓으로 그 외에는 매출과 이익 성장을 이어갔다고 볼 수 있다. 더불어 이익률까지 폭발적으로 성장하고 있는 기업이다.

● 주가 현황

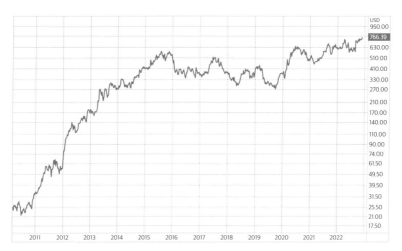

▲ 리제네론의 주가 추이(©2022 Tradingview.com)

폭발적인 성장에 비해 주가는 오히려 별로 오르지 않은 느낌이다. 특히 2016년부터 지금까지 계속해서 횡보 중이다. 바이오테크 기업답게 주가가 미래를 많이 반영한 경우가 아닐까 싶다.

● 투자지표

높음 ⬆	보통 ⬌	낮음 ⬇	고평가 ⊛	저평가 ⊚	좋음 ★	무난 ▲	나쁨 ✖

| 펀더멘털 |

시가총액	80.83B(99조 5098억 원)
부채비율	13% ⬇ ★
유동비율	540% ⬆ ★★

📝 현금성 자산에 비해 부채는 매우 낮고, 유동 자산은 매우 높은 상태로 재무 상태가 안정적이다.

| 가치지표 |

P/B Ratio	3.7 ⬌
P/E Ratio	15.67 ⊚ ★
선행 P/E Ratio	17.82 ⬌
P/S Ratio	5.90 ⊛
P/FCF Ratio	15.93 ⊚ ★
EV/EBITDA	11.95 ⊛

📝 성장이 높은 바이오테크 기업치고 이익 관점에서는 그다지 고평가로 보이지 않는다는 점이 매력적이다. 게다가 현금흐름 관점에서는 저평가로 보인다.

| 성장지표 |

ROE	26.6% ⬌
ROI	35.8% ⬆ ★
EPS성장(최근 5년)	56.4% ⬇
EPS성장(향후 5년)	–
영업이익률	45.5% ⬆ ★
순이익률	39.2% ⬆ ★
PEG Ratio	8.97 ⊛

📝 ROI를 포함하여 대부분의 이익률이 높게 나타나 수익성이 매우 좋은 비즈니스 면모를 보인다.

| 배당지표 |

배당수익률	-
배당성장 기간	-
배당성향	-

| 퍼포먼스 |

CAGR	15.48% ★
MDD	-50.23% ✕
최근 1년	22.73% ★
샤프비율	0.57 ✕

📝 기업의 높은 성장성과 수익성에 비하면 주가 성장은 덜한 느낌이라 오히려 매력적으로 보인다.

● 저자 코멘트

　리제네론은 희귀질환 관련 혁신적인 치료법을 개발한, 강력한 실적을 보유하고 있는 바이오테크 기업이다. 특히 단일 클론 항체 분야에서 독보적인 위치를 확립하여 블록버스터 약물인 아일리아 같은 제품을 개발했고, 코로나 치료제를 개발하여 긴급사용승인을 받기도 했다. 회사 수익의 상당 부분을 R&D에 재투자하는 기업으로, 현재도 암과 기타 희귀질환 치료제 연구 개발에 한창이다. 이런 점에서 앞으로도 상당한 성장을 할 것으로 예상한다.

● 결론

리제네론은 미국의 바이오테크 시총 1위 기업이다. '시총 1위'라는 것은 주가가 그만큼 높다는 뜻이다. 하지만 최근까지 이어진 폭발적인 매출 성장에 비해 주가는 초반에 선반영된 듯한 지지부진한 모습을 보였다. 오히려 지금은 주가이익배수인 P/E 관점에서 헬스케어 섹터 평균 수준을 보인다. 특히 최근 10년간 가장 낮은 수준의 P/E를 나타내고 있다는 점은 관심 종목에 넣어두기 좋은 시점이라는 생각이 든다. 따라서 폭발적으로 성장하고 있는 이 신약 기업에 관심을 가져봐도 좋겠다.

모더나

#라이징스타 #S&P500 #21년7월편입 #mRNA백신 #코로나테마주

티커: MRNA (NASD), **기업명**: Moderna, Inc.

moderna®

mRNA 백신으로 코로나 대박 수혜주가 된 생명공학 회사

▲ 매사추세츠주 케임브리지에 있는 모더나 본사

● 기업 개요

모더나는 매사추세츠주 케임브리지에 본사를 둔 미국 제약 및 생명공학 회사로, RNA 치료제 중 주로 mRNA 백신에 중점을 둔다. mRNA는 '메신저messenger RNA'를 의미하며 세포의 유전 물질인 DNA에서 단백질을 만드는 세포 부분으로 유전 정보를 전달하는 분자다. 모더나 백신은 mRNA 분자의 사본을 사용하여 면역 반응을 생성한다. 이 회사의 유일한 상용 제품은 스파이크백스Spikevax로 판매되는 모더나 코로나 백신이다.

2022년 기준, 치료제 44개와 백신 후보를 보유하고 있으며 그중 21개 백신이 임상에 진입했다. 백신 후보의 목표는 인플루엔자, HIVHuman Immunodeficiency Virus, 호흡기 세포융합 바이러스, 엡스타인-바 바이러스*, 단일 샷 코로나 부스터 등 암 백신 2개를 포함한다.

● 기업 역사

2005년 스탠퍼드대학교의 줄기세포 생물학 박사 데릭 로시Derrick Rossi는 헝가리 생화학자 카탈린 카리코Katalin Karikó, 미국 면역학자 드류 와이즈만Drew Weissman과 RNA 면역 반응을 공동 연구했다.

2007년, 로시는 하버드 의대의 새로운 조교수로서 자신의 연구실을 운영하며 모더나의 토대가 되는 획기적인 기술을 발견했다. 이 기술은 mRNA를 사용하여 신체에 특정 유형의 세포를 만드는

---

*　엡스타인-바 바이러스Epstein-Barr Virus, EBV: 헤르페스 바이러스 계열에 속하는 DNA 바이러스다. 수두, 대상포진, 구순포진 등의 질병을 유발하는 바이러스와 같은 계열에 속한다.

방법으로, mRNA가 특정 세포를 유도만능줄기세포iPSC로 재프로그래밍하여 세포가 다양한 질병을 잠재적으로 치료할 수 있는 치료 단백질을 생산하도록 지시하는 기술이다.

2010년 로시는 하버드대학교 동료 교수이자 연쇄 창업가인 티모시 스프링거Timothy Springer에게 투자를 받았다. 스프링거는 이 회사에 500만 달러(현재 가치 약 83억 원)를 투자했으며, 스타트업 투자기관으로부터 추가 투자를 받았다. 그들은 함께 '현대modern', '변형된 modified', 'RNA'를 결합한 용어에서 명명된 모더나 테라퓨틱스ModeRNA Therapeutics를 설립했다.

2011년, 모더나의 최대 주주인 누바 아페얀ANoubar Afeyan은 이전에 프랑스 생명공학 회사인 비오메리유BioMérieux와 미국의 유명 제약회사 일라이릴리앤드컴퍼니Eli Lilly and Company의 임원이었던 스테판 방셀Stéphane Bancel을 CEO로 고용했다. 모더나는 창업 2년 만에 유니콘 기업* 가치에 도달했다.

2013년 3월, 모더나와 아스트라제네카AstraZeneca PLC(티커: AZN)는 심혈관, 대사 및 신장 질환의 치료 영역과 선별된 암 표적에서 치료제를 위한 mRNA를 발견, 개발 및 상용화하기 위한 5년 독점 옵션 계약을 체결했다.

2018년 회사는 모더나로 브랜드를 변경하고, 백신 개발 포트폴리오를 더욱 확대했다. 같은 해 12월, 모더나는 주당 23달러로 6억

*　유니콘 기업: 기업가치가 10억 달러(약 1조 2000억 원) 이상인 스타트업 기업을 유니콘에 비유하여 지칭하는 말이다.

2100만 달러(약 7636억 원) 자금을 조달하여 역사상 가장 큰 생명공학 기업공개를 통해 상장기업이 되었다.

2020년 3월, FDA는 모더나 코로나 백신 후보에 대한 임상시험을 승인했으며 모더나는 워프 스피드 작전ows*을 통해 4억 8300만 달러(약 5956억 원)를 투자받았다. 모더나의 코로나 백신 후보는 임상시험에서 효과가 있는 것으로 나타나 미국에서 긴급사용승인을 받았다. 이어 캐나다, 유럽연합, 영국에서 사용이 허가되었다.

2021년에는 호흡기 세포융합 바이러스 백신으로 FDA로부터 패스트트랙 지정을 받았다.

2022년에 화이자, 바이오엔텍BioNTech SE(티커: BNTX)의 코로나 백신이 모더나의 mRNA 백신 기술 특허를 침해했다고 주장하며, 매사추세츠와 독일에서 화이자와 바이오엔텍을 고소하기도 했다.

＊ 워프 스피드 작전Operation Warp Speed, OWS: 코로나 백신, 치료제 및 진단의 개발, 제조 및 유통을 촉진하고 가속화하기 위해 미국 정부가 시작한 공공-민간 파트너십이다.

● 주요 비즈니스 및 매출 구성

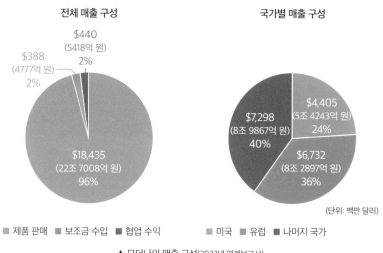

전체 매출 구성

$440
(5418억 원)
2%

$388
(4777억 원)
2%

$18,435
(22조 7008억 원)
96%

■ 제품 판매 ■ 보조금 수입 ■ 협업 수익

국가별 매출 구성

$7,298
(8조 9867억 원)
40%

$4,405
(5조 4243억 원)
24%

$6,732
(8조 2897억 원)
36%

(단위: 백만 달러)

■ 미국 ■ 유럽 ■ 나머지 국가

▲ 모더나의 매출 구성(2022년 연례보고서)

매출의 대부분이 유일한 판매 제품인 모더나 코로나 백신이라고 봐도 과언이 아니다. 매출에서 제품 판매 비중이 96%인데, 유일한 상용 제품은 이 스파이크백스뿐이기 때문이다.

국가별로는 미국, 유럽, 나머지 국가로 3등분 된다. 미국이 24%, 유럽 36%, 나머지 국가가 40%를 차지한다.

제품 판매 외에는 생물의학첨단연구개발국BARDA, 고등연구계획국DARPA, 빌 & 멀린다 게이츠 재단을 포함한 정부 후원 및 민간 단체로부터의 수입이 있고, 잠재적인 mRNA 의약품을 개발하고 상용화하기 위한 아스트라제네카, 머크, 버텍스Vertex와의 전략적 제휴에서 수익이 나온다.

● 경쟁사

코로나 백신이 주요 매출인 기업인 만큼, 그 분야의 경쟁사를 주로 보면 된다. 대표적으로 아스트라제네카, 노바백스Novavax, Inc.(티커: NVAX), 얀센을 만든 존슨앤드존슨Johnson & Johnson(티커: JNJ), 화이자, 머크, 사노피가 있다. mRNA 분야 경쟁사로는 바이오엔텍, 큐어백CureVac N.V.(티커: CVAC) 등이 있다.

● 매출 및 이익 현황

▲ 모더나의 매출, 이익, 이익률 추이(©2022 stockrow.com)

2021년에 매출이 계단처럼 갑자기 뛰었다. 잘 알겠지만 이때 백신이 전 세계로 불타나게 팔린 덕이다. 이익 역시 마찬가지다. 5년 동안 적자였는데, 이때를 기준으로 순이익이 한 번에 엄청난 플러

스로 돌아섰다. 기적 같은 일이 일어난 것이다. 2022년 연례보고서

기준으로 2년 연속 높은 이익을 냈으며 매출 상승까지 일으켰다.

● **주가 현황**

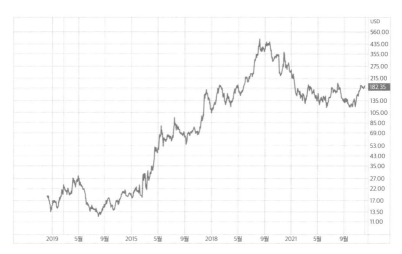

▲ 모더나의 주가 추이((©2022 Tradingview.com)

상장된 지 얼마 되지 않아 주가 차트가 짧다. 하지만 이 짧은 기

간에도 거의 9배 가까이 주가가 성장했고, 고점은 20배 성장한 수치

였다. 무서울 정도로 놀라운 주가 성장이다.

191

● 투자지표

| 높음 ⬆ | 보통 ⬌ | 낮음 ⬇ | 고평가 ⬆ | 저평가 ⬇ | 좋음 ★ | 무난 ▲ | 나쁨 ✕ |

| 펀더멘털 |

시가총액	74.24B(91조 3969억 원)
부채비율	6% ⬇
유동비율	210% ⬆

| 가치지표 |

P/B Ratio	4.10 ⬌
P/E Ratio	6.85 ⬇ ★
선행 P/E Ratio	59.13 ⬆
P/S Ratio	5.90 ⬆
P/FCF Ratio	11.97 ⬇ ★
EV/EBITDA	4.87 ⬌

📝 이익과 현금 관점에서 저평가로 보이는 점이 매우 매력적이다.

| 성장지표 |

ROE	70.0% ⬆ ★
ROI	81.9% ⬆ ★
EPS성장(최근 5년)	111.1% ⬇
EPS성장(향후 5년)	-
영업이익률	61.9% ⬆ ★
순이익률	55.0% ⬆ ★
PEG Ratio	-

📝 바이오테크 기업답게 수익성이 매우 높게 나타난다.

| 배당지표 |

배당수익률	-
배당성장 기간	-
배당성향	-

| 퍼포먼스 |

CAGR	85.19% ★★★
MDD	-69.27% ×
최근 1년	22.19% ★
샤프비율	1.02 ★

📝 1년에 거의 2배씩 성장해, 만약 투자했다면 로또 맞는 주식이었다.

● **저자 코멘트**

　모더나는 코로나 백신으로 우리에게 매우 친숙한 기업일 것이다 (TMI지만 나도 3차 부스터로 모더나를 맞았다). 코로나 백신으로 우리에게 익숙한 기업인 화이자나 얀센을 만든 존슨앤드존슨, 먹는 코로나 치료제를 만든 머크와 같은 기업은 상대적으로 매우 오랜 역사를 가진 대형 바이오 기업인 반면, 모더나는 코로나 백신으로 '떡상한' 기업이다. 심지어 S&P500에 편입된 날짜도 2021년 7월이니 얼마나 최근에 뜬 기업인지 짐작할 수 있다.

● 결론

소위 말하는 바이오 로또 기업이다. 2년 만에 유니콘 기업이 되었고, 역사상 가장 큰 생명공학 기업공개를 만들었다. 게다가 코로나 사태가 모더나에게는 천운이 되었다. 티커명 MRNA처럼 mRNA 방식의 백신이 FDA에서 긴급승인되자 전 세계로 미친듯이 퍼져나가게 되었다.

하지만 폭발적인 성장에도 불구하고, 보수적인 투자 성향을 가진 나로서는 쉽게 투자하는 기업 형태는 아니다. 매출이 급격하게 발생한 만큼 장기적인 기업의 가치 평가도 어렵기 때문이다. 따라서 관심을 가지고 보되, 투자할 때는 포트폴리오에 낮은 비중으로 담기를 권한다. 그럼에도 라이징 스타로 떠오른 기업인 만큼 앞으로 어떤 행보를 보일지 굉장히 기대된다.

맥케슨

#미국최대의약품유통기업 #메디컬유통시총1위 #레이달리오주식 #워런버핏주식

티커: MCK (NYSE), **기업명**: McKesson Corporation

M^cKESSON

1833년 설립된 미국 최대 규모의 의약품 및 의료기기 유통 기업

▲ 텍사스주 어빙에 있는 맥케슨 본사

● 기업 개요

맥케슨 코퍼레이션은 건강 관리 시스템, 의료 용품, 의약품을 유통하고, 의료 산업을 위한 광범위한 네트워크 인프라를 제공하는 기업이며 텍사스주 어빙에 본사를 두고 있다. 맥케슨은 유통을 위한 바코드 스캐닝, 약국 로봇 공학이나 RFID 태그*와 같은 기술의 얼리 어답터였다. 코로나 팬데믹 동안 미국 전역에서 수억 개의 코로나 백신 도즈dose(투여량) 및 10억 도즈 이상의 보조 공급 키트 유통 업체 역할을 하여 확고한 입지를 다졌다. 또한 북미에서 사용되는 모든 의약품의 1/3을 공급하고 있으며, 현재 9만 명 이상의 직원이 근무하고 있다. 맥케슨은 북미 전역뿐 아니라 호주, 아일랜드, 프랑스, 네덜란드, 영국에도 국제 사무소를 두고 있다.

맥케슨은 2021년 〈포춘〉 '500대 미국 최대 기업' 순위에서 7위에 올랐으며 〈포춘〉이 선정한 의료 도매 부문에서 '가장 존경받는 회사', '가장 일하기 좋은 회사'로 뽑히기도 했다.

● 기업 역사

맥케슨은 1833년 찰스 올콧Charles Olcott과 존 맥케슨John McKesson에 의해 올콧, 맥케슨앤코Olcott, McKesson & Co.라는 사명으로 설립되었는데 첫 시작은 식물성 약품의 수입 및 도매상이었다. 회사가 성장함에 따라 세 번째 파트너인 대니얼 로빈스Daniel Robbins가 합류했다.

---

*   RFID 태그: 무선인식이라고도 하며, 반도체 칩이 내장되어 비접촉으로 인식하는 시스템이다. (출처: 두산백과)

1853년, 올콧이 사망한 후 회사 이름은 맥케슨 앤 로빈스McKesson & Robbins로 변경되었고, 1855년에는 의약품을 제조하는 최초의 도매상이었다.

1900년대 초반에는 도매 회사들을 자회사로 두어 전국적인 의약품 도매 회사를 형성하는 전략적 결정을 내렸다. 이러한 움직임으로 맥케슨 앤 로빈스는 미국에서 의약품 선두 유통 업체가 되었다.

1980년대에 들어서면서 의료 서비스에 집중하기로 결정하고 관련 없는 사업체를 매각했다. 이후 의료 수술 용품 최대 유통 업체와 의료 정보 시스템 회사 등을 인수하며 성장했는데, 1999년 HBO 앤드 컴퍼니HBO & Company 인수합병으로 제약 유통 및 의료 IT 분야에서 높은 시장 점유율을 확보하며 업계의 확실한 리더로 자리매김하게 되었다.

2001년부터 공식적으로 '맥케슨'이라는 이름을 사용했다.

2018년 아마존은 의료 용품과 제약 유통 사업에 진출하려던 계획을 폐기했는데, 맥케슨 같은 기존 제약 유통 업체들의 진입장벽에 막힌 것으로 알려졌다.

2020년 8월, 코로나 팬데믹 동안 미국 질병통제센터CDC와 보건복지부HHS는 워프 스피드 작전에 따라 코로나 백신 및 보조 공급 키트에 대한 미국 정부의 중앙 집중식 유통 업체로 맥케슨을 선택했다. 맥케슨은 모더나와 존슨앤드존슨 백신을 배포하는 데 핵심적인 역할을 했으며, 이들뿐만 아니라 미국 전역에 걸쳐 화이자-바이오엔텍 백신을 제공하고, 백신을 위한 보조 공급 키트도 배포했다.

2022년 5월 5일 기준으로 맥케슨은 3억 8000만 회 이상의 백신을 배포했으며, 미국 전역에 12억 회 이상의 백신을 지원하는 공급 키트를 제공했다.

● **주요 비즈니스 및 매출 구성**

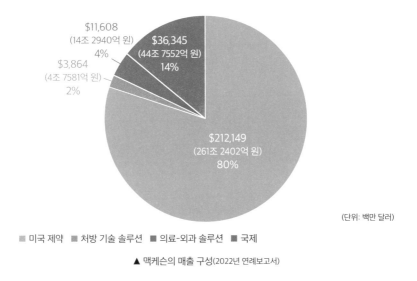

▲ 맥케슨의 매출 구성(2022년 연례보고서)

맥케슨은 미국 제약, 처방 기술 솔루션, 의료-외과 솔루션, 국제 4개 부문의 사업을 운영한다.

미국 제약 부문에서는 공급망 전문 지식과 방대한 네트워크를 바탕으로 소매 체인, 소매 약국, 병원 등의 고객에게 브랜드 의약품 및 일반 의약품을 공급하고 있다. 또한 공급망 기술, 재무, 임상시험 지원, 마케팅 서비스 등 다양한 비즈니스 솔루션을 제공하고 판매하고 있다.

처방 기술 솔루션 부문에서는 환자의 건강 결과와 의약품 비용을 절약할 수 있도록 처방 결정과 조제 지원 등의 서비스를 제공한다.

의료-외과 솔루션 부문은 병원의 진료실, 수술 센터 등을 대상으로 비즈니스 개선을 위한 맞춤형 계획을 제공하거나 의료 수술 용품, 실험실 장비 및 의약품 등을 배포하고 있다.

국제 부문은 소매 약국을 소유, 제휴 또는 프랜차이즈화하고 유럽 11개국의 도매 및 소매 고객에게 의약품이나 공급 기술 솔루션 등을 제공한다.

미국 제약 부문이 전체 매출 구성의 80%로, 가장 압도적인 비중을 차지하며, 나머지 사업 부문은 순서대로 2%, 4%, 14% 비중을 차지한다.

● 경쟁사

의약품 유통 부문 주요 경쟁사는 아메리소스버겐과 카디널 헬스 Cardinal Health, Inc.(티커: CAH)다. 이 부문을 두 회사와 맥케슨이 3등분하고 있다고 봐도 과언이 아니다.

● 매출 및 이익 현황

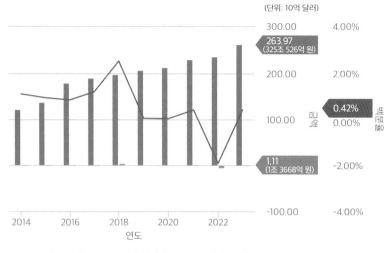

(단위: 10억 달러)

▲ 맥케슨의 매출, 이익, 이익률 추이(©2022 stockrow.com)

맥케슨은 10년간 한차례도 빠짐없이 매출 성장을 이루었다. 다만 전반적으로 이익률이 매우 낮고, 2020년 말에는 적자가 나기도 했다. 유통이 주 비즈니스다 보니 이익률이 낮을 수는 있지만, 마이너스가 되는 것은 주의하는 편이 좋겠다.

● 주가 현황

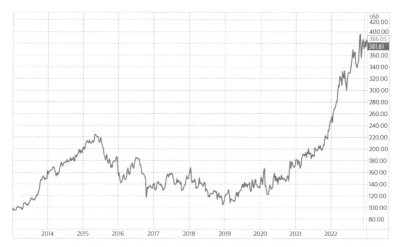

▲ 맥케슨의 주가 추이(©2022 Tradingview.com)

주가는 2015년 고점 이후로 2020년 중반까지도 하락장에서 벗어나지 못하며 암울한 시기를 보냈다. 하지만 코로나 이후 폭발적인 상승을 보였고, 2021~2022년 말까지 2015년 전고점의 2배 가깝게 성장했다.

● 투자지표

| 펀더멘털 |

시가총액	54.54B(67조 1442억 원)
부채비율	-
유동비율	100% ⬌

| 가치지표 |

P/B Ratio	-
P/E Ratio	26.79 ⬌
선행 P/E Ratio	14.36 ⬌
P/S Ratio	0.2 ⬊ ★★
P/FCF Ratio	14.67 ⬊
EV/EBITDA	14.50 ⬉

📝 매출 관점에서만 보면 주가가 매우 저평가로 보인다. 다만 매출이 매우 높게 나타나는 대규모 유통 비즈니스 특성상 다른 지표와 함께 참고하는 편이 좋다.

| 성장지표 |

ROE	-112.3% ⬇
ROI	33.6% ⬆
EPS성장(최근 5년)	-20.8% ⬇
EPS성장(향후 5년)	10.54% ⬌
영업이익률	1.1% ⬇
순이익률	0.8% ⬇
PEG Ratio	2.54 ⬌

| 배당지표 |

배당수익률	0.57% ↓
배당성장 기간	15년
배당성향	13.2% ▲

| 퍼포먼스 |

CAGR	15.41% ★
MDD	-52.03% ✕
최근 1년	53.54% ★
샤프비율	0.67 ✕

📝 연평균 성장률이 15%가 넘어 시장을 뛰어넘는 수익률을 보였다.

● **저자 코멘트**

의약품 최대 유통 업체이자 약국이나 병원에 의약품 정보나 재고 관리 시스템까지 제공하는 맥케슨. 2018년 아마존은 제약 유통 업계에 진출했지만, 맥케슨과 카디널 헬스와 같은 기존 업체와의 경쟁에서 밀리며 고전했다. 이후 버핏의 버크셔 해서웨이, JP모건 체이스와의 합작법인인 헤이븐Haven을 통해 의료품 유통과는 별개로 의료 서비스 산업에도 진출했다. 그러나 의료 산업 내의 수많은 운영 및 시스템 문제에 직면한 후 실질적인 진전 없이 2021년 초에 합작법인은 해체되었다. 여전히 맥케슨은 의료 유통 산업의 압도적인 리더 기업이다. 현재 레이 달리오Ray Dalio가 보유한 주식이자, 버크셔 해서웨이가 2022년에 매수한 주식이기도 하다.

● 결론

맥케슨은 미국 최대 의약품 공급망을 구축하고, 이에 대한 전문 지식으로 아마존도 넘보지 못할 경제적 해자를 쌓아온 1등 의약품 유통 기업이다. 매출은 10년 동안 한차례도 빠짐없이 증가했고, 최근에는 이익 성장까지 좋았다. 맥케슨의 경우 부채가 자산보다 많아 자기자본이 -가 되어 P/B, 부채비율, ROE를 보는 것은 의미가 없다. 그런데 대부분의 가치지표는 저평가에 가깝고, 유동비율도 문제없는 수준이며, 배당성장 기간도 15년이 된 배당성취자다. 최근 2년간 폭발적인 주가 성장을 보였지만 선행 P/E 관점에서는 주가도 매력적인 상태다. 그렇기에 버핏이 2022년에 맥케슨을 선택한 데는 다 이유가 있지 않았을까.

자유소비재
Consumer Discretionary

자유소비재는 '경기 순환주' 또는 사이클을 탄다고 해서 영어로 '시클리컬Cyclical'이라고도 불리는 섹터다. 쉽게 말해 경제 상황이 좋을 때는 사람들이 비싼 자동차와 명품을 사듯 자유소비재 기업이 잘 되지만, 경제 상황이 좋지 않을 때는 생활필수품 외에는 소비를 줄여 매출이 저조해지는 섹터라고 할 수 있다. 일반적으로 자유소비재에는 아마존Amazon. com, Inc.(티커: AMZN), 테슬라Tesla, Inc.(티커: TSLA), 맥도날드McDonald's Corporation(티커: MCD), 나이키Nike, Inc.(티커: NKE)와 같이 친숙한 기업이 많지만, 이 책에서 소개하는 기업은 다소 친숙하지 않기를 바란다.

베스트바이
엣시
D.R. 호튼
롤린스

베스트바이

#가전제품소매 #긱스쿼드 #휴먼매직 #하트오브비즈니스 #좋은회생사례

티커: BBY (NYSE), **기업명**: Best Buy Co., Inc.

'휴먼 매직'으로 파산 직전에서 회생에 성공한 기업

▲ 미네소타주 리치필드에 있는 베스트바이 본사

● 기업 개요

베스트바이는 미네소타주 리치필드에 본사를 둔 미국의 다국적 가전 소매 업체다. 미국, 캐나다, 멕시코에 1000개 이상의 매장을 보유하고 있다. 세탁기, 건조기, 냉장고 같은 가전제품 외에도 소프트웨어, 비디오 게임, 음악, 휴대폰, 디지털 카메라를 포함한 다양한 관련 상품과 전자제품을 직접판매하며, 일부는 위탁판매 방식으로 판매한다.

베스트바이는 뛰어난 고객 서비스로 널리 알려져 있다. 그 중심에는 긱 스쿼드Geek Squad란 브랜드가 있는데, 컴퓨터 수리뿐 아니라 제품 사용법 상담 등 다양한 서비스를 제공하고 있다. 오프라인 소매 업체가 어려운 상황 속에서 베스트바이의 고객 중심 접근은 지속적인 성공에 중요한 역할을 하고 있다.

● 기업 역사

이 회사는 1966년 리처드 슐츠Richard Schulze와 제임스 윌러James Wheeler가 '사운드 오브 뮤직'이라는 오디오 전문점으로 처음 설립했다.

1983년 가전제품에 중점을 두고 현재 이름으로 사명을 변경했다. 1985년에 상장되었고, 2년 뒤인 1987년에 뉴욕증권거래소에 데뷔했다.

1999년 S&P500에 추가되었으며, 2002년 24시간 가정용 컴퓨터 수리 업체인 긱 스쿼드를 인수했다.

2004년에는 미국의 모든 베스트바이 매장에 긱 스쿼드 구역을 설치했다. 베스트바이의 특별한 장점은 고객 응대 서비스로, '긱 스쿼드'라는 전자제품 전문 고객 상담팀이 있다는 점이다. 이를 통해 양질의 고객 서비스를 제공한다는 호평을 꾸준히 받아왔다.

베스트바이는 2008년 9월에 애플 아이폰의 첫 번째 제3자 소매 판매자가 되었다. 그달 말, 음원 공유 서비스 기업인 냅스터Napster를 1억 2100만 달러(약 1490억 원)에 인수했다.

2012년 지속적인 매출 감소와 직원과의 부적절한 관계로 CEO가 사임하는 등 위기를 맞아, 같은 해 9월 위베르 졸리Hubert Joly가 CEO로 역임했다. 졸리는 적절한 가격 매칭, 온라인 구매 시 배송 시간 단축, 애플, 구글, 마이크로소프트, 삼성과 같은 주요 브랜드에 대한 '매장 내 매장(전용 공간을 통해 고객이 원하는 제품을 쉽게 찾을 수 있는)' 섹션 구축과 같은 주도적인 역할을 했다. 또한 직원들에게 더 많은 제품 교육을 진행했다. 이를 통해 그는 구조조정과 같은 극단적인 무기를 사용하지 않고도 베스트바이를 되살려놓을 수 있었다.

2004년 〈포브스〉에서 '올해의 회사'로 선정되었으며, 2005년 '미국에서 가장 관대한 기업' 상위 10위에 오르기도 했다. 2006년에는 '가장 존경받는 기업'에 선정되었다. 한때의 위기를 넘기고 다시 성장한 베스트바이는 2019년 〈바론즈〉에서 '미국에서 가장 지속 가능한 기업' 1위에 뽑히기도 했다.

● 주요 비즈니스 및 매출 구성

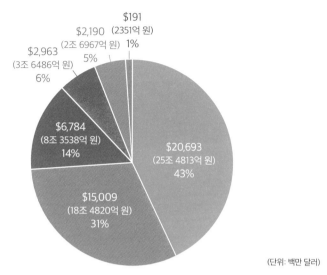

▲ 베스트바이의 매출 구성(2022년 연례보고서)

베스트바이의 주요 비즈니스는 가전 및 전자제품 소매다. 매출 구성은 제품군으로 분류되는데, 컴퓨터 및 휴대폰 판매가 43%로 가장 높고, 다음으로 가전제품(세탁기, 냉장고 등)이 31%, 전자제품이 14%다. 뒤를 이어 음악, 영화, VR 등의 엔터테인먼트가 6%, 배송이나 멤버십 등의 서비스가 5%를 차지한다.

● 경쟁사

세계적인 대형마트인 월마트Walmart Inc.(티커: WMT), 코스트코Costco Wholesale Corporation(티커: COST), 대표 전자상거래 플랫폼 아마존이 베스트바이의 주요 경쟁사다. 또 미국의 대표적인 소매 할인점을 운영하는 타깃Target Corporation(티커: TGT)도 경쟁사로, 일부 겹치는 제품이 있지만 타깃은 의류, 가정용품, 식료품에 중점을 두었다면 베스트바이는 가전 및 전자제품에 더 중점을 두고 있다.

● 매출 및 이익 현황

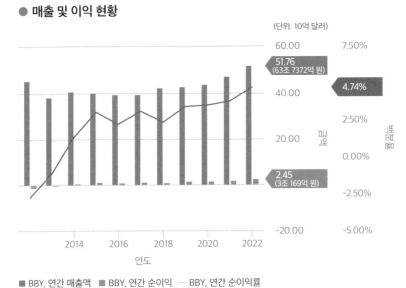

▲ 베스트바이의 매출, 이익, 이익률 추이(©2022 stockrow.com)

베스트바이는 2012~2013년에 위기를 맞으면서 매출이 감소하며 주춤했으나, 이후 성공적으로 회생하면서 2017년부터는 꾸준히 매출 상승을 이어가고 있다. 2018년 이후로는 이익률까지 상승세를 보여 더 효율적인 매출 구조를 갖추어가고 있음을 짐작할 수 있다.

● **주가 현황**

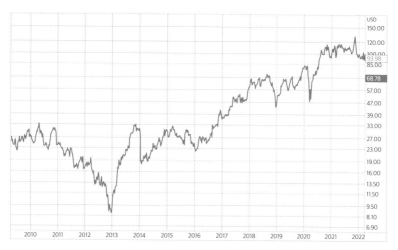

▲ 베스트바이의 주가 추이(©2022 Tradingview.com)

위기를 미리 반영하듯 2010년부터 주가가 하락 추이를 보였고, 위기가 심화된 2012년에 바닥을 찍었다. 2012년에 CEO로 취임한 졸리가 베스트바이를 되살려놓음으로써 순식간에 주가도 반등하여 이후로는 2022년까지 꾸준한 상승세를 보였다.

● 투자지표

높음 ⬆ 보통 ⬌ 낮음 ⬇ 고평가 ⓐ 저평가 ⓥ 좋음 ★ 무난 ▲ 나쁨 ✖

| 펀더멘털 |

시가총액	18.58B(22조 8738억 원)
부채비율	39% ⬇ ★
유동비율	100% ⬌

📝 부채비율이 낮아 건전한 재무 성적이다.

| 가치지표 |

P/B Ratio	6.42 ⓐ
P/E Ratio	12.72 ⓥ ★
선행 P/E Ratio	12.69 ⓥ ★
P/S Ratio	0.39 ⓥ ★
P/FCF Ratio	42.51 ⬌
EV/EBITDA	7.54 ⓥ ★

📝 기업의 핵심인 매출과 이익 관점에서 모두 저평가로 보이는 점이 매력적이다.

| 성장지표 |

ROE	53.1% ⬆ ★
ROI	58.0% ⬆ ★
EPS성장(최근 5년)	21.3% ⬆
EPS성장(향후 5년)	0.23% ⬇
영업이익률	4.2% ⬇
순이익률	3.2% ⬇
PEG Ratio	54.83 ⓐ

📝 대표적인 수익성 지표인 ROE와 ROI가 모두 50% 넘는 매우 높은 수익률을 보였다.

| 배당지표 |

배당수익률	4.13% 🔼 ★
배당성장 기간	19년 ▲
배당성향	47.0% ▲

📝 20년이 다 되어가는 배당성장 기간에 상당히 높은 배당수익률을 보였다.

| 퍼포먼스 |

CAGR	24.84% ★
MDD	-46.05% ✕
최근 1년	-12.11% ✕
샤프비율	0.75 ↔

📝 연평균 성장률이 25%에 육박하는 매우 높은 수익률을 보였다.

● 저자 코멘트

베스트바이는 2012년에 위기를 맞았지만 성공적인 턴어라운드 전략을 통해 살아났다. 코로나 팬데믹 당시에는 원격 작업 및 실내 엔터테인먼트를 위한 전자제품을 구비하고, 매장 내 안전 조치와 도로변 픽업과 같은 배송 옵션 확장 등 빠른 적응을 통해 위기를 잘 헤쳐나갔다. 베스트바이의 회생 스토리와 졸리의 창업 철학이 궁금하다면 《하트 오브 비즈니스》(상상스퀘어, 2022)라는 책을 읽어보길 추천한다.

● 결론

20년이 넘는 기간 동안 S&P500 대표 기업 중 하나로 자리를 지키고 있는 베스트바이. 고군분투하는 전자제품 소매 업체에서 기술 제품 및 서비스를 제공하는 선두 공급 업체로 변모했다. 오래 버틴 회사라는 점만으로는 덜 매력적으로 느껴질 수 있으나, 매출과 이익률이 모두 성장 중이라는 사실은 베스트바이를 더욱 매력적으로 보이게 만든다. 심지어 큰 위기도 한 번 넘긴 기업이 아닌가! 투자지표 차원에서도 대부분 저평가로 보인다. 심지어 배당수익률까지 매우 높다. 배당성장 기간도 19년으로 충분히 길다. 이 정도면 안정성, 준수한 성장성에 높은 배당까지 갖춘 팔방미인 주식이 아닌가 하는 생각이 든다.

엣시

#빈티지이커머스 #수공예품 #이커머스플랫폼 #2020년9월S&P500편입

티커: ETSY (NASD), **기업명**: Etsy, Inc.

Etsy

빈티지 이커머스로 폭발적으로 떠오르고 있는 플랫폼 기업

▲ 뉴욕시 브루클린에 있는 엣시 본사

● 기업 개요

　엣시는 수제 또는 빈티지 품목 및 공예품에 중점을 둔 미국의 전자상거래 회사다. 본사는 뉴욕시 브루클린에 있다. 엣시의 품목은 보석류, 가방, 의류, 가정 장식 및 가구, 장난감, 미술품, 공예용품 및 도구 등 다양한 범주로 구성된다. 빈티지로 표시된 품목은 최소 20년 이상이어야 한다. 이 사이트는 판매자가 항목당 0.2달러 수수료로 상품을 나열하여 개인 상점을 제공하는데, 이는 개방형 공예 박람회의 전통을 따른 것이다.

　엣시의 주 판매자는 20~30대 여성이며 취미 생활로 하는 사람부터 생계를 위해 제품을 판매하는 전문 아티스트까지 다양하다.

　2022년 말 기준 엣시는 시장에 1억 개 이상의 품목을 보유하고 있으며, 수제 및 빈티지 상품 온라인 시장은 750만 판매자와 9510만 구매자를 연결했다. 2800여 명의 엣시 직원이 전 세계에 있고, 플랫폼을 통해 판매자 매출 133억 달러(약 16조 원)를 달성했다.

● 기업 역사

　엣시는 로버트 칼린Robert Kalin, 크리스 맥과이어Chris Maguire, 하임 쇼픽Haim Schoppik으로 구성된 소규모 회사인 아이오스페이스Iospace로 2005년에 시작되었다. 곧 재러드 타벨Jared Tarbell도 팀에 합류했다.

　칼린은 바닥에서부터 브랜드를 만들고 싶다는 생각에 사이트 이름도 말도 안 되는 단어로 짓기를 원했다. 그러던 중 이탈리아의 유명한 영화감독 페데리코 펠리니Federico Fellini의 영화 〈8과 1/2〉을 보게 되었고, 엣시라는 이름은 여기서 유래된 것이다. 이탈리아 사람들은 '엣시eh, si'를 자주 말하는데, '오, 그래oh, yes'라는 뜻이다. 라틴어와 프랑스어로는 '만약'을 의미하고, 그리스어로는 '그냥'이라는 뜻이다.

엣시의 초기 버전을 구축하는 데는 2개월 반이 걸렸고, 2005년 6월 18일에 론칭되었다. 엣시는 수공예품을 판매하는 틈새시장에 집중했고, 독특한 카테고리 분류 체계를 두었으며, 판매자가 시각화된 태그 등으로 노출과 트래픽을 확보할 수 있도록 했다.

2006년 3월에 17만 달러(약 2억 1000만 원)의 매출을 올렸고 이내 투자를 받아 자금을 조달했다. 그리고 2007년 3월에는 전년도의 10배인 170만 달러(약 21억 원)의 매출을 달성했다. 같은 해 7월에 100만 번째 판매를 했고, 4개월 뒤인 11월에는 품목 30만 개를 430만 달러(약 53억 원)에 판매했다. 이는 매월 43% 증가한 수치였다. 하지만 예상과 달리 12월에는 이익을 내지 못하자, 2008년 벤처 캐피털로부터 추가 투자를 받았다.

2008년 5월, 미국의 공영 라디오 방송국 NPR의 전 임원 마리아 토마스Maria Thomas가 COO(최고 운영 책임자)로 합류했고, 같은 해 7월 칼린은 CEO 자리를 토마스에게 양도했다. 설립자 쇼픽과 맥과이어를 포함하여 오래 근무한 일부 직원은 같은 해 8월에 회사를 떠났다. 9월에는 이전에 야후Yahoo!에서 일했던 채드 디커슨Chad Dickerson을 CTO(최고 기술 경영자)로 고용했다.

2009년 12월, 토마스는 엣시를 떠나고 칼린이 자리를 되찾았다.

2010년, 가입자가 700만 명에 달하며 규모가 커짐에 따라 개인 커뮤니티 방식에 계속 집중했다. 이것이 주요 경쟁사인 이베이eBay Inc.(티커: EBAY)와 차별되는 부분이었기 때문이다.

2011년 7월, 설립자 칼린이 해고되면서 CTO였던 디커슨이 CEO가 되었다.

2015년는 기업공개를 했고, 평가액은 18억 달러(약 2조 2000억 원)였으며, IPO 수익금으로 2억 3700만 달러(약 2913억 원)를 모금했다. 당시 한 달도 채 지나지 않아 주가가 8% 하락하는 등 악재를 겪으며 주주들은 엣시가 주가에 영향을 미칠 수 있는 문제들을 공개하지 않았다며 소송을 걸기도 했다.

2017년 1분기 손실을 경험한 엣시는 CEO를 교체하고 인력의 8%를 감축했다. 또한 이사회는 주주의 압력과 저조한 이익을 이유로 2019년 스카이프Skype와 이베이의 쇼핑닷컴Shopping.com CEO였던 조시 실버먼Josh Silverman을 디커슨 대신 CEO로 임명했고, 지금까지 이어오고 있다.

그리고 엣시는 2020년 9월, S&P500에 편입되었다.

● 주요 비즈니스 및 매출 구성

엣시는 마켓플레이스와 서비스, 두 가지 부문으로 매출을 구성한다. 마켓플레이스가 74%, 서비스가 26%를 차지한다.

마켓플레이스 수익은 대개 필수적인 수수료로, 입점, 거래, 지불 처리와 오프사이트 광고* 수수료다.

서비스 수익은 선택적인 부가 서비스로 구성되는데, 현장 광고, 배송 라벨 등의 기타 서비스가 있다.

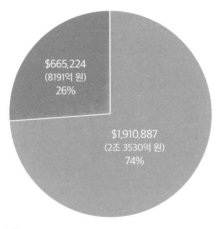

(단위: 천 달러)

■ 마켓플레이스 ■ 서비스

▲ 엣시의 매출 구성(2022년 연례보고서)

---

*　오프사이트 광고Offsite Ads: 구글, 페이스북, 인스타그램, 핀터레스트, 빙 같은 사이트에서 셀러들의 상품을 광고해주는 서비스를 말한다.

● 경쟁사

   엣시의 주요 경쟁사는 아마존 핸드메이드Amazon Handmade와 이베
이다. 이베이는 제품 범위가 다양한 데 반해 엣시는 수공예 제품에
집중하는 차별화 전략을 내세웠다. 이에 반해 아마존 핸드메이드는
엣시와 유사한 시장에서 더 직접적으로 경쟁하는 형태를 취한다.
세 회사는 수수료 정책이나 사이트 기능, 옵션 측면에서 각자의 특
성을 가지고 경쟁 중이다.

● 매출 및 이익 현황

▲ 엣시의 매출, 이익, 이익률 추이(©2022 stockrow.com)

엣시의 매출은 폭발적으로 성장했다. 2016년 말까지는 적자였지만, 2017년 말부터는 이익도 흑자로 돌아서서 2022년까지 폭발적인 이익 상승을 보였다. 이익률 역시 높게 개선되어 2021년 보고서 기준으로 20% 넘는 이익률을 보였지만, 2022년 연례보고서에서는 적자를 기록하며 큰 위기를 맞고 있다.

● **주가 현황**

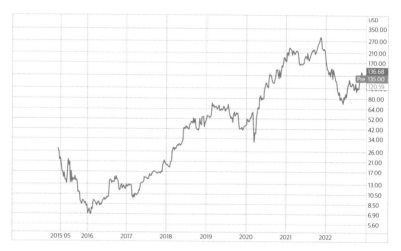

▲ 엣시의 주가 추이(©2022 Tradingview.com)

상장 직후 주가가 폭락했지만 이내 다시 상승했다. 아마 상장 초기에 투자했더라면 2022년까지 CAGR 46.53%라는 미친 수익률을 경험할 수 있었을 것이다. 다만 2021년 고점에서 2022년 저점까지는 주가가 1/4 토막이 나면서 롤러코스터를 탔을 종목이다.

221

● 투자지표

| 펀더멘털 |

시가총액	16.91B(20조 8179억 원)
부채비율	-
유동비율	270% ⬆

| 가치지표 |

P/B Ratio	21.42 ⊛
P/E Ratio	-
선행 P/E Ratio	50.46 ⊛
P/S Ratio	6.83 ⊛
P/FCF Ratio	24.95 ⬌
EV/EBITDA	37.04 ⊛

| 성장지표 |

ROE	-200.6% ⬇
ROI	16.0% ⬌
EPS성장(최근 5년)	71.4% ⬆ ★★
EPS성장(향후 5년)	-1.7% ⬇
영업이익률	-26.5% ⬇
순이익률	-25.9% ⬇
PEG Ratio	-

📝 과거 이익 성장이 매우 높았고, 이것이 주가 상승의 원동력이었다.

| 배당지표 |

배당수익률	-
배당성장 기간	-
배당성향	-

| 퍼포먼스 |

CAGR	46.53% ★★
MDD	-73.34% ✕
최근 1년	-2.48% ★
샤프비율	0.90 ⬌

📝 최근까지 연평균 성장률이 50%에 육박하는 괴물 같은 주식이었으나, 거의 모든 지표에서 나쁜 수치를 기록하며 위기를 맞고 있다. MDD가 -70%를 넘어섰기에 마음 편히 투자하기는 쉽지 않아 보인다.

● 저자 코멘트

이베이나 아마존에 비해 상대적으로 최근에 떠오른 이커머스 기업이라 충성도 높은 고객을 많이 둔 만큼 이슈도 많다. 수제 빈티지 전문 커머스에서 대량 생산 품목 판매를 허용하는 등의 정책 변경에 따라 거센 반발에 직면하기도 했고, 일부 판매자의 저작권 무단 도용으로 법적 분쟁에 휘말리기도 했다. 이러한 일들로 엣시 커뮤니티에 균열이 생기기도 했지만, 문제를 해결하고 수제 및 고유 제품 지원을 약속하는 등의 강화된 조치를 취하며 계속해서 성장 중이다.

● 결론

엣시는 플랫폼 비즈니스란 무엇인지 진면목을 보여주는 기업으로, 2022년 주가 폭락에도 불구하고 상장 주가에 비해 15배 가까이 성장했다. 적자를 흑자로 바꾸자마자 전 고점을 돌파하며 폭발적인 성장을 보인 플랫폼 기업 엣시. '빈티지 전문 이커머스'라는 확실한 브랜드를 갖고 있기에 아마존 핸드메이드와 같은 고래와의 경쟁에서도 해당 영역의 강자로 남지 않을까 생각된다. 다만 투자 관점에서는 상장한 지 얼마 되지 않았고, 갑작스럽게 성장하는 기업이라 적정한 주가를 평가하기가 매우 어렵다. 게다가 조금만 삐끗해도 바로 역성장이 나거나 적자가 날 수 있는 상황이기 때문에 투자를 하더라도 최소한의 비중으로 투자하기를 권한다. 인생을 롤러코스터 타듯이 살 수는 없으니 말이다.

D.R. 호튼

#미국1위건설사 #주택건설업체 #홈빌더

티커: DHI (NYSE), **기업명**: D.R. Horton, Inc.

D·R·HORTON®
America's Builder

미국 1위 건설사, 미국에서 가장 큰 규모의 주택 건설 업체

▲ 텍사스주 알링턴에 있는 D.R. 호튼 본사

● 기업 개요

D.R. 호튼은 주택 건설 회사로 홈빌더HomeBuilder라고 불리는데, 이는 단독주택이나 타운하우스 등을 건설하는 업체를 칭하는 말이다. 본사는 텍사스주 알링턴에 있으며 2002년부터 미국에서 가장 큰 규모의 주택 건설 업체가 되었다.

목표하는 고객군을 달리하여 D.R. 호튼D.R. Horton, 에메랄드 홈즈Emerald Homes, 익스프레스 홈즈Express Homes, 프리덤 홈즈Freedom Homes 네 가지 브랜드를 운영하는데, 그중 D.R. 호튼이 가장 판매가 많은 브랜드다. 익스프레스 홈즈는 가장 저렴한 브랜드로, 처음 집을 사는 젊은 층에 적합하며 빠르게 성장해 현재 높은 비중을 차지한다. 에메랄드 홈즈는 고급 부동산에 초점을 맞춘 브랜드다. 프리덤 홈즈는 시니어나 활동적인 성인 커뮤니티를 위한 브랜드다. 2022년 연례보고서 기준으로 D.R. 호튼은 주택 8만 2744채를 건설했다.

● 기업 역사

D.R. 호튼은 도널드 호튼Donald Horton이 텍사스주 포트워스에서 첫 번째 집을 착공한 1978년에 설립되었다. 초기부터 즉각적인 성공을 보였는데, 1979년에 20채, 1980년에 80채 주택을 지으며 경이로운 성장을 기록했다. 10년 내내 회계 분기마다 매출, 이익, 주택 수를 늘려갔다.

1987년에는 초기 지역인 댈러스-포트워스에서 전국적인 비즈니스로 전환하는 핵심적인 결정을 내렸고, 공격적으로 사업을 확장했다. 1992년에는 기업공개를 하여 뉴욕증권거래소에 상장한다. 1990년대에는 주요한 전략적 인수가 있었으며, 회사는 수년 동안 더 많은 인수를 완료했다.

2001년에는 고급 주택 브랜드인 에메랄드 홈즈를 론칭했으며, 2002년에는 미국 1위 주택 건설 업체가 되었다.

2014년에는 저렴한 가격에 양질의 주택을 제공하는 익스프레스 홈즈를 도입했다.

2016년에는 활동적인 성인을 위한 유지·관리 비용이 적게 드는 주택을 제공하는 프리덤 홈즈를 도입했다.

2017년에는 본사를 텍사스주 포트워스에서 알링턴으로 이전했다.

● 주요 비즈니스 및 매출 구성

D.R. 호튼의 주요 비즈니스는 주택 건설, 주거용 부지 개발, 임대, 금융 서비스 및 기타 활동으로 구성된다. 대부분의 매출은 완성된 주택 판매에서 발생하며, 토지 및 부지 판매에서 발생하는 금액은 비교적 적은 편이다. 2022년 기준, 주택 판매 수익의 약 91%는 단독주택이며 나머지는 타운하우스나 듀플렉스* 같은 부속 주택에서 발생했다.

재무제표로 보면 95% 이상이 주택 판매에서 나오므로 주요 비즈

---

* 듀플렉스Duplexes: 두 개의 분리된 유닛으로 나누어진 건물을 가리키며, 각 유닛은 독립된 거주지가 된다. 유닛이 나란히 있으며 공통 중앙 벽을 공유한다. 또한 각 유닛에 별도의 출입구가 있거나 공용 출입구가 있을 수 있다.

니스는 이것만 알아도 무방하다. 그 외에 토지 분양 및 기타 사업, 임대, 부동산 매매, 금융 서비스가 비슷한 수준의 매출을 내고 있다.

● 경쟁사

D.R. 호튼은 미국 홈빌더 시장에서 점유율 1위를 차지하고 있다. 그 뒤를 레나Lennar Coporation(티커: LEN)가 바짝 쫓고 있으며, 이외에도 풀테그룹PulteGroup, Inc.(티커: PHM), NVR(티커: NVR), KB Home(티커: KBH), 톨 브라더스Toll Brothers Inc.(티커: TOL) 등이 있다.

● 매출 및 이익 현황

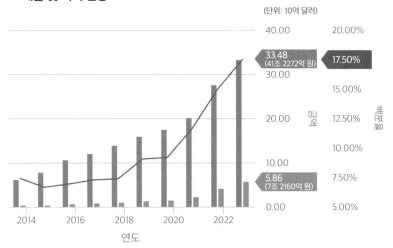

▲ D.R. 호튼의 매출, 이익, 이익률 추이(©2022 stockrow.com)

D.R. 호튼은 역사가 45년이 되었는데도 불구하고 여전히 폭발적인 성장을 보이고 있다. 업계 1위라는 독점적인 지위를 누리는 덕이다. 이익도 함께 성장했으며, 건설 업계답지 않은 높은 이익률까지 보인다. 2022년 연례보고서 기준으로 무려 17.5% 수준이다.

● **주가 현황**

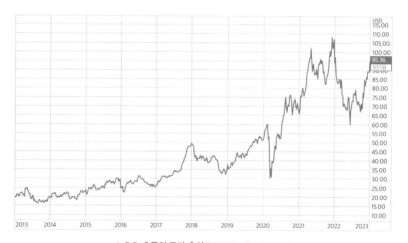

▲ D.R. 호튼의 주가 추이(©2022 Tradingview.com)

주가는 전반적으로 우상향이지만 건설 업계 특성상 경기를 많이 타는 모습이 보인다. 2018년 기준금리 인상과 미국-중국 무역전쟁, 글로벌 경기 둔화에 따른 하락, 코로나 폭락, 2022년 러시아-우크라이나 전쟁과 급격한 기준금리 인상은 건설 업계에는 직격탄이었다. 다만 이러한 불확실성이 해소됨에 따라 미래를 선반영하는 주가는 바로 튀어올랐다.

● 투자지표

높음⬆ 보통⬌ 낮음⬇ 고평가⊕ 저평가⊙ 좋음★ 무난▲ 나쁨×

| 펀더멘털 |

시가총액	33.24B(42조 1529억 원)
부채비율	28% ⬇
유동비율	1088% ⬆

📝 부채는 낮고 유동현금은 많아 매우 안정적인 재무 상태다.

| 가치지표 |

P/B Ratio	1.65 ⊙ ★
P/E Ratio	5.98 ⊙ ★
선행 P/E Ratio	10.42 ⊙ ★
P/S Ratio	0.99 ⊙ ★
P/FCF Ratio	30.85 ⊙ ★
EV/EBITDA	4.9 ⊙ ★

📝 가치지표가 전부 저평가로 나타나서 가치 투자자라면 관심을 가질 수밖에 없다.

| 성장지표 |

ROE	30.5% ⬆ ★
ROI	23.2% ⬆ ★
EPS성장(최근 5년)	43.2% ⬆
EPS성장(향후 5년)	-9.7% ⬇
영업이익률	22.0% ⬆
순이익률	16.8% ⬌
PEG Ratio	-

📝 영업이익률이 높았으며 ROE, ROI가 모두 높게 나타나 수익성까지 좋다.

| 배당지표 |

배당수익률	1.04% ⬌
배당성장 기간	9년
배당성향	5.7% ▲

| 퍼포먼스 |

CAGR	17.42% ★
MDD	-42.40% ✕
최근 1년	12.43% ★
샤프비율	0.63 ✕

📝 가치지표로 저평가라면 가격이 많이 안 올랐을 법도 한데, 연평균 성장률도 거의 20%에 가깝게 높았다.

● **저자 코멘트**

책 서두에서 언급했던, 언뜻 보면 재미없어 보이는 기업 중 하나다. 하지만 D.R. 호튼은 미국 전역의 다양한 시장에서 품질과 경제성으로 강력한 입지를 확보한 미국 최고의 주택 건설 업체다. 탄탄한 재무뿐만 아니라 높은 성장성까지 보인다. 투자의 천재로 알려진 거장 조지 소로스George Soros도 3% 이상 들고 있는 주식이다.

● 결론

미국 주택 시장의 경쟁은 치열하지만 상위 집중도는 상승하고 있다. 2005년에 탑10 점유율이 16%였는데, 2019년에는 34%, 2022년에는 40%에 달했다. 또한 상위 1, 2위 기업인 D.R. 호튼과 레나는 연간 5만 호 정도의 주택을 공급하고 있으며, 영업이익률이 하위 업체보다 높다.

2008년 금융위기 때 파산한 주택 업체들이 많았는데 D.R. 호튼은 소형사들을 지속적으로 인수하며 이를 통한 규모의 경제로 가격 협상력이 가장 강한 기업이다. 게다가 다양한 브랜드를 론칭하고, 경쟁 우위를 차지하고 있어 하위 기업들이 쉽사리 넘볼 수 없는 위치에 있다. 가치지표는 대부분 저평가로 판단되며 성장지표는 건설 업계에서 매우 좋은 편이다. 배당성장 기간도 9년으로 곧 배당성취자에 입성할 예정이고, 배당수익률도 나쁘지 않다. 다만 미래 이익 전망이 낮은 부분이 리스크로 보인다. 그럼에도 업계 1위라는 점, 성장성이 높다는 점, 가치지표들이 저평가로 보인다는 점 등 여러모로 기대할 만한 요소가 많은 투자처다.

롤린스

#해충방제기업 #미국의세스코 #재무탄탄 #롤린스스캔들

티커: ROL (NYSE), **기업명**: Rollins, Inc.

해충 박멸은 롤린스!

▲ 조지아주 애틀랜타에 있는 롤린스 본사

● 기업 개요

롤린스는 주거 및 상업 고객에게 서비스를 제공하는 북미 해충 방제 회사다. 본사는 조지아주 애틀랜타에 있으며 흰개미, 설치류 및 곤충으로부터의 보호 서비스를 제공하고 있다. 또한 미국, 캐나다, 영국, 멕시코, 중앙아메리카, 카리브해, 중동 및 아시아 50개국 이상에서 사업을 영위하고, 500개 넘는 지역에서 약 200만 명의 고객에게 해충 방제 서비스를 제공하고 있다. 직원 수는 1만 3000명 이상이며, 전문적이고 우수한 해충 방제 서비스를 제공하는 것을 회사의 사명으로 삼고 있다.

● 기업 역사

이 회사는 1948년 존 롤린스John Rollins와 그의 형제 웨인 롤린스Wayne Rollins가 설립한 롤린스 브로드캐스팅Rollins Broadcasting으로 시작했다. 존의 자동차 판매점에서 시작했으며, 형제가 버지니아주 래드포드에 있는 AM 라디오 방송국을 사면서 라디오 방송국이 되었다. 1956년에는 텔레비전 사업으로 확장했고, 1961년에 기업공개를 했다.

한편 1901년 펜실베이니아에 정착한 라트비아 이민자의 아들인 오토 오르킨Otto Orkin은 '오르킨 더 랫 맨Orkin The Rat Man'이라는 쥐 퇴치 서비스를 시작했다. 그는 지역 사무실 건물에서 청소부로 일하던 중 쥐가 들끓는 것을 발견했다. 그 후로 쥐를 주의 깊게 관찰하며 쥐의 행동을 이해했고, 자신만의 혁신적인 방법으로 쥐를 퇴치

할 수 있었다.

1912년, 오르킨은 본격적인 서비스를 위해 버지니아주 리치먼드에 첫 사무실을 열었다. 이어서 그는 다른 도시로 사업을 확장했다.

1926년에는 조지아주 애틀랜타로 본사를 옮기면서 오르킨 더 랫맨은 오르킨 익스터미네이팅 컴퍼니Orkin Exterminating Company, Inc.가 되었다. 1930년대에는 흰개미 제거와 훈증* 서비스도 포함되었다.

오르킨은 1950년대 회사의 첫 번째 광고 시리즈로 〈더 오르킨 맨〉을 TV 시청자에게 소개했다. 만화로 시작된 〈오토 더 오르킨 맨〉은 오늘날 우리가 알고 있는 '더 오르킨 맨'으로, 해충 관리의 아이콘으로 진화했다. 오르킨 더 랫 맨 브랜드는 1956년까지 유지되었다.

1964년, 롤린스는 오르킨 가족으로부터 오르킨 익스터미네이팅 컴퍼니를 인수했다. 당시 인수 금액은 롤린스 브로드캐스팅 수익의 7배에 달하는 금액이었는데, 이 거래는 미국 역사상 처음으로 기록된 차입매수**다. 당시 오르킨은 남부, 중서부 및 서부에 170개 지사를 두고 있었다. 이 인수로 롤린스는 미국에서 가장 큰 해충 관리 회사로 전환할 수 있었다. 이때 롤린스 브로드캐스팅은 회사 이름을 롤린스로 변경했다. 웨인은 이 비즈니스 모델이 단순하면서도

---

* 훈증: 독성이 있는 화학 물질을 분무하여 해충이나 병균을 없애는 것을 말한다. (출처: 고려대 한국어 대사전)

** 차입매수Leveraged Buy Out, LBO: 기업 인수의 한 유형으로, 투자자가 다른 회사를 인수할 때 대상 회사의 자산 내지 현금흐름을 담보로 제공하고서(레버리지를 일으켜서) 필요한 자금을 조달하여 인수하는 것을 뜻한다.

바퀴벌레만큼이나 강인하고 죽이기 힘든, 현금을 뿜어내는 사업이라고 생각했다. 그는 1975년 〈포브스〉에서 "여자는 한 달에 10달러 때문에 바퀴벌레를 참지 않을 것"이라고 말하기도 했다.

1967년 롤린스 본사는 델라웨어에서 애틀랜타에 있는 오킨 본사로 이전했다. 이 회사의 주식은 이듬해 뉴욕증권거래소에서 거래되기 시작했다. 웨인 롤린스의 아들인 랜달 롤린스Randall Rollins와 개리 롤린스Gary Rollins는 1970년대 중반 회사가 많은 사업체를 인수하거나 시작하는 데 주도적인 역할을 맡았다. 이 기간 오르킨은 주거 및 상업 고객 기반을 400% 이상 늘렸다.

오르킨 인수 후 롤린스는 계속해서 사업을 다각화했다. 주거 보안, 잔디 관리, 가사도우미 서비스, 조경 및 벽지 유통 분야에서 회사를 소유하고 운영했다. 여전히 방송에 참여하고 있던 롤린스는 옥외 광고 및 케이블 TV 시장에 진출했다. 미디어 사업부는 성공을 거두었고 유전 및 가스 분야 사업부와 함께 1984년 주주에게 분사되어 새로운 두 개의 회사, 롤린스 커뮤니케이션즈Rollins Communications와 RPC 에너지 서비스RPC Energy Services, Inc.를 뉴욕증권거래소에 등록했다.

개리는 2001년 CEO가 되었다. 오르킨은 여전히 회사의 우선순위였고, 2005년에는 세계에서 가장 큰 해충 박멸 회사가 되었으며, 오르킨 맨은 미국에서 널리 알려진 광고의 상징이 되었다.

개리의 아들인 글렌 롤린스Glen Rollins는 2004년까지 오르킨의 COO였다. 당시 롤린스 가문은 호화 파티에 대한 기사가 나오며 재벌의 화려한 생활로 잘 알려져 있었고, 글렌은 금수저의 상징이 되었다. 롤린스에는 창업자 웨인 롤린스가 재산 상속을 위해 만든 '롤린스 자녀들 기금'이 있었는데, 개리와 랜달은 자녀들의 행동을 통제하기 위해 규정에 따라 배당을 지급하도록 설정해놓았다. 그런데 이 규정에 사생활 추적 검토 항목을 넣자 랜달과 개리의 자녀들은 항의하고 나섰다. 합의 끝에 랜달의 다섯 자녀는 새로운 계약에 서명하며 항복했고, 고소하지 않은 것에 대한 보상으로 합의금을 받았다. 하지만 글렌은 2010년 아버지인 개리와 삼촌인 랜달을 상대로 소송을 제기했고, 그는 즉시 오르킨에서 해고되었다. 이러한 스캔들은 4년 동안 법정 다툼으로 이어졌으며, 결국 글렌은 회사와는 완전히 결별하고 가족과도 연을 끊게 되었다. 개리도 이 사건으로 이혼하게 되었고, 글렌 또한 이 과정에서 사생활 문제가 불거지며 이혼하게 되었다. 이후 개리가 재혼하면서 마지막으로 연 파티에 그의 아이들은 아무도 오지 않았다고 한다.

개리는 아직도 현역에서 이사회 의장이자 CEO를 맡고 있다.

● 주요 비즈니스 및 매출 구성

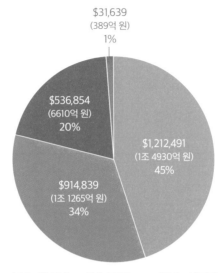

$31,639
(389억 원)
1%

$536,854
(6610억 원)
20%

$1,212,491
(1조 4930억 원)
45%

$914,839
(1조 1265억 원)
34%

■ 주거 해충 방제 ■ 상업용 해충 방제 ■ 흰개미 관련 ■ 프랜차이즈 및 기타   (단위: 천 달러)

▲ 롤린스의 매출 구성(2022년 연례보고서)

롤린스는 크게 주거, 상업용, 흰개미 부문으로 매출이 구성된다. 순서대로 45%, 34%, 20%를 차지한다.

주거 부문은 주거용 해충 방제 서비스로, 설치류, 곤충 및 야생동물을 다룬다.

상업 부문은 다양한 유형의 작업장 및 산업에 맞는 특수 방제 솔루션을 제공한다. 여기에는 의료시설, 식품 서비스시설 및 물류 센터가 포함된다.

흰개미 부문은 전통적 유인용 흰개미 보호 서비스를 수행한다.

그 외에는 주거 및 상업을 위한 보조 서비스 등이 있다.

● 경쟁사

가장 유사하게 해충과 흰개미 방제를 하는 회사로는 애로우 익스터미네이터스Arrow Exterminators가 있고, 또 다른 해충 방제 서비스 회사인 렌토킬 이니셜Rentokil Initial plc(티커: RTO)이 있다. 살충제 생산 업체로 시작하여 화학 제조 회사가 된 FMCFMC Corporation(티커: FMC)와 주로 물 정화와 위생 처리를 하는 기업인 이콜랩Ecolab Inc.(티커: ECL)도 해충 방제 서비스를 하고 있어 롤린스의 경쟁사다.

● 매출 및 이익 현황

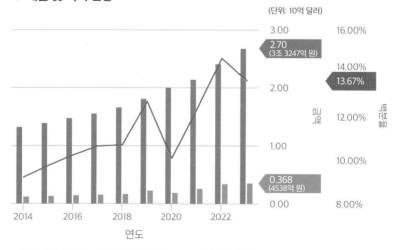

▲ 롤린스의 매출, 이익, 이익률 추이(©2022 stockrow.com)

최근 10년간 한차례도 빠짐없이 매출 성장을 했으며 이익 또한 성장세에 있다. 매출의 성장 폭도 큰 편이며, 이익률도 성장세에 있어 2022년 기준 15% 수준의 이익률을 보였다.

● **주가 현황**

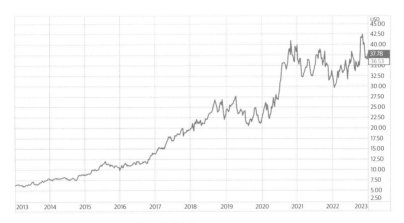

▲ 롤린스 주가 추이(©2022 Tradingview.com)

기업 성적이 좋은 만큼 주가도 크게 성장했다. 10년간 6배 넘게 성장하여 연평균 성장률도 20%가 넘는 수치를 보였다. 이 기간에는 가장 많이 떨어졌을 때도 -21.88% 수준이었다. 급격하게 폭등한 2020년 이후 지금까지 약간의 정체를 보였지만, 이 추세라면 장기적으로 얼마나 성장할지 기대된다.

● 투자지표

높음 ⬆ 보통 ⬅➡ 낮음 ⬇ 고평가 ⊛ 저평가 ⊙ 좋음 ★ 무난 ▲ 나쁨 ✕

| 펀더멘털 |

시가총액	17.80B(21조 9136억 원)
부채비율	10% ⬇ ★
유동비율	80% ⬅➡

📝 부채비율이 낮아 재무 건전성은 괜찮은 편이다.

| 가치지표 |

P/B Ratio	14.82 ⊛
P/E Ratio	51.31 ⊛
선행 P/E Ratio	43.61 ⊛
P/S Ratio	6.75 ⊛
P/FCF Ratio	99.60 ⊛
EV/EBITDA	31.94 ⊛

| 성장지표 |

ROE	30.5% ⬆ ★
ROI	25.5% ⬆ ★
EPS성장(최근 5년)	15.9% ⬅➡
EPS성장(향후 5년)	8.2% ⬇
영업이익률	17.6% ⬅➡
순이익률	13.1% ⬅➡
PEG Ratio	6.26

📝 ROE와 ROI가 모두 높게 나타나 수익성이 좋은 편이다.

배당수익률	1.44% ⬌
배당성장 기간	2년
배당성향	57.0% ⬆

📝 코로나 위기로 배당 삭감이 있어, 배당성장 기간이 끊겼다. 다만 이전에 배당성취자였고 이때를 제외하면 현재도 계속해서 배당성장 중인 기업이다.

| 퍼포먼스 |

CAGR	20.46% ★★
MDD	-21.88% ⬌
최근 1년	21.28% ★
샤프비율	0.93 ★

📝 매출 성장이 계속되는 만큼 주가 성장도 매우 좋아 20% 넘는 연평균 성장률을 보였다.

● 저자 코멘트

미국의 세스코CESCO라고 할 수 있는 롤린스. 아마 국내 소비자들에게는 익숙하지 않은 기업일 것이다. 하지만 세스코는 비상장회사인 반면, 롤린스는 상장회사에다가 세계 최대의 방제 회사 중 하나로 기업가치를 상당히 높게 평가받고 있다. 사람들의 불편을 해소해주는, 해충 박멸이라는 확실한 가치를 제공하는 기업답게 튼튼한 재무 상태와 안정적인 성장세를 보인다.

● 결론

쥐를 잡던 오르킨까지 거슬러 올라가면 역사가 120년이 넘는 기업이다. 오르킨 가족과 롤린스 가족이 기업의 역사와 함께 흘러왔다. 기업의 비즈니스 모델이 단순하면서도 매우 강력하여 매력적인 투자처임에 틀림없다. 심지어 매출, 이익, 이익률이 모두 성장세에 있고 발전하는 폭 또한 좋다. 다만 그만큼 매우 높은 주가 성장을 보였고, 이에 따라 거의 모든 지표가 상당히 고평가로 보인다. 테크주도 아닌 점을 생각했을 때 재무제표는 무시할 수 없는 법이다. 매우 매력적인 기업이지만 밸류에이션 관점에서는 주의하며 관심 종목에 넣어보자.

SECTOR 05

통신 서비스
Communication Services

통신 서비스 섹터는 구글Alphabet Inc.(티커: GOOG, GOOGL), 메타Meta Platforms, Inc.(티커: META)와 같은 기술주와 이제는 과거의 영광이 되어가는 전화나 유무선 통신 기업들이 섞여 있는 섹터다. 그 외에는 액티비전 블리자드Activision Blizzard, Inc.(티커: ATVI), 넷플릭스Netflix, Inc.(티커: NFLX) 같은 게임이나 영화, 엔터테인먼트 회사 등이 있다. 이 책에 소개하고 싶은 기업들이 제법 있었지만, 분량상 2개만 소개하려고 한다. 혹시라도 궁금하거든 2탄 출시를 요청하시라.

매치 그룹
차터 커뮤니케이션즈

매치 그룹

#틴더 #데이팅앱 #소개팅앱 #싱글만세 #2021년9월S&P500편입

티커: MTCH (NASD), **기업명**: Match Group, Inc.

틴더로 유명한 데이팅 앱 회사

▲ 텍사스주 댈러스에 있는 매치 그룹 본사

● 기업 개요

매치 그룹은 미국의 인터넷 기술 회사로, 대표적인 온라인 데이트 서비스인 틴더Tinder를 개발해 운영하고 있다. 최근에는 힌지Hinge가 데이팅 앱으로 급부상하고 있다. 그 외에도 매치닷컴Match.com, 미틱Meetic, 오큐피드OkCupid, 플렌티오브피시PlentyOfFish, 아자르Azar, 페어스Pairs 등 다양한 브랜드 포트폴리오를 갖춘 글로벌 온라인 데이트 서비스 선두 업체다. 본사는 텍사스주 댈러스에 있다.

● 기업 역사

2009년 2월, IAC는 매치 그룹을 매치닷컴과 다른 데이트 사이트들을 합쳐서 통합했다. 같은 해 7월 매치 그룹의 매치닷컴은 아메리칸 캐피털American Capital로부터 피플 미디어People Media를 현금 8000만 달러에 인수했다. 피플 미디어는 현재 매치 그룹의 포트폴리오 일부가 된 데이트 사이트 블랙피플미트닷컴BlackPeopleMeet.com과 아워타임OurTime(시니어용 소개팅앱)을 운영하고 AOL 퍼스널스AOL Personals를 지원했다.

2010년, 매치닷컴은 데이트 사이트 싱글스넷Singlesnet을 인수했으며, 이듬해 매치 그룹은 오큐피드를 5000만 달러(약 615억 원)에 인수했다.

2012년 모회사 IAC가 운영하는 스타트업 인큐베이터인 해치랩스Hatch Labs에서 이 회사를 널리 알려줄 온라인 데이트 애플리케이션인 틴더를 만들었다. 틴더에서는 익명으로 사진, 공통 관심사와 자기소개를 보고 스와이프(터치스크린에 손가락을 댄 상태로 화면을 쓸어 넘기는 것)만으로 다른 프로필에 '좋아요'나 '싫어요'를 선택할 수 있다.

2015년에는 기업공개를 했으며, 2017년에는 틴더 골드Tinder Gold를 출시하여 틴더를 전 세계적으로 가장 높은 수익을 올리는 비게임 앱으로 만들었다.

2018년에는 데이팅 앱 힌지의 지분 51%를 인수했는데, 이는 포트폴리오를 다양화하고 더 많은 싱글에게 어필하기 위한 것이었다.

2019년 1월에는 미디어 브랜드 배치스Batches와 제휴하여 쉽Ship이라는 데이트 앱을 출시했으며 같은 해 2월에는 힌지를 완전히 인수했다.

매치 그룹은 2020년 코로나 팬데믹 상황에서도 매출과 이익이 증가하고 포트폴리오 전체에서 1000만 명의 가입자를 돌파했다. 같은 해 7월에는 모기업 IAC에서 별도의 회사로 분리되었는데, 당시 시가총액은 300억 달러(약 37조 원)로 IAC 사상 최대 규모였다.

2021년 2월에는 한국의 소셜 네트워크 회사인 하이퍼커넥트Hyperconnect를 현금과 주식으로 17억 3000만 달러(약 2조 1000억 원)에 인수한다고 발표했는데, 이 거래는 현재까지 매치 그룹의 가장 큰 인수다.

2021년 9월, 매치 그룹은 S&P500에 포함되었다.

● 주요 비즈니스 및 매출 구성

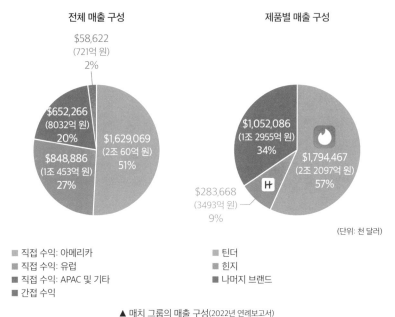

전체 매출 구성

제품별 매출 구성

$58,622
(721억 원)
2%

$652,266
(8032억 원)
20%

$848,886
(1조 453억 원)
27%

$1,629,069
(2조 60억 원)
51%

$1,052,086
(1조 2955억 원)
34%

$1,794,467
(2조 2097억 원)
57%

$283,668
(3493억 원)
9%

(단위: 천 달러)

■ 직접 수익: 아메리카
■ 직접 수익: 유럽
■ 직접 수익: APAC 및 기타
■ 간접 수익

■ 틴더
■ 힌지
■ 나머지 브랜드

▲ 매치 그룹의 매출 구성(2022년 연례보고서)

매치 그룹의 주요 비즈니스는 당연히 온라인 데이트 앱이다. 매출도 이러한 앱들에서 발생한다. 지역별로는 아메리카가 51%, 유럽 27%, APAC 및 기타 20%를 차지한다. 나머지 2%는 간접 수익이다. 아메리카에는 북미, 중미, 남미 및 카리브 제도가 포함된다. 유럽에는 유럽 대륙, 영국 제도, 아이슬란드, 그린란드 및 러시아가 포함되지만 터키(APAC 및 기타에 포함됨)는 제외되며, APAC 및 기타에는 아시아, 호주, 태평양 섬, 중동 및 아프리카가 포함된다.

여기서 직접 수익이란 회사 서비스의 최종 사용자로부터 직접 받는 수익이며 구독 및 인앱 구매 수익을 모두 포함한다. 간접 수익은 사용자로부터 받지 않는, 실질적으로 광고 수익이다.

직접 수익 중 특히 전 세계적으로 유명한 틴더가 매출의 절반 이상인 57%를 차지한다. 그 뒤를 이어 힌지가 9%, 나머지 브랜드가 통틀어 34%를 차지한다.

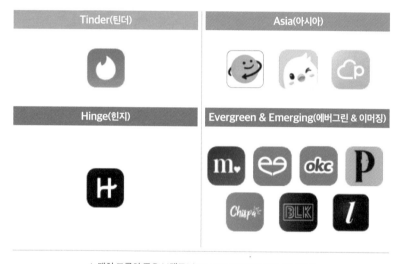

▲ 매치 그룹의 주요 브랜드(자료: Letter to Shareholders Q4 2022)

매치 그룹은 틴더와 힌지 외에 아시아에서는 하이퍼커넥트의 아자르와 하쿠나HAKUNA, 일본에서는 페어스를 주로 서비스하고 있다. 뿌리 깊은 브랜드인 에버그린과 떠오르는 그룹인 이머징은 함께 관리되고 있는데, 여기에는 매치, 미트릭, 오큐피드, 플렌티오브피시, Chi8pa, 더리그The League가 있다.

● 경쟁사

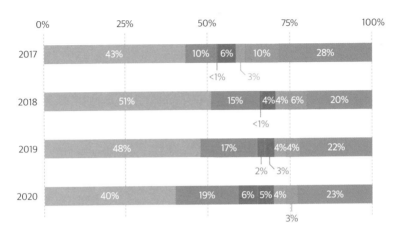

■ 틴더 ■ 범블 ■ 힌지 ■ 플렌티오브피시 ■ 그라인더 ■ 매치 ■ 기타

(<1%: 1% 미만을 의미함)

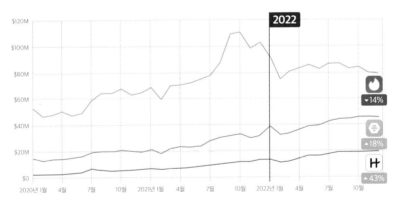

▲ 2017~2022년까지 데이팅 앱 시장 점유율 변화(자료: (상)SensorTower, (하)appfigures)

데이팅 앱의 점유율을 보면 매치 그룹의 경쟁사를 알 수 있다. 2017년부터 틴더가 계속해서 1위를 유지하고 있고, 2위 범블Bumble 이 추격하는 모양새다. 범블Bumble Inc.(티커: BMBL)은 나스닥에 상장된 회사다. 3위 힌지와 4위 플렌티오브피시는 모두 매치 그룹의 서비스다. 그 뒤를 이어 그라인더Grindr 서비스를 하는 회사 그라인더 Grindr Inc.(티커: GRND)는 뉴욕증권거래소에 상장되어 있다.

2020년 이후로는 틴더, 범블, 힌지의 3파전으로 경쟁이 이루어지고 있다.

● **매출 및 이익 현황**

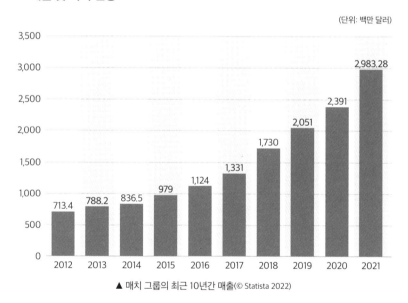

▲ 매치 그룹의 최근 10년간 매출(© Statista 2022)

매치 그룹의 매출은 꾸준하게 증가세에 있다. 게다가 코로나 이후로 더 급격한 성장세를 보이며 성장주로서의 면모를 보인다. 스톡로우를 포함한 여러 온라인 주식 서비스에서 매치 그룹의 매출 추이를 보면 2018년도에 매출이 급감한 것으로 나타나는데, 이는 IAC와의 기업 분리로 인한 현상이다. 실제 현재 매치 그룹의 비즈니스만으로 정리된 연례보고서에 따르면 매출은 한 해도 빠짐없이 꾸준히 증가해왔다. 쉽게 말해 최근 10년간 큰 성장을 이뤄온 기업이라는 뜻이다. 2022년 말 연례보고서 기준으로도 매출 31억 9000만 달러(약 3조 9282억 원)로 매출 증가를 이어갔다.

● 주가 현황

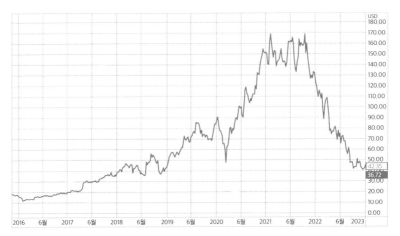

▲ 매치 그룹의 주가 추이(©2022 Tradingview.com)

꾸준한 성장을 보인 기업인 만큼 주가도 성장해왔다. 다만 2022년 러시아-우크라이나 전쟁과 인플레이션 압력으로 급격하게 금리가 상승하는 등 여러 가지 경제 악재가 겹치면서 성장주였던 매치 그룹의 주가는 급속도로 빠져 거의 1/4 토막이 났다. 특히 나스닥 기술주가 크게 하락한 시기였던 만큼 매치 그룹도 이런 상황에서 자유로울 수 없었던 것으로 보인다.

● **투자지표**

| 높음 ⬆ | 보통 ↔ | 낮음 ⬇ | 고평가 ⊛ | 저평가 ⊕ | 좋음 ★ | 무난 ▲ | 나쁨 ✕ |

| 펀더멘털 |

시가총액	14.46B(17조 8017억 원)
부채비율	-
유동비율	120% ↔

| 가치지표 |

P/B Ratio	-
P/E Ratio	-141.96 ⊛
선행 P/E Ratio	25.86 ▲
P/S Ratio	4.51 ⊛
P/FCF Ratio	30.01 ↔
EV/EBITDA	34.66 ⊛

📝 미래 이익 관점에서는 그다지 고평가는 아니며, 현금흐름 관점에서는 무난한 수준으로 보인다.

| 성장지표 |

ROE	-29.4% ⬇
ROI	11.6% ⬌
EPS성장(최근 5년)	6.6% ⬇
EPS성장(향후 5년)	21.45% ⬆ ★
영업이익률	20.0% ⬆
순이익률	3.4% ⬇
PEG Ratio	6.62 ⊛

📝 향후 이익 성장 전망이 21%로 높아 미래가 기대된다.

| 배당지표 |

배당수익률	-
배당성장 기간	-
배당성향	-

| 퍼포먼스 |

CAGR	13.10% ⬌
MDD	-74.27% ✕
최근 1년	-51.29% ✕
샤프비율	0.49 ✕

● **저자 코멘트**

매치 그룹은 2015년 IPO 이후 꾸준한 상승세를 보이며, 인기 있는 앱으로 온라인 데이트 시장을 지배하고 있다. 하지만 폭발적인 성장만큼 사용자 안전과 개인 정보 보호와 관련된 문제에 직면해 있기도 하다. 2019년에는 가짜 연애 광고로 사용자를 속여 구독료를 지불하도록 유도한 혐의로 고소를 당하기도 했다.

참고로 국내에서도 틴더가 된다길래 책을 쓰는 데 참고하고자 유료 결제까지 해서 테스트해보았다. 하지만 매치 그룹이란 이름과 맞지 않게 매치되는 것은 없었고, 나는 앱을 지웠다. 기업 비즈니스에 약간의 회의감이 드는 순간이었다.

● 결론

높은 성장성과 테마가 흥미롭고 핫해 보이는 기업 매치 그룹. 매우 유망한 세계 최대의 온라인 데이트 서비스 기업이다. 다만 투자지표만 보았을 때에는 투자하기 부담스러운 성장주다. 그래도 가장 주요하게 여겨지는 지표인 P/E 관점에서는 선행 지표가 나쁘지 않은 수준이다. 또한 틴더라는 강력한 캐시카우가 있는 만큼 미래가 상당히 기대되는 기업이라고 할 수 있다. 서비스의 형태도 매우 직관적이고, 매출 성장도 꾸준하여 상당히 매력적인 성장주로 보인다. 기업 자체만 보았을 때는 분명 유망한 기업이다. 따라서 실제 기업의 사업보고서와 서비스 이용자 등을 면밀히 관찰하며 기술주 증시 전반과 투자지표 수준을 고려하여 투자한다면 향후 텐배거 주식으로 보답받을지도 모르겠다.

차터 커뮤니케이션즈

#미국케이블업체쌍두마차 #통신업체 #케이블TV #2016년9월S&P500편입

티커: CHTR (NASD), **기업명**: Charter Communications, Inc.

미국 케이블 업체 쌍두마차 중 하나

▲ 2022년에 완공되어 완전히 이전한 코네티컷주 스탬퍼드에 있는 차터 본사

256

미국 주식 히든 챔피언 33

● 기업 개요

차터 커뮤니케이션즈는 미국에 사는 사람들에게 스펙트럼 Spectrum이라는 브랜드로 친숙한 미국 통신 및 대중매체 회사다. 본사는 코네티컷주 스탬퍼드에 있다. 41개 주에 가입자 3200만 명 이상으로, 미국에서 컴캐스트Comcast(티커: CMCSA)에 이어 두 번째로 큰 케이블 사업자이며 컴캐스트와 AT&T(티커: T)에 이어 세 번째로 큰 유료 TV 운영 회사다. 또한 주거용 회선 수 기준으로 다섯 번째로 큰 전화 제공 업체이기도 하다. 고급 통신 네트워크를 통해 스펙트럼 인터넷Spectrum Internet®, TV, 모바일과 음성을 포함한 최첨단 주거용 및 상업용 서비스를 제공한다.

● 기업 역사

1980년 찰스 레너드Charles Leonard가 미시간주 배리 카운티에서 차터의 모태가 되는 차터 커뮤니케이션즈 케이블티비 시스템즈Charter Communications CATV systems를 설립했다. 차터는 작은 마을에서 소수의 고객에게 서비스를 제공하는 케이블 회사로 시작하여 지속적인 인수합병을 통해 사업을 확장했다.

1993년 미주리주에서 배리 밥콕Barry Babcock, 제럴드 켄트Jerald Kent, 하워드 우드Howard Wood가 현재의 법인으로 설립했다.

1998년 마이크로소프트의 공동 설립자인 폴 앨런Paul Allen이 차터의 지분을 매입했다. 당시 차터는 고객 100만 명을 보유하고 있었다.

1999년 11월에 나스닥 증권거래소에 상장되었다. 당시 고객 수는 390만 명이었다. 차터는 그해에 10개 이상의 주요 인수를 완료했다. 이후 10년 동안 수많은 가입자를 가진 케이블 방송사와 미디어 회사들을 공격적으로 인수했다. 하지만 이러한 공격적인 성장으로 내실을 다질 만한 시간이 부족했고, 그 결과 회사의 부채를 감당하지 못하고 파산 신청을 하게 된다.

세계금융위기 당시인 2008년에는 나스닥 기준을 충족하지 못해 경고를 받았고, 2009년 2월 차터는 파산하고 법정 관리를 신청하는 절차를 밟는다. 이 과정에서 차터의 소유권과 경영권은 사모펀드 회사인 아폴로 매니지먼트Apollo Management로 넘어가게 된다. 이에 따라 회사는 재무 구조조정을 통해 부채를 줄이고 신규 투자를 진행했다. 채권단은 이러한 구조조정 계획을 승인하고 차터는 회생 절차를 밟았다.

이후 2010년 9월 14일, 차터는 CHTR이라는 티커로 나스닥에 재상장되었다. 2011년에는 앨런이 이사회 의장직에서 물러났다. 그럼에도 당시 최대 단일 주주로 남아 있었다.

2012년 말, 본사를 미주리주 세인트루이스에서 코네티컷주 스탬퍼드로 이전했다. 하지만 당시 대부분의 운영은 세인트루이스에서 이루어졌다.

2014년에는 케이블 업계의 뜨거운 관심사인 타임 워너 케이블Time Warner Cable 인수전이 있었다. 당시 케이블 업계 1위는 컴캐스트, 2위가 타임 워너 케이블이었는데 컴캐스트의 타임 워너 인수가 당국의 반독점 규제에 막혀 무산되었다. 이에 차터가 인수전에 나서 타임 워너 케이블과 2016년 5월 18일에 인수합병을 완료했다. 뿐만 아니라 타임 워너가 일부 지분을 소유하고 있던 브라이트 하우스 네트워크Bright House Network 인수합병도 이루어짐으로써 차터는 미국의 2위 케이블 TV 사업자가 되었다. 합병 후 서비스 브랜드명을 스펙트럼Spectrum으로 통합했다.

2016년 9월에 S&P500에 포함되었으며, 2022년에는 이전 본사를 매각하고, 새 본사 건물로 완전히 이전했다.

● **주요 비즈니스 및 매출 구성**

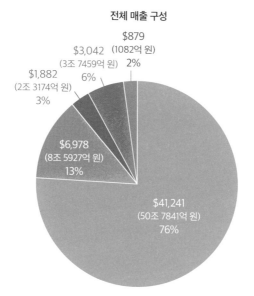

전체 매출 구성

$879
(1082억 원)
2%

$3,042
(3조 7459억 원)
6%

$1,882
(2조 3174억 원)
3%

$6,978
(8조 5927억 원)
13%

$41,241
(50조 7841억 원)
76%

(단위: 백만 달러)

■ 주거용 ■ 상업용 ■ 광고 수익 ■ 모바일 ■ 기타

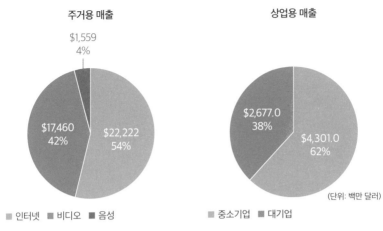

주거용 매출

$1,559
4%

$17,460
42%

$22,222
54%

■ 인터넷 ■ 비디오 ■ 음성

상업용 매출

$2,677.0
38%

$4,301.0
62%

(단위: 백만 달러)

■ 중소기업 ■ 대기업

▲ 차터의 매출 구성(2022년 연례보고서)

차터의 매출 구성은 2022년 말 기준으로 주거용 76%, 상업용 13%, 광고 수익 3%, 모바일 6%, 기타 2%를 차지한다.

세부적으로 보면 주거용 매출에서는 인터넷 54%, 비디오 42%, 음성 4%를 차지하고, 상업용 매출에서는 중소기업 62%, 대기업 38%를 차지한다.

● 경쟁사

가장 큰 케이블 업체인 컴캐스트가 최대 라이벌이다. 유료 TV 사업자로서는 AT&T까지도 상위 경쟁사가 된다. 또한 스펙트럼 인터넷의 경쟁사로는 버라이즌Verizon(티커: VZ)이 있다.

● 매출 및 이익 현황

(단위: 10억 달러)

▲ 차터의 매출, 이익, 이익률 추이(©2022 stockrow.com)

■ CHTR, 연간 매출액 ■ CHTR, 연간 순이익 — CHTR, 연간 순이익률

케이블 업계 2위였던 타임 워너 케이블과 인수합병 이후 매출이 급증했다. 이후로도 현재까지 매년 매출 성장을 기록하고 있으며, 이익률은 급격하게 낮아졌다가 다시 회복하여 2022년에는 10% 수준까지 올라온 상태다. 이익도 최근 5년간 꾸준히 증가하는 추세다.

● 주가 현황

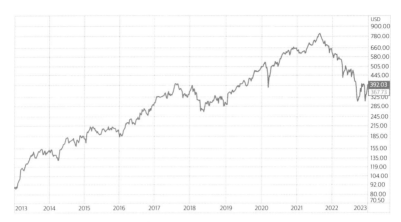

▲ 차터의 주가 추이(©2022 Tradingview.com)

차터는 최근 10년 동안 기업의 덩치가 매우 커졌다. 게다가 지속적인 매출 성장을 이룩함으로써 주가는 10년간 대략 4배 이상 뛰었다. 다만 주가가 2021년 고점 이후 반토막 이상 나서 MDD를 -62.85%나 기록했다. 고금리로 가는 경제 상황에서 부채비율이 높은 차터는 직격타를 맞게 되었다.

● 투자지표

| 펀더멘털 |

시가총액	63.89B(78조 6550억 원)
부채비율	1092% ⬆ ✕
유동비율	30% ⬇ ✕

🖉 부채비율이 매우 높고, 유동비율이 낮아 단기 가용 가능한 현금이 부족하고 부채가 많다는 점에서는 좋지 않은 재무 상태다.

| 가치지표 |

P/B Ratio	7.01 ⬆
P/E Ratio	12.32 ⬇ ★
선행 P/E Ratio	9.58 ⬇ ★
P/S Ratio	1.19 ⬇ ★
P/FCF Ratio	9.35 ⬇ ★
EV/EBITDA	7.53 ⬇ ★

🖉 매출과 이익 관점에서는 전부 저평가로 나타나서 가치 투자로 접근할 만하다.

| 성장지표 |

ROE	48.7% ⬆ ★
ROI	9.7% ⬇
EPS성장(최근 5년)	62.1% ⬆
EPS성장(향후 5년)	24.23% ⬆ ★
영업이익률	22.5% ⬆ ★
순이익률	10.2% ⬌
PEG Ratio	0.51 ⬇

🖉 ROE와 영업이익률이 높았다. 게다가 향후 5년 EPS성장 전망도 좋아 수익성과 이익 관점에서는 좋은 수치다.

| 배당지표 |

배당수익률	-
배당성장 기간	-
배당성향	-

| 퍼포먼스 |

CAGR	16.1% ★
MDD	-62.85% ✕
최근 1년	-28.94% ✕
샤프비율	0.64 ✕

📝 연평균 성장률은 시장을 훌쩍 뛰어넘는 16% 수준으로 좋았다.

● **저자 코멘트**

1990년대 후반 차터는 서비스 영역을 확장하기 위해 소규모 케이블 회사를 사들이는 인수합병에 나섰고, 이를 통해 2000년대 초반까지 미국에서 가장 큰 케이블 제공 업체가 되었다. 2008년 세계금융위기 당시 높은 수준의 부채로 인해 파산을 겪고 회생 절차를 밟기도 했지만, 구조조정과 부채 청산 후 2010년 파산에서 벗어났다. 2014년부터 있던 케이블 업계의 뜨거운 인수전에서 성공한 덕분에 차터는 케이블 업계 2위로 우뚝 올라섰다.

● 결론

컴캐스트와 더불어 미국 케이블 업체의 쌍두마차다. 현재까지도 꾸준한 매출 성장과 함께 높은 주가 성장까지 이루었다. 다만 부채 비율이 높아 급격하게 금리가 올라간 2021~2022년 시기에 직격탄을 맞아 주가가 반토막 이상 떨어졌다. 하지만 가치지표상 이익, 매출, 현금흐름 차원에서 모두 저평가로 나타난다. 이익 관점에서만 보면 섹터 평균에 비해 30% 이상 저평가된 것으로 보인다. 가치 투자가 쌀 때 사서 비싸게 파는 것임을 생각해보면 지금이 오히려 투자 적기일지도 모르겠다.

산업
Industrials

산업 섹터는 IT 기술을 주축으로 한 '3차 산업혁명' 전까지 경기를 주도한 기업들이 많다. 제조, 건설, 국방, 항공 우주 및 운송과 같은 산업이 포함된다. 제조업 기반으로 발전하던 시절에 주축이 된 기업들이 많이 포진해 있다. 덕분에 S&P500 중 산업 섹터 기업 수는 정보기술 섹터와 엎치락뒤치락하며 1, 2위를 다투고 있다. 이 중에는 제2차 세계대전에서 급성장한 기업들도 있다. 의외로 사람들이 잘 모르지만 역사도 길고 재무부터 사업 모델까지 탄탄한 기업들이 많아 흥미롭게 살펴볼 만한 섹터다.

페이첵스
웨이스트 매니지먼트
신타스
베리스크 애널리틱스

페이첵스

#HR소프트웨어 #인적자원솔루션 #피터린치가놓친기업 #중소기업HR

티커: PAYX (NASD), **기업명:** Paychex, Inc.

PAYCHEX

중소기업의 급여, 복리후생 등을 위한
통합 인적 자본 관리 소프트웨어 및 솔루션 선두 업체

▲ 뉴욕시 로체스터에 있는 페이첵스 본사

● 기업 개요

페이첵스는 선도적인 인적 자본 관리Human Capital Management, HCM 소프트웨어 및 서비스 회사로서 중소기업을 위한 인적 자원Human Resources, HR, 급여, 복리후생, 보험 서비스를 포함한 통합 솔루션을 제공한다. 뉴욕시 로체스터에 본사가 있는 페이첵스는 2019년 〈포춘〉 선정 '퓨처 50 기업' 목록에 이름을 올리기도 했다.

2022년 연례보고서 기준, 미국과 유럽에서 급여 고객 약 73만 명에게 서비스를 제공하고, 사무실을 100개 이상 보유하고 있다.

● 기업 역사

페이첵스의 전신은 토머스 골리사노Thomas Golisano가 1971년에 단돈 3000달러로 설립했다. 골리사노는 당시 급여 처리 회사인 일렉트로닉 어카운팅 시스템즈Electronic Accounting Systems, EAS에서 근무했다. EAS는 대기업을 대상으로 급여 회계 시스템을 제공했는데 중소기업이 감당하기에는 최저 비용이 너무 비쌌고, EAS는 중소기업으로의 확장을 추구하지 않았다. 이에 골리사노는 소기업에도 대기업 못지않게 급여 회계 서비스가 필요하다는 생각에 페이마스터PayMaster라는 회사를 설립했다.

5년 후 페이마스터는 고객 약 300명을 유치했다. 당시 여러 개의 파트너사와 합작투자 회사 프랜차이즈를 두었는데, 1979년 조직의 느슨함에 문제를 느끼면서 이를 모두 통합하여 페이첵스를 세웠고 이후 가파르게 성장했다.

페이첵스는 1983년에 기업공개를 하고 나스닥에서 거래를 시작했으며 1980년대에는 매년 20% 수준의 성장을 기록했다.

1989년에는 '택스페이'라는 서비스를 출시하여 고객들이 급여에 대한 세금 신고서 작성과 지불을 돕고 실제로 정부에 보고서를 제출했다. 이 서비스를 통해 상당한 수익 증대를 이루었다.

1997년에는 5년 연속 30% 이상의 수익 성장을 달성했고, 1998년에는 S&P500에 포함되었다.

2001년, 11년 연속 기록적인 매출과 순이익을 기록했으며, 2002년에는 〈포춘〉의 '일하기 좋은 100대 기업'에 뽑혔고, 2004년에는 창업자 골리사노가 CEO에서 물러났다.

● **주요 비즈니스 및 매출 구성**

▲ 페이첵스의 다양한 HR 솔루션

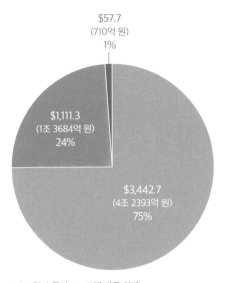

$57.7
(710억 원)
1%

$1,111.3
(1조 3684억 원)
24%

$3,442.7
(4조 2393억 원)
75%

(단위: 백만 달러)

■ 관리 솔루션 ■ PEO 및 보험 솔루션 ■ 고객 자금 이자

▲ 페이첵스의 매출 구성(2022년 연례보고서)

관리 솔루션이 가장 높은 비중(75%)으로 기업 대부분의 매출을 책임지고 있다. 관리 솔루션은 급여 및 소득세 처리, 직원 복리후생과 근태 등을 관리하는 HR 솔루션, 퇴직 솔루션 등으로 구성된다.

다음으로 PEOProfessional Employer Organization와 보험 솔루션이 24%를 차지한다. 페이첵스 PEO는 전국적으로 기업 50만 개 이상에 서비스를 제공하고, 인적 자원, 급여 및 복리후생 프로그램 관리에 40년 이상 경험이 있는 전문 고용주 조직이다. 쉽게 말해 PEO 서비스는 전문 고용인을 공동으로 두는 서비스라고 볼 수 있다. 그 외에는 1% 정도로 중요하게 보지 않아도 된다.

● 경쟁사

페이첵스의 최대 경쟁사는 예전부터 지금까지 쭉 오토매틱 데이터 프로세싱Automatic Data Processing(티커: ADP)이다. 현재는 이 회사가 페이첵스보다 2배 이상 큰 시총 규모를 보인다.

● 매출 및 이익 현황

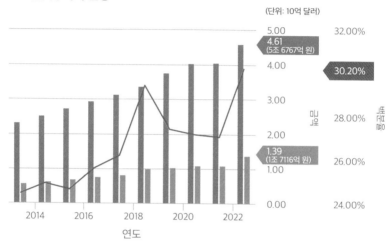

▲ 페이첵스의 매출, 이익, 이익률 추이(©2022 stockrow.com)

페이첵스의 매출은 10년 동안 한차례도 빠짐없는 매출 성장을 이루었다. 게다가 이익도 성장세에 있으며, 이익률도 30% 정도로 10년 전에 비해 상당히 개선된 상태다.

● 주가 현황

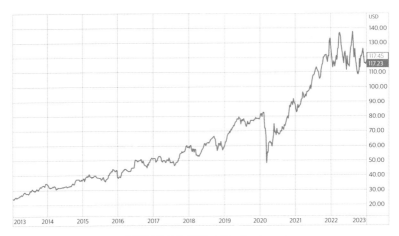

▲ 페이첵스의 주가 추이(©2022 Tradingview.com)

　　페이첵스의 주가는 최근 10년간 꾸준히 우상향하고 있다. 코로나 위기 때 크게 빠진 것을 제외하면 굉장히 안정적이면서도 빠르게 성장하는 편이다. 기업은 장기적으로 반드시 기업의 매출과 이익을 따라가기 때문에 정상적인 결과로 보인다.

● 투자지표

높음 ⬆	보통 ⬌	낮음 ⬇	고평가 ⊕	저평가 ⊝	좋음 ★	무난 ▲	나쁨 ✖

| 펀더멘털 |

시가총액	41.49B(51조 783억 원)
부채비율	27% ⬇ ★
유동비율	130% ⬌

📝 부채비율이 낮고 유동비율도 준수하여 재무 상태가 건전하다.

| 가치지표 |

P/B Ratio	12.71 ⊕
P/E Ratio	27.96 ⊕
선행 P/E Ratio	24.93 ⊕
P/S Ratio	8.61 ⊕
P/FCF Ratio	78.14 ⊕
EV/EBITDA	18.92 ⊕

| 성장지표 |

ROE	46.1% ⬆ ★
ROI	36.2% ⬆ ★
EPS성장(최근 5년)	11.0% ⬌
EPS성장(향후 5년)	7.74% ⬇
영업이익률	40.0% ⬆ ★
순이익률	30.4% ⬆ ★
PEG Ratio	3.61 ⊕

📝 모든 수익성 지표가 높아서 돈을 효율적으로 잘 벌고 있는 상태다. 다만 이익 성장 전망은 다소 아쉽다.

배당수익률	2.80% ⬆ ★
배당성장 기간	12년 ★
배당성향	74.50% ⬆

📝 배당수익률이 3% 수준에 배당성장 기간도 10년이 넘어 매력적이다.

| 퍼포먼스 |

CAGR	17.44% ★
MDD	-26.64% ✕
최근 1년	-0.48% ★
샤프비율	0.87 ⬌

📝 연평균 성장률이 17%가 넘어 상당히 높은 수준을 보였다.

● **저자 코멘트**

"페이첵스? 도처의 소기업들이 페이첵스에 급여 업무를 떠넘기면서 두통을 없애고 있다. 아내 캐럴린이 가족의 재단 업무에 페이첵스를 이용했지만, 나는 이 사실을 파악하지 못해서 이 주식을 놓치고 말았다."

피터 린치가 쓴《전설로 떠나는 월가의 영웅》에 있는 내용이다.

이 책에 오토매틱 데이터 프로세싱Automatic Data Processing, ADP을 실을까 페이첵스를 실을까 고민을 많이 했는데, 결국 전설적인 투자자 린치도 아쉬워했던 페이첵스로 정했다.

● 결론

현재도 독보적인 HR, HCM 역량을 보유한 기업인 만큼 상당히 매력적인 투자처라고 할 수 있다. 게다가 10년 동안 한차례도 빠짐 없이 매출이 성장했고 이익도 꾸준히 늘었다. 이익률까지 개선된 점은 회사의 경영 능력이 뛰어나다는 증거다. 주가까지 꾸준한 성장세가 있는 만큼 투자지표는 저평가로 보기엔 어렵다. 오히려 일반적인 가치지표 관점에서는 고평가로 보인다. 성장주를 평가할 때 주로 사용하는 PEG도 3.61로 낮은 수준이 아니다. 하지만 배당수익률이 2.8%로 상당히 높다. 배당성향이 조금 높아 보이긴 하지만, 배당성장 기간이 12년으로 배당성취자라고 할 수 있다. 이 정도면 배당주로 분류해도 손색없는 수준이다. 또한 ROE가 46.1%로 높은 수익성을 보여준다. 배당수익률도 높고 수익성도 좋은 사업이니 주가가 저평가되기 어려운 주식이라고 할 수 있다.

웨이스트 매니지먼트

#쓰레기처리1위 #폐기물관리 #재활용 #더러운일은우리가도맡는다

티커: WM (NYSE), **기업명**: Waste Management, Inc.

쓰레기 처리 1위 기업

▲ 웨이스트 매니지먼트 본사가 위치한 텍사스주 휴스턴의 퍼스트 시티 타워

● 기업 개요

웨이스트 매니지먼트는 북미에서 운영되는 폐기물 관리, 종합 폐기물 및 환경 서비스 회사다. 텍사스주 휴스턴에 있는 뱅크 오브 아메리카 타워에 본사를 둔 웨이스트 매니지먼트의 네트워크에는 쓰레기 이송 정류장 346개, 활성 매립지 처리 장소 293개, 재활용 공장 146개, 유익한 매립 가스 프로젝트 111개, 독립 전력 생산 공장 6개를 포함한다. 또한 미국, 캐나다, 푸에르토리코에 있는 약 2100만 명의 고객에게 환경 서비스를 제공한다. 수거 및 운송 차량 2만 6000대를 보유하여 폐기물 업계에서 트럭 운송 차량을 가장 많이 보유한 기업이기도 하다.

● 기업 역사

1893년 네덜란드 이민자인 함 휘젠가Harm Huizenga는 시카고에서 쓰레기를 마차당 1.25 달러에 운반하기 시작했고, 1968년 휘젠가의 후손인 웨인 휘젠가Wayne Huizenga, 딘 번트록Dean Buntrock, 래리 벡Larry Beck은 웨이스트 매니지먼트를 설립했다. 그 후 나라 전역에 걸쳐 소형 쓰레기 수거 회사를 적극적으로 매입하기 시작했다.

1971년 웨이스트 매니지먼트가 상장되었고, 다음 해인 1972년까지 기업 133개를 인수하여 매출 8200만 달러(현재 가치 약 6000억 원)를 올렸다.

1980년대에는 SCAService Corporation of America를 인수하며 미국 최대의 폐기물 운송 업체가 되었다.

1998년에는 USA 웨이스트 서비스USA Waste Services, Inc.와 합병했고 브랜드를 유지했다. 그 후 본사를 시카고에서 휴스턴으로 이전했다. 같은 해에는 회계 이슈가 있었다. 당시 새로운 CEO가 회사의 회계 관행을 검토하라고 지시한 후 회계 부정을 폭로했다. 이에 주가가 크게 하락하고 최고 경영진이 교체되었다. 주가는 33% 이상 폭락했다.

2008년에는 미국 쓰레기 처리 업계의 기업 간 인수합병 공방전으로 뜨겁게 달아올랐다. 2위 얼라이드 웨이스트Allied Waste와 3위 리퍼블릭 서비스Republic Services, Inc.(티커: RSG)의 합병 계획이 있었고, 1위 업체인 웨이스트 매니지먼트가 제동을 걸고 나섰다. 하지만 결국 리퍼블릭 서비스가 얼라이드 웨이스트를 인수한 후 2위 업체가 되었으며 이름은 리퍼블릭 서비스를 유지했다.

2009년에는 글로벌 금융위기로 인해 구조조정을 통해 인력을 줄이고자 했다.

2022년, 웨이스트 매니지먼트(이후 WM)는 회사가 단순히 WM이라고 불리도록 리브랜딩했다.

● 주요 비즈니스 및 매출 구성

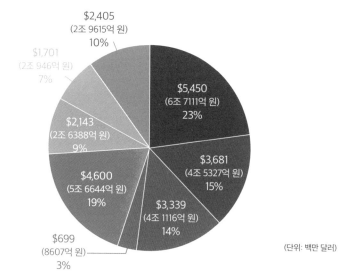

▲ WM의 매출 구성(2022년 연례보고서)

WM의 고형 폐기물 운영 수익은 주로 수거, 이송, 폐기, 재활용 및 자원 회수 서비스에 부과되는 수수료, 재활용 및 매립 가스 에너지 전환 사업으로 발생하는 상품 판매에 있다.

사업의 가장 큰 부문을 차지하는 분야는 바로 수거다. 무려 55%로, 절반 이상의 매출을 차지한다. 그중에서도 상업 분야가 23%로 비중이 높고 산업과 주거가 각각 15%, 14%로 뒤를 잇는다.

수거 부문은 폐기물과 재활용품을 수거하여 환승소, 매립지, 자재 회수시설, 기타 배출구(퇴비화)로 운송하는 일이다.

매립은 19%로 두 번째로 높은 매출을 차지한다. WM은 미국과 캐나다 260개 지역에서 가장 큰 매립지 네트워크를 보유하고 있다. 이 네트워크는 북미의 인프라를 대표하는 기반시설이며, 신규 사업 진입자에게는 상당히 넘기 힘든 진입장벽이다.

이송은 매출의 9%를 차지한다. 고형 폐기물은 압축되어 부피를 줄이고 이송 트럭이나 철도를 통해 폐기 장소나 재활용시설로 운반된다. 이러한 폐기물은 340개 환승역으로 구성된 네트워크를 통해 보관되고 활용된다.

재활용은 매출의 7%를 차지한다. 재료 가공, 재활용 상품 판매, 재활용 중개 서비스, 고급 전환(유기농)을 통해 높은 재활용성을 추구하고 있다.

● 경쟁사

경쟁사인 리퍼블릭 서비스는 WM과 함께 미국에서 발생하는 모든 쓰레기의 절반 이상을 처리한다.

● 매출 및 이익 현황

▲ WM의 매출, 이익, 이익률 추이(©2022 stockrow.com)

이익은 약간 들쭉날쭉하지만, 매출은 2016년부터 전반적으로 상승세에 있다. 2015년 말부터 2022년 말까지 매출은 52% 정도 성장했다.

● 주가 현황

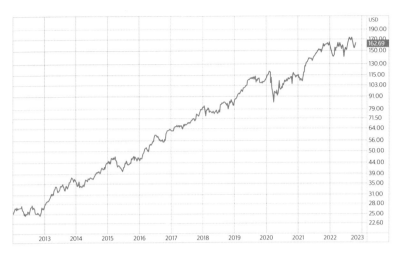

▲ WM의 주가 추이(©2022 Tradingview.com)

　　주가는 최근 10년간 꾸준히 우상향하고 있다. 최근에는 코로나 때를 제외하면 주가가 크게 하락한 적도 없이 꾸준한 상승을 보인다.

● 투자지표

| 펀더멘털 |

시가총액	62.60B(77조 0669억 원)
부채비율	197% ⬌
유동비율	85% ⬌

| 가치지표 |

P/B Ratio	8.97 ⊕
P/E Ratio	28.36 ⊕
선행 P/E Ratio	24.88 ⊕
P/S Ratio	3.22 ⊕
P/FCF Ratio	67.45 ⊕
EV/EBITDA	14.52 ⊕

| 성장지표 |

ROE	31.5% ⬆ ★
ROI	10.8% ⬌
EPS성장(최근 5년)	10.20% ⬌
EPS성장(향후 5년)	11.66% ⬇
영업이익률	17.1% ⬌
순이익률	11.5% ⬌
PEG Ratio	2.43 ⊕

📝 대부분의 수익률 지표는 준수하며 ROE는 제법 높게 나타났다.

배당수익률	1.70% ▲
배당성장 기간	19년 ▲
배당성향	46.60%

📝 무난한 배당수익률에 20년이 다 되어가는 배당성장 기간은 제법 신뢰가 간다.

| 퍼포먼스 |

CAGR	19.42% ★★
MDD	-23.59% ▲
최근 1년	3.14% ★
샤프비율	1.12 ★★

📝 연평균 성장률도 20%에 육박할 만큼 높은데다 가장 많이 떨어진 시기에도 -25%보다 빠지지 않아 변동성을 고려한 성장성(샤프비율)은 매우 우수했다.

● **저자 코멘트**

린치는 회사 이름이 매력적이지 않은 곳에 투자하라고 했다. 웨이스트 매니지먼트라는 회사 이름에서부터 알 수 있듯, WM은 폐기물을 관리하는 회사이며 사업 내용과 기업 이름 모두 아름답지는 않다. 하지만 궂은일을 도맡고 있는 기업인 만큼 탄탄하게 사업을 구축해왔다. 역사도 제법 오래되었을 뿐 아니라 해당 분야 1등 기업이다.

● 결론

2012~2022년까지 이 종목 하나에만 투자했다면 연평균 성장률 19.42%에 최대낙폭 -23.59%라는 엄청난 성적을 보였을 것이다. 변동성 대비 수익률까지 끝내주는 성적을 보였던 종목이다(샤프비율로 보면 같은 기간 애플보다도 훨씬 좋은 성적이다). 배당 또한 준수하며 배당성장 기간도 19년이 된 배당성취자다. 현재 가치지표로 볼 때 저평가로 보기는 힘들다. 일반인에게는 몰라도 기관투자자에게는 충분히 유명한 기업이라 이미 시장에서는 훌륭한 기업으로 평가받고 있다. 꾸준한 배당과 안정적인 수익을 추구하는 투자자라면 관심을 가질 만한 기업이다.

신타스

#유니폼대여 #청소제품 #가문의대를이어온기업 #배당귀족

티커: CTAS (NASD), **기업명**: Cintas Corporation

유서 깊은 유니폼 대여 및 청소제품 기업

▲ 오하이오주 메이슨에 있는 신타스 본사

● 기업 개요

오하이오주 메이슨에 본사를 둔 신타스는 유니폼 대여와 구매를 주요 비즈니스로 하는 미국 기업이다. 이 외에도 청소 및 화장실 용품, 매트, 극세사 타월, 걸레, 소독제 스프레이 및 손 소독제 같은 물품을 취급한다. 또한 응급처치 용품과 개인 보호 장비PPE, 자동심장충격기AED와 같은 안전제품도 판매하며 안전교육까지 제공하고 있다. 또한 눈 세척기와 냉수기를 기업에 판매하며 소화기도 수리하는 등 광범위한 제품과 서비스를 제공하기도 한다. 코로나에 대한 대응의 일환으로 청소제품 및 서비스를 늘렸는데, 손 소독제나 개인 보호 장비가 포함되었다. 현재 업계 1등 기업이다.

● 기업 역사

1929년, 리처드 파머Richard Farmer와 그의 아내 어밀리아 파머Amelia Farmer가 애크미 인더스트리얼 런드리 컴퍼니Acme Industrial Laundry Company라는 회사를 설립했다. 이들은 공장에서 사용한 낡은 헝겊을 모아서 세탁한 다음 다시 업체에 팔았다.

1940년대 초, 독의 아들 허쉘 파머Hershell Farmer가 사업을 이어받아 오래된 헝겊을 수건으로 교체하는 서비스 회사가 되었다. 이때 회사 이름을 애크미 와이퍼 앤드 인더스트리얼 런드리Acme Wiper and Industrial Laundry로 변경했다.

1957년, 허쉘의 아들 리처드 파머Richard Farmer는 오하이오주 옥스포드 마이애미대학을 졸업한 후 가족 사업에 합류했다. 당시 직원은 12명에 불과했다.

리처드의 추진력과 비전을 인정한 허쉘은 1959년에 사업을 아들에게 넘겨주어 유니폼 대여 사업으로 확장할 수 있도록 했다. 덕분에 수입은 거의 2배가 되었으며, 1964년 애크미 유니폼 앤드 타월 서플라이Acme Uniform and Towel Supply로 사명을 변경했다. 이후 퍼펙션 런드리 앤드 타월 서플라이Perfection Laundry and Towel Supply를 인수하며 회사를 발전시켰고, 회사 이름을 다시 애크미 유니폼 앤드 리넨Acme Uniform and Linen, Inc.으로 바꿨다.

▲ 신타스의 대표적인 유니폼 대여 사업(자료: www.cintas.com)

애크미는 다른 회사들과 협력하여 65/35(폴리에스테르 65%, 면 35%) 폴리면 혼방 원단을 개발했는데, 이는 오늘날 유니폼 대여 산업에 혁명을 일으킨 직물로 알려져 있다.

1968년 애크미의 엄청난 성장 잠재력을 확신한 리처드는 미국 전역에 걸쳐 중앙 집중화된 분배와 더 작은 제복 공장을 제공하는 새틀라이트 코퍼레이션Satellite Corporation을 설립했다. 클리블랜드에 첫 지점을 열며 큰 성공을 거두었고, 애크미는 1970년 새틀라이트 코퍼레이션에 합병되었다.

1972년에는 회사 이름을 지금의 이름인 신타스로 변경했고, 1983년 나스닥에 상장되었다.

1995년 전략적 인수와 함께 캐나다로 유니폼 서비스를 확장했고, 1997년 응급처치 및 안전 사업에 뛰어들었다.

1998년 7월, 리처드의 아들 스콧 파머Scott Farmer가 사장 겸 COO가 되었다.

2002년에는 유니폼 대여와 응급처치 회사 등을 포함한 여러 회사를 인수했으며, 2003년에는 화재 안전제품 및 서비스 유통 업체도 인수했다.

2004년 스콧은 CEO가 되었고, 2007년 신타스는 50주년 행사를 치렀다.

2015년에는 맥케슨으로부터 응급처치 회사를 인수했으며, 2016년 스콧은 이사회 의장이 되었다. 2017년에는 경쟁사 중 하나인 유니폼 대여 기업 G&K 서비스G&K Services를 인수합병했다.

신타스는 2018~2020년에 3년 연속으로 〈포춘〉 선정 '500대 기업' 목록에 포함되었다.

2021년 스콧은 CEO에서 은퇴하고 회장직을 유지했으며, 같은 해 8월 5일에 창립자 리처드가 사망했다.

● 주요 비즈니스 및 매출 구성

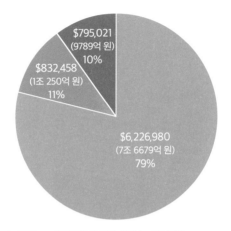

$795,021
(9789억 원)
10%

$832,458
(1조 250억 원)
11%

$6,226,980
(7조 6679억 원)
79%

(단위: 천 달러)

■ 유니폼 대여 및 시설 서비스　■ 응급처치 및 안전 서비스　■ 나머지

▲ 신타스의 매출 구성(2022년 연례보고서)

　신타스의 사업 부문은 크게 세 가지로 나뉜다.

　메인 사업인 유니폼 대여 및 시설 서비스 부문은 내염성 의류, 매트, 대걸레, 상점 타월, 기타 보조 품목을 포함한 유니폼, 기타 의류 대여 서비스로 구성된다. 이러한 렌탈 품목 외에도 화장실 청소 서비스와 비품, 카탈로그에 있는 품목 판매도 이 영업 부문에 포함된다. 이 부문은 매출의 79%를 차지한다.

　두 번째로는 응급처치 및 안전 서비스로, 매출의 11%를 차지한다.

　소방 서비스와 유니폼 직접 판매 등 신타스의 나머지 운영 부문은 10% 매출 비중을 보인다.

● 경쟁사

'아라마크 유니폼 서비스'를 하는 아라마크Aramark(티커: ARMK)가 주요 경쟁사다. 아라마크는 이 유니폼 서비스를 별도의 회사로 독립시키기로 발표했다.

유니폼 대여 비즈니스를 주로 하고 유니폼과 보호복을 제조, 판매, 대여하는 유니퍼스트Unifirst(티커: UNF)도 경쟁사다. 패션 브랜드로 유명하지만 노동자를 위한 작업복으로 시작된 칼하트Carhartt, 디키즈 브랜드로 잘 알려진 윌리엄슨-디키 매뉴팩처링Williamson-Dickie Manufacturing Co.도 경쟁사다. 잔스포츠Jansport, 이스트팩Eastpak, 팀버랜드Timberland, 노스페이스The North Face 브랜드 등을 보유한 VF 코퍼레이션VF Corporation(티커: VFC)도 유니폼 제작을 하고 있어 경쟁사로 볼 수 있다.

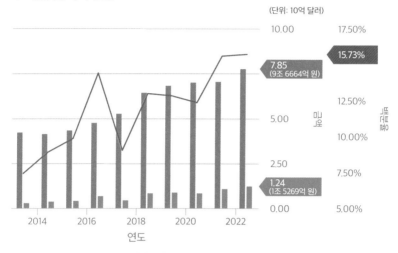

● 매출 및 이익 현황

(단위: 10억 달러)

■ CTAS, 연간 매출액 ■ CTAS, 연간 순이익 — CTAS, 연간 순이익률

▲ 신타스의 매출, 이익, 이익률 추이(©2022 stockrow.com)

　　신타스는 2022년 연례보고서를 기준으로 2014년을 제외하고는 최근 10년 동안 매년 매출 성장을 이루었다. 매출 성장이 지지부진할 때도 있었으나 계속해서 우상향해왔고, 무엇보다 이익이 꾸준하게 증가했다. 2022년 연례보고서에서는 이익률도 16% 정도로 10년간 가장 높은 수준이다.

● **주가 현황**

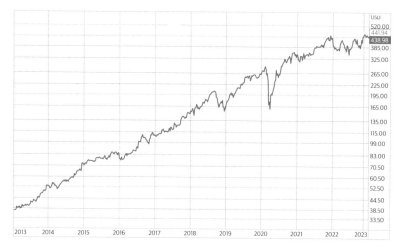

▲ 신타스의 주가 추이(©2022 Tradingview.com)

주가 차트는 거의 직선을 그린 듯하다. 코로나 팬데믹 당시에만 크게 떨어졌고, 2022년 경제 악조건에서도 별다른 타격을 받지 않았다. 최근 10년간 연평균 상승률이 무려 28.73%이며, 최대낙폭은 코로나 때인 -37.91%였다. 심지어 연 단위로는 한 해도 손실이 난 적이 없다.

● 투자지표

| 펀더멘털 |

시가총액	44.82B(55조 1779억 원)
부채비율	76% ⬌
유동비율	186% ⬌

| 가치지표 |

P/B Ratio	12.96 ⊛
P/E Ratio	35.58 ⊛
선행 P/E Ratio	31.03 ⊛
P/S Ratio	5.35 ⊛
P/FCF Ratio	51.38 ⊛
EV/EBITDA	22.57 ⊛

| 성장지표 |

ROE	38.6% ⬆ ★
ROI	21.7% ⬆ ★
EPS성장(최근 5년)	22.8% ⬆
EPS성장(향후 5년)	12.21% ⬌
영업이익률	20.3% ⬆ ★
순이익률	15.3% ⬌
PEG Ratio	2.91 ⊛

🖉 ROE, ROI, 영업이익률도 높아 수익성이 좋은 사업을 영위하고 있다.

배당수익률	1.05%
배당성장 기간	39년 ★
배당성향	31.9% ★

🗒 배당성장 기간이 40년에 달할 정도로 길고, 적절한 배당성향으로 1% 수준의 배당을 받을 수 있다.

| 퍼포먼스 |

CAGR	28.73% 🔺 ★
MDD	-37.91% ✕
최근 1년	14.68% ★
샤프비율	1.16 ★

🗒 연평균 성장률이 거의 30%에 달할 정도로 매우 높게 나타났다. 그만큼 가격이 많이 올랐기에 가치지표로는 고평가로 보인다.

● **저자 코멘트**

유니폼 대여와 청소용품을 취급하는 신타스. 파머 가문이 4대째 사업을 이어오고 있다. 오래된 헝겊을 수건으로 교체하는 서비스에서 유니폼 대여 서비스로 확장하여 새로운 직물 개발에 성공하는 등 발전을 거듭하면서 해당 분야 1위 기업으로 우뚝 섰다. 기업 성적을 보면 가히 이상적인 가족 경영이 아닌가 싶다.

● 결론

재무 상황도 좋고 성장성과 이익률도 좋다. 그만큼 주가는 높게 형성되어 가치 관점에서는 대부분 고평가로 보인다. 이럴 때는 배당지표를 보고 투자하는 편이 좋다. 배당성장 기간은 39년으로 배당왕을 바라보는 배당귀족주다. 배당성향도 적절한 수준으로 거의 모든 지표가 좋다. 연평균 성장률이 30%에 달할 정도로 성적이 좋아서, 밸류에이션 관점에서는 투자에 주의가 필요하다. 하지만 그만큼 멋진 종목이기에 이 책의 독자들은 관심을 가져보길 바란다.

베리스크 애널리틱스

#한때워런버핏주식 #보험자문기관에서 #글로벌컨설팅회사로

티커: VRSK (NASD), **기업명**: Verisk Analytics, Inc.

보험 자문 기관에서 글로벌 컨설팅 기업이 된
베리스크 애널리틱스

▲ 뉴저지주 저지시티에 있는 베리스크 본사

● 기업 개요

베리스크 애널리틱스는 미국의 글로벌 데이터 분석 및 위험 평가 회사다. 뉴저지주 저지시티에 본사를 둔 베리스크는 독점적인 데이터와 업계 전문 지식을 활용하여 사기 예방, 보험 통계, 보험 보장, 화재 방지, 재해 및 기상 위험, 데이터 관리 등의 분야에서 예측 분석과 의사 결정을 지원하는 컨설팅을 제공한다. 또한 50년 넘는 기간 동안 미국 보험사를 위한 비영리 자문 조직에서 광범위한 데이터 분석을 하는 컨설팅 기업으로 발전해왔다.

● 기업 역사

베리스크 애널리틱스의 역사는 P&C Property and Casualty(재산 & 상해) 보험사에 서비스를 제공하는 비영리 자문 및 평가 기관으로 활동을 시작한 1971년으로 거슬러 올라간다. 당시 기관인 ISO Insurance Services Office는 법률에서 요구하는 바에 따라 보험사로부터 통계 데이터 및 기타 정보를 수집하고 규제 기관에 보고하기 위한 보험사 협회로 구성되었다. 보험사는 ISO 제품을 사용하여 보험을 개발하고 평가하며 관리할 수 있었다.

2008년 베리스크 애널리틱스는 ISO 상장을 염두에 두고 지주 회사로 설립되었고, 2009년 기업공개를 완료하고 상장기업이 되었다. 이는 2009년 미국에서 가장 큰 기업공개였다. 베리스크는 회사의 주주들에게 보유 지분의 일부나 전부를 팔 수 있는 기회를 제공했는데, 버핏이 이끄는 버크셔 해서웨이는 기업공개에서 주식을 하나도 팔지 않은 유일한 회사였다.

2000년부터는 새로운 비즈니스 약 40개를 인수하여 제품 제공 범위를 넓혔다. 의료, 에너지, 화학, 금속, 광산 산업뿐 아니라 유틸리티, 석유, 가스 산업을 위한 데이터 분석과 컨설팅 서비스로 확장해나갔다.

2016년에는 의료 서비스 사업 부문을 매각했으며, 2022~2023년까지 에너지 및 특화 시장, 금융 서비스 사업 부문을 매각함으로써 사업 구조에 대규모 개편이 있었다.

● 주요 비즈니스 및 매출 구성

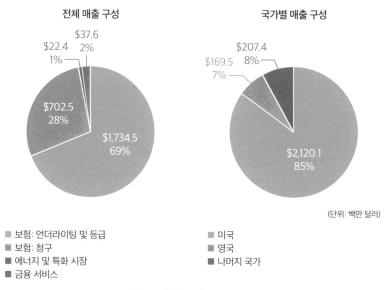

▲ 베리스크의 매출 구성(2022년 연례보고서)

매출은 크게 보험, 에너지 및 특화 시장, 금융 서비스 세 부문으로 나뉜다. 보험 부문이 97%로 대부분이고, 에너지 및 특화 시장 1%, 금융 서비스 2%로 구성된다.

국가별로는 미국이 85%로 가장 높고, 다음은 영국 7%, 나머지 국가들이 합쳐서 8%를 차지한다.

가장 주요한 매출 구성을 차지하는 보험 부문은 주로 P&C 고객에게 손실 예측이나 위험 관리, 가격 책정 등의 서비스를 제공한다. 현재는 기계 학습과 인공지능 모델까지 활용하여 비즈니스 관리를 위한 범용과 맞춤형 분석을 제공하고 있다.

에너지 및 특화 시장 부문에서는 글로벌 에너지, 화학, 금속·광업, 전력 및 재생 에너지 부문을 포함한 천연자원 가치 사슬 전반에 걸쳐 데이터 분석을 제공한다.

금융 서비스 부문에서는 금융 기관, 규제 기관 등에 리스크 관리나 의사 결정을 위한 데이터와 솔루션 제공, 마케팅 등의 서비스를 제공한다. 그러나 2022~2023년에 걸쳐 두 사업 부문을 모두 매각함으로써 재무적으로 거의 비중이 없게 되었다.

● 경쟁사

베리스크의 경쟁사는 다양한 부문에서 찾아볼 수 있다. 보험과 데이터 분석 분야에서 보면 IBM, 딜로이트Deloitte, 독일의 SAP SE 등이 경쟁사고, 리스크 관리 부문에서는 렉시스넥시스LexisNexis, 코어로직CoreLogic, 무디스 등이 경쟁사다. 컨설팅 산업 분야에서 시총으로 베리스크 다음인 에퀴팩스Equifax(티커: EFX)는 2019년 보험 스코어링 솔루션*을 베리스크와 공동 개발했다.

● 매출 및 이익 현황

베리스크는 매출 실적이 다소 들쭉날쭉해 보이지만, 실질적으로는 10년 내내 성장을 기록했다. 2016년에는 대표 사업이었던 의료 서비스 부문을 매각했고, 2022년에는 에너지 및 특화 시장 분야와 금융 서비스 부문을 매각했기에 재무적인 변화가 컸다. 그림의 데이터는 이를 정확히 반영하지 못해 매출 추이가 들쭉날쭉해 보인다. 하지만 2012~2016년, 2015~2019년, 2020~2022년 같은 식으로 나누어서 보면 계속해서 매출 상승을 이어갔다. 이처럼 세부적으로 기업 재무분석을 할 때는 기업의 연례보고서를 살펴보는 것이 가장 정확하다.

---

* 　보험 스코어링 솔루션: 신용점수와 신용등급과 같이 신용 기록, 운전 기록, 이전 보험 청구 및 기타 관련 요소를 포함한 광범위한 데이터를 통해 개인과 법인의 보험과 관련된 위험 수준을 점수 또는 등급으로 제공한다.

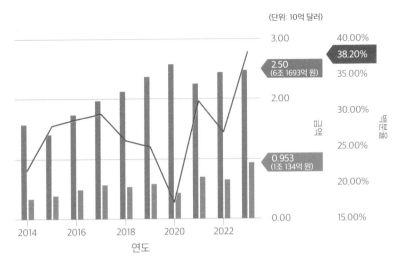

(단위: 10억 달러)

3.00

2.50
(6조 1693억 원)

2.00

0.953
(1조 134억 원)

0.00

40.00%

38.20%

35.00%

30.00%

25.00%

20.00%

15.00%

연도

■ VRSK, 연간 매출액 ■ VRSK, 연간 순이익 — VRSK, 연간 순이익률

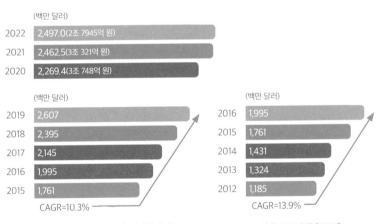

(백만 달러)

2022	2,497.0(2조 7945억 원)
2021	2,462.5(3조 321억 원)
2020	2,269.4(3조 748억 원)

(백만 달러)

2019	2,607
2018	2,395
2017	2,145
2016	1,995
2015	1,761

CAGR=10.3%

(백만 달러)

2016	1,995
2015	1,761
2014	1,431
2013	1,324
2012	1,185

CAGR=13.9%

▲ 베리스크의 매출, 이익, 이익률 추이(위: ©2022 stockrow.com, 아래: 2022년 연례보고서)

● 주가 현황

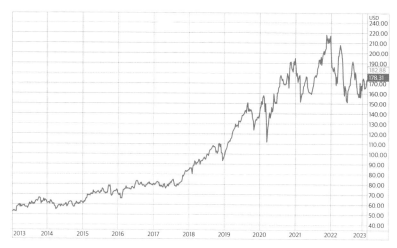

▲ 베리스크의 주가 추이(©2022 Tradingview.com)

베리스크는 최근 10년간 2배에 가까운 매출과 이익 성장을 기록했고, 무려 3배 넘는 주가 상승을 보였다. 하지만 2020년 코로나와 2022년 하락장에서는 베리스크도 자유롭지 못했다.

● 투자지표

| 높음 🔼 | 보통 ↔ | 낮음 🔽 | 고평가 ⊕ | 저평가 ⊛ | 좋음 ★ | 무난 ▲ | 나쁨 ✖ |

| 펀더멘털 |

시가총액	27.74B(34조 1507억 원)
부채비율	172% ↔
유동비율	50% 🔽

| 가치지표 |

P/B Ratio	14.22 ⊕
P/E Ratio	27.97 ⊕
선행 P/E Ratio	32.30 ⊕
P/S Ratio	9.33 ⊕
P/FCF Ratio	54.03 ⊕
EV/EBITDA	17.94 ⊕

| 성장지표 |

ROE	42.20% 🔼 ★
ROI	12.90% ↔
EPS성장(최근 5년)	9.1% ↔
EPS성장(향후 5년)	9.05% ↔
영업이익률	45.60% 🔼 ★
순이익률	34.10% 🔼 ★
PEG Ratio	3.09 ⊕

📝 ROE도 매우 높고 영업이익률과 순이익률까지 높아 수익성이 좋은 비즈니스를 영위하고 있음을 알 수 있다.

배당수익률	0.69% ⬇
배당성장 기간	3년
배당성향	18.80% (적정)

| 퍼포먼스 |

CAGR	13.52% ⬌
MDD	-25.05% ⬌
최근 1년	-4.05% ★
샤프비율	0.68 ✕

● **저자 코멘트**

베리스크는 매년 업계의 수십억 달러의 비용을 발생시키는 보험 사기 퇴치의 선두 주자다. 이는 기계 학습 알고리즘 기술 등을 활용하여 정교하게 사기를 탐지하는 도구를 개발한 덕분이다. 2019년에는 소셜 네트워크 분석 등을 활용하여 사기 수법을 식별하는 프라우드렌즈FraudLens라는 회사를 인수했고, 현재 '안티 프라우드 원'이라는 이름 그대로 보험 사기 방지 솔루션을 제공하고 있다.

● 결론

베리스크 애널리틱스는 보험 컨설팅 분야에서 독보적인 기업이다. 50년 넘게 보험 서비스의 기반이 되는 대규모의 포괄적인 데이터베이스를 획득, 처리, 관리, 보호, 운영하는 핵심 전문 지식을 개발해왔다. 이를 통한 위험 분석이나 사기 방지 등 다양한 예측과 분석을 수행하고 있다. 이제는 인공지능 기술까지 도입하여 컨설팅을 고도화하고 있다. 꾸준한 매출 성장을 보인 만큼 주가도 반응하여 크게 성장했다. 그 결과 가치지표로는 대부분 고평가로 보인다. 하지만 성장성 측면에서는 대부분의 지표가 좋게 나타난다는 점에서 성장주로 취급하는 편이 좋겠다. 이참에 미국 최고의 컨설팅 서비스 기업인 베리스크에 관심을 가져보시라.

에너지
Energy

에너지 섹터는 코로나 팬데믹 전까지는 전망이 어두웠다. 하지만 갑자기 공급된 유동성과 이에 따른 인플레이션 영향으로 고유가를 형성했고, 2022년에는 대부분의 섹터가 손실을 기록했는데 에너지 섹터만 큰 수익을 기록했다. 이렇듯 에너지 섹터에는 상위 기업일지라도 경기를 타지 않고 꾸준히 매출 성장을 이어온 기업이 거의 존재하지 않는다. 에너지 섹터가 경기와 지정학적인 상황에 영향을 많이 받는 섹터임을 고려했을 때, 섹터별로 자산을 적절히 배분하는 것이 경제 상황에 따라 위기를 막아줄 수 있다.

EOG 리소스
슐룸베르거

EOG 리소스

#셰일 #원유 #크루드오일 #천연가스

티커: EOG (NYSE), **기업명**: EOG Resources, Inc.

셰일 업계 1위,
미국에서 가장 큰 천연가스 및 석유 탐사·생산 회사

▲ EOG 리소스가 위치한 텍사스주 휴스턴의 헤리티지 플라자

● 기업 개요

EOG 리소스는 원유와 천연가스 탐사, 생산 및 판매를 하는 에너지 회사다. 현재 본사는 텍사스주 휴스턴의 헤리티지 플라자 건물에 있으며 주로 미국의 주요 생산지에서 원유, 액화천연가스Natural Gas Liquid,NGL, 천연가스를 탐사, 개발, 생산 및 판매한다. 또 미국 외에도 트리니다드 연안, 영국 동아일랜드해, 중국 쓰촨 분지, 캐나다에서도 사업을 운영하고 있다.

2022년 말일 기준, EOG의 총 예상 순 매장량은 약 42억 배럴 (석유 환산 배럴, MMBoe)이었고, 매장량의 약 99%는 미국에, 1%는 트리니다드에 있었다. 원유 환산 기준으로 미국에서 EOG 매장량의 40%는 원유 및 콘덴세이트*, 27%는 NGL, 33%는 천연가스였다.

● 기업 역사

EOG 리소스는 1999년 미국의 대표적인 분식 회계 사건으로 유명한 엔론Enron에서 독립하여 설립되었다. 엔론에서 분리되기 전 사명은 엔론 오일 앤 가스 컴퍼니Enron Oil & Gas Company였고, 분리되면서 EOG 리소스가 되었다. 당시 설립자이자 CEO는 마크 파파Mark Papa였다.

2000년에 이미 직원 2900명 이상을 보유한 EOG 리소스는 〈포춘〉이 선정한 500대 기업이며 미국에서 가장 큰 원유와 천연가스

---

* 콘덴세이트Natural Gas Condensate: 천연가스에서 나오는 휘발성 액체 탄화수소를 말한다. 지하에 매장돼 있을 때는 기체로 존재하지만 지상으로 끌어올리면 액체가 된다. (출처: 위키백과)

탐사 및 생산 회사였다. 같은 해 10월에 S&P500지수에 편입되었다.

2006년에는 텍사스주 휴스턴에 있는 헤리티지 플라자 건물의 사무실을 임대 계약하여 이전했다. 같은 해 펜실베이니아, 텍사스, 루이지애나에서 셰일가스가 풍부하다는 사실이 밝혀졌다. 가스 분자는 작기 때문에 일반적으로 기체가 통과되지 않는 암석도 통과할 수 있었다. 하지만 전문가들은 이곳 셰일을 통해서는 오일 분자를 얻을 수 없다고 생각했다. 그러나 2006년 후반 EOG가 바켄 지역에서 셰일을 시추*한 결과 전문가들이 틀렸다는 것이 증명되었다. EOG는 이를 비밀로 유지했고, 2007년 10월 전략 회의에서 파파는 업계에서 셰일가스가 너무 많이 발견되어 "아마도 20년 동안 시장을 망칠 것"이라고 선언했다. 또한 그는 EOG가 전적으로 석유 사업으로 전환될 것이라고 말했다. 이는 미국의 셰일가스 생산 급증에 큰 역할을 했고, 2009~2013년 동안 국제 천연가스 시장에 큰 변화를 낳았다.

2014년 이후 현재까지 미국의 셰일오일 생산 급증은 국제유가를 급락시켰고, 같은 해 12월에는 설립자 파파가 이사회에서 사임했다.

2020년 코로나 팬데믹 당시에는 자본 지출을 줄이고 비용 절감 조치를 통해 위기에 대응하면서 수익성을 유지해 정리해고를 피할 수 있었다.

2021년은 EOG에게 특별한 해였다. 회사는 47억 달러(약 5조 7800

---

*   시추: 지하자원의 탐사, 지층의 구조나 상태 등을 조사하기 위해 땅속 깊이 구멍을 파는 일을 말한다. (출처: 위키백과)

억 원)라는 기록적인 순이익을 올렸고, 이를 통해 주주들에게 27억 달러(약 3조 3247억 원)의 현금 수익을 제공했다. EOG는 배당을 주당 1.5달러에서 3달러로 2배로 높이고 특별 배당금을 두 번 지급하여 운영 현금의 약 30%를 지급했다. 실제로는 주당 5달러 수준이다. 2021년 말 기준으로 기본 배당률 3%에 특별 배당금을 포함하면 5% 수준이었다.

인플레이션 압력에도 불구하고 EOG는 유정* 비용을 7% 낮췄다. 개별 유정 성능의 향상과 회사의 다각화된 마케팅 전략은 업계에서 최고 가격을 가능하게 했다. 또 내부 자본 배분에 대한 구조와 재고 의 전반적인 품질 향상으로 수익률이 더욱 개선되었으며, 회사의 메탄 배출량 비율, 물 재사용과 직원 안전을 포함한 주요 ESG 지표 도 개선되었다.

● 주요 비즈니스 및 매출 구성

EOG 매출의 절반 이상은 원유와 콘덴세이트에서 나온다. 그리 고 천연가스와 액화천연가스가 각각 뒤를 잇는다. 순서대로 55%, 13%, 9%의 매출을 차지한다.

이외에 수집, 처리 및 마케팅 분야가 23% 매출을 차지한다. 이 부 문의 수익은 EOG 외의 회사(제3자)에 상품 판매 및 수수료가 포함된 매출이다. 제3자 상품 판매 및 수수료는 원유 및 콘덴세이트, NGL,

---

* 유정: 천연 석유를 채취하기 위해 땅속으로 판 우물을 말한다.

천연가스 판매뿐만 아니라 천연가스 수집 및 처리와 관련된 수수료, EOG 소유 모래 판매 수익을 나타낸다. 참고로 모래는 수압파쇄법*의 주요한 요소이다.

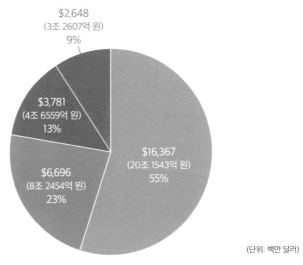

(단위: 백만 달러)

■ 원유 및 콘덴세이트 ■ 수집, 처리 및 마케팅 분야 ■ 천연가스 ■ 액화천연가스
▲ EOG 리소스의 매출 구성(2022년 연례보고서)

● 경쟁사

미국의 5대 셰일 업체는 EOG 리소스, 데번 에너지Devon Energy Corporation(티커: DVN), 다이아몬드백 에너지Diamondback Energy, Inc.(티커: FANG), 콘티넨털 리소스Continental Resources, Inc., 마라톤 오일Marathon Oil

---

* 　수압파쇄법Hydraulic Fracturing: 셰일층의 지하 깊숙이 갇혀 암석의 미세한 틈새에 넓게 퍼져 있는 가스 및 오일을 회수하기 위해 설계된 기술 공법으로, 지층 깊이 구멍을 뚫고 물과 모래, 화학약품 등을 고압으로 밀어넣어 천연가스를 채취하는 방법이다.

Corporation(티커: MRO)이 있다. 그 외에도 종종 옥시덴탈 페트롤리움(티커: OXY)과 비교되기도 한다.

● 매출 및 이익 현황

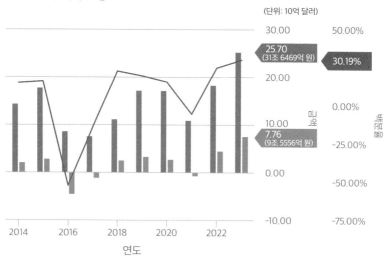

(단위: 10억 달러)

▲ EOG 리소스의 매출, 이익, 이익률 추이(©2022 stockrow.com)

매출은 2020년 코로나 위기로 급감했으나, 2021년에 바로 최고의 해를 맞았다. 결론적으로 EOG의 매출은 위기를 이겨내고 성장세를 다시 이어갔다. 2021~2022년 2년 연속으로 매해 역대 최고의 매출, 이익, 이익률을 보였다.

● 주가 현황

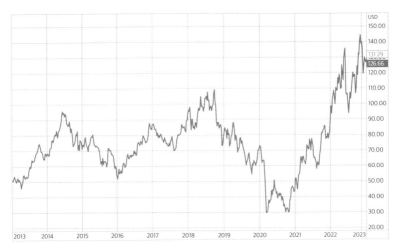

▲ EOG 리소스의 주가 추이(©2022 Tradingview.com)

매출, 이익 추이를 살펴본 대로 2020년 주가는 최근 10년간 저점을 기록했으나, 2022년에 들어서 전고점을 경신했다. 2022년 S&P500 대부분의 주식이 안 좋은 시기였으나 에너지 섹터만은 좋은 성적을 기록했다.

● 투자지표

| 펀더멘털 |

시가총액	79.84B (98조 2910억 원)
부채비율	21% ⬇
유동비율	180% ⬌

📝 부채비율이 낮고 유동비율도 무난한 수준이어서 재무 상태가 건전하다.

| 가치지표 |

P/B Ratio	3.29 ⬆
P/E Ratio	10.58 ⬆
선행 P/E Ratio	9.10 ⬌
P/S Ratio	3.20 ⬆
P/FCF Ratio	15.14 ⬆
EV/EBITDA	5.81 ⬌

| 성장지표 |

ROE	33.20% ⬆ ★
ROI	17.70% ⬌
EPS성장(최근 5년)	43.20% ⬆
EPS성장(향후 5년)	10.61% ⬌
영업이익률	38.60% ⬆ ★
순이익률	29.90% ⬆ ★
PEG Ratio	0.98 ⬆ ★

📝 ROE, 영업이익률, 순이익률이 모두 높아 수익성 역시 좋다.

| 배당지표 |

배당수익률	2.49% ⬌
배당성장 기간	6년
배당성향	23.40% ▲

| 퍼포먼스 |

CAGR	10.25% ✕
MDD	-72.25% ✕
최근 1년	31.17% ★
샤프비율	0.43 ✕

📝 성장성은 시장 평균에 약간 못 미치며, 경제의 불확실성에 따라 주가가 요동치는 바람에 MDD가 매우 높다. 다만, 2022년 에너지 섹터 호황으로 최근 1년 성적은 매우 좋다.

● 저자 코멘트

EOG 리소스는 남부 텍사스주 이글포드 지역에서 셰일 자원 개발의 선구적인 작업으로 특히 유명하다. 또한 셰일층에서 석유와 가스를 보다 효율적으로 추출할 수 있는 수평시추법*을 위한 새로운 기술인 다운스페이싱**을 도입했는데 이를 대중화하는 핵심적인 역할을 했으며 셰일 오일 및 가스의 주요 생산 업체가 되었다.

---

* 　수평시추법Horizontal Drilling: 먼저 수직으로 시추를 한 후 셰일 저류암층에 도달했을 때부터는 수평으로 구멍을 뚫어 원유를 빨아들이는 표면적을 극대화하는 공법이다. 수압파쇄법과 함께 셰일 혁명을 일으킨 대표적인 기술이다.
** 　다운스페이싱downspacing: 전통적으로 시추 시 유정 간의 간섭을 피하기 위해 각 유정 사이에 상당한 간격을 두고 뚫었다. 그러나 다운스페이싱 기술을 사용하면 우물을 훨씬 더 가깝게 뚫을 수 있으므로 하나의 시추 영역(드릴링 패드)에서 더 많은 유정을 뚫을 수 있다.

● 결론

셰일 혁명의 중심에 있는 셰일 업계 1위 기업 EOG 리소스. 원유와 천연가스 탐사, 생산에서 뛰어난 입적을 보유한 기업이다. 가치지표로는 내부분 낮은 수준이지만 섹터 평균이 매우 낮은 편이라 이에 비하면 섹터 내에서는 고평가 수준이다. 성장지표를 보면 알 수 있듯이, 이익률과 성장성이 모두 높은 수준이었기 때문이다. 최근 6년간 배당성장도 이어왔으며, 배당수익률이 준수한 수준이다. 다만 '셰일 붐' 종식에 대비해야 한다는 전문가들의 목소리도 있으니 항상 돌다리는 두드려 보고 건너길 바란다.

슐룸베르거

#지하탐사기술선두주자 #세계최대유전서비스기업 #유정기술 #유정로깅 #전기코어링

티커: SLB (NYSE), **기업명**: Schlumberger Limited

2022년에 리브랜딩 된 slb 로고

에너지 기업의 기술 혁신을 이끌어온 슐룸베르거

▲ 텍사스주 휴스턴에 있는 슐룸베르거 미국 본사

● 기업 개요

슐룸베르거는 유전 서비스 회사*로, 파리, 휴스턴, 런던, 헤이그 네 곳에 주요 집행 사무소를 두고 있다. 또한 100년에 가까운 역사를 지닌 기업으로 지하 탐사 기술의 선두 주자였으며, 세계 최대의 해양 시추 회사로 수입 면에서도 세계 최대다.

슐룸베르거는 지진 데이터 처리, 지층 평가, 유정 테스트, 시추 등의 기술을 필두로 소프트웨어와 데이터 관리 서비스를 석유 산업에 제공하며, 지하수 추출, 탄소포집**과 저장 산업에까지 관여하고 있다. 또한 뉴욕증권거래소뿐만 아니라 유로넥스트 파리, 런던증권거래소, SIX스위스거래소에서 거래되고 있으며 〈포춘〉 선정 '글로벌 500 기업'에도 포함되어 있다.

● 기업 역사

슐룸베르거는 1926년 파리에서 알자스 출신의 형제 콘래드 슐름베르거Conrad Schlumberger와 마르셀 슐룸베르거Marcel Schlumberger가 일렉트릭 프로스펙팅 컴퍼니Electric Prospecting Company를 설립하며 시작되었다.

콘래드는 전기 측정으로 지하 암석체를 알아내는 혁신적인 아이디어를 고안했고, 슐룸베르거 형제는 1919년부터 함께 일하며 이 기술로 지하 탐사의 양상을 바꿔놓았다. 또한 그들은 전 세계에서

---

*   유전 서비스 회사: 석유 탐사 및 생산 산업에 서비스를 제공하지만 일반적으로 석유를 생산하지 않는 회사다.
**   탄소포집: 화석연료 사용 시 발생하는 이산화탄소를 모으는 기술을 말한다.

지구 물리학 조사를 수행한 경험을 바탕으로 석유 탐사 역사의 전환점인 최초의 전기 저항 유정 로그*를 만들었다. 또한 그들의 발명으로 기존 기계적 코어링**을 전기 코어링으로 대부분 대체함으로써 지금까지 얻을 수 없었던 데이터 수집이 가능해졌다. 이후 전 세계적으로 전기 코어링이 실시되었고, 1930년대 중반까지 전기 코어링은 업계를 강타했으며, 회사는 오늘날 세계적인 힘을 갖기 시작했다. 슐룸베르거는 미국의 주요 시장을 포함하여 가장 큰 산유국으로 사업을 확장했으며, 10년도 안 되어 팀 수를 거의 20배 늘렸다.

1934년에 미국 휴스턴에서 슐룸베르거 웰 서베잉 코퍼레이션Schlumberger Well Surveying Corporation이 설립되었으며, 이후 슐룸베르거 웰 서비스Schlumberger Well Services, 슐룸베르거 와이어라인 앤드 테스팅Schlumberger Wireline and Testing으로 발전했다.

콘래드는 1936년에 사망했지만 가족의 이름인 '슐룸베르거'가 에너지 혁신의 최전선에서 리더로서 활약하며 발전한 것을 생전에 볼 수 있었다.

전쟁으로 인해 성장이 둔화되었지만 최초의 해상 석유 굴착 장치와 같은 산업 혁신과 현대화가 기업을 발전시켰다.

1948년 콘래드의 사위이자 프랑스계 미국인 과학자인 헨리 돌Henri Doll은 슐룸베르거-돌 리서치 센터Schlumberger-Doll Research Center를 설

---

* 전기 저항 유정 로그: 시추를 위해 지면에 뚫은 구멍(시추공)을 통해 전기 저항을 측정하여 지질 구조와 특성을 알아내는 방법이다.
** 코어링: 석유 탐사 주변 환경을 샘플링하는 방법으로, 암석 같은 물질을 특수 드릴로 뚫어 얻는 것을 말한다.

립했다. 돌은 회사의 핵심 기술 리더였으며, 슐룸베르거-돌 리서치 센터는 20세기 후반 회사 혁신의 발판이자 오늘날에도 혁신의 허브 역할을 한다.

1956년, 슐룸베르거 리미티드Schlumberger Limited는 모든 슐룸베르거 비즈니스의 지주 회사로 통합되었고, 수년에 걸쳐 M&A를 통해 계속 확장했다. 그리고 1962년, 슐룸베르거는 뉴욕증권거래소에 상장되었다.

1975년에는 나중에 인터넷이 될 연구 네트워크인 아파넷ARPAnet에 합류했다.

2010년대까지 업계는 계속해서 변화했고 슐룸베르거도 이에 발맞추어 셰일 및 가스 관련 활동뿐만 아니라 업계 최초 시추공 이미징 서비스*를 시작하는 등 새로운 제품을 내놓고 기술을 혁신했다.

2015년에는 위기가 찾아왔다. 세계 석유 및 가스 산업의 침체로 회사 전체 인력의 15%에 해당하는 2만 명을 해고했고, 2020년에도 코로나 팬데믹 동안 직원 2만 1000명을 해고했다.

2022년, 기업 리브랜딩을 완료했다.

---

* 시추공 이미징 서비스: 시추공 형상을 현장에서 시각화하여 방향 지정 및 측정할 수 있는 수단을 제공한다.

● 주요 비즈니스 및 매출 구성

슐룸베르거의 사업 부문은 4개로 나뉜다. 유정 건설, 생산 시스템, 저장소 성능, 디지털 및 통합 부문이다.

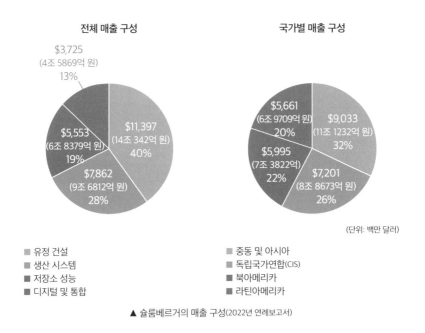

▲ 슐룸베르거의 매출 구성(2022년 연례보고서)

유정 건설 부문은 유정이나 가스정의 시추 및 건설을 담당한다.

생산 시스템 부문은 석유 및 가스의 흐름을 제어하는 기술과 장비를 사용하여 추출 공정을 관리한다.

저장소 성능 부문은 특정 위치의 석유와 가스량을 파악하거나 저장소 성능을 측정하고 모니터링하는 기술 등을 다룬다.

디지털 및 통합 부문은 데이터 수집 및 분석을 위한 소프트웨어,

하드웨어를 개발해 석유 및 가스 추출을 스마트하고 데이터 중심으로 만드는 데 중점을 둔다.

각 부문 중 유정 건설이 40%로 가장 높은 매출을 차지하며, 생산 시스템 28%, 저장소 성능 19%, 디지털 및 통합 부문 13% 순서로 매출 구성을 이룬다.

지역별로는 중동 및 아시아가 32%로 가장 높은 비중을 보이며, 독립국가연합 26%, 북아메리카 22%, 라틴아메리카 20%로 구성된다.

● 경쟁사

세계 최대 유전 서비스 회사 중 하나인 베이커 휴즈Baker Hughes Company (티커: BKR)와 웨더퍼드Weatherford International plc(티커: WFRD)가 주요 경쟁사이며 또 세계에서 가장 큰 석유 채굴 기업인 할리버튼 Halliburton Company(티커: HAL)도 경쟁사다.

● 매출 및 이익 현황

전체적인 추이가 좋지 않다. 매출이 전반적으로 우하향하는 모양새인 데다, 심지어 2022년은 2014년 말 고점에서 거의 반토막 난 수치다. 매출 추이가 하락세를 보이다가 2016~2017년 말에는 적자가 났다. 2018년 흑자로 돌아섰으나 다시 2019~2020년 말 상당히 큰 적자를 기록했다. 다행히 2021년 말 흑자로 전환하여 매출과 이익 성장을 다시 시작했다.

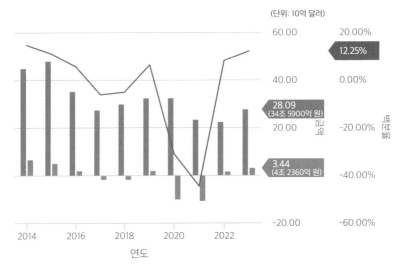

(단위: 10억 달러)

12.25%

28.09
(34조 5900억 원)

3.44
(4조 2360억 원)

■ SLB, 연간 매출액　■ SLB, 연간 순이익　— SLB, 연간 순이익률

▲ 슐룸베르거의 매출, 이익, 이익률 추이(©2022 stockrow.com)

● 주가 현황

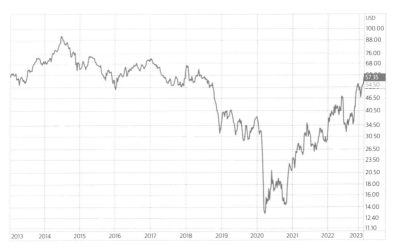

▲ 슐룸베르거의 주가 추이(©2022 Tradingview.com)

주가 상황을 봤다면 왜 수많은 투자자가 재무제표의 중요성을 외치고 펀더멘털을 보라고 하는지 이해가 될 것이다. 장기적으로 주가는 기업의 성적과 함께 가기 때문에 슐룸베르거는 최근 10년 동안 전고점을 회복하지 못하고 있다. 하지만 코로나 이후 유가 상승과 에너지 섹터의 호황에 힘입어 무서우리만치 주가가 날아가고 있다.

● **투자지표**

높음 ⬆   보통 ⬌   낮음 ⬇   고평가 ⊕   저평가 ⊙   좋음 ★   무난 ▲   나쁨 ✖

| 펀더멘털 |

시가총액	81.62B(100조 4824억 원)
부채비율	69% ⬌
유동비율	120% ⬌

| 가치지표 |

P/B Ratio	4.58 ⊕
P/E Ratio	23.81 ⊕
선행 P/E Ratio	15.10 ⊕
P/S Ratio	2.91 ⊕
P/FCF Ratio	65.09 ⊕
EV/EBITDA	14.03 ⊕

| 성장지표 |

ROE	20.70% ⬌
ROI	12.40% ⬌
EPS성장(최근 5년)	34.00% ⬆
EPS성장(향후 5년)	44.40% ⬆ ★
영업이익률	16.0% ⬌
순이익률	12.2% ⬌
PEG Ratio	0.54 ⦿

📝 한동안 부진했던 매출과 이익 실적이 턴어라운드했고, 향후 5년간 이익 성장 전망도 매우 좋다.

| 배당지표 |

배당수익률	1.76% ▲
배당성장 기간	2년
배당성향	26.80% ▲

📝 아직은 안정적이지 않지만 최근 2년처럼 매출과 이익 성장 추이를 완만하게라도 지속한다면 배당주로 다시 살아날 수 있지 않을까 싶다.

| 퍼포먼스 |

CAGR	0.06% ✕
MDD	-86.16% ✕
최근 1년	43.14% ★
샤프비율	0.19 ✕

📝 책에 포함된 기업 중 CAGR과 MDD 합쳐서 최악의 성적을 보였다. 반면, 2021년 흑자 전환과 함께 턴어라운드하며 최근 1년 성적은 매우 좋다.

● 저자 코멘트

이 기업은 최근 몇 년간 성적이 좋지 않았지만 예외를 두고 포함시켰다. 2021년 말에는 다시 흑자로 전환했고 최근 들어 급격하게 회복하는 모양새다. 셰일 혁명의 가장 주요한 기술 두 가지는 수압파쇄법과 수평시추법이다. 슐룸베르거는 현재 셰일 개발에 널리 사용되는 수평시추 개발에 중요한 역할을 했다. 1980년대에 이 회사는 텍사스의 오스틴 초크 지층에서 세계 최초의 상업용 수평 유정시추에 성공했다. 이 획기적인 성과는 석유 및 가스 생산의 새로운 가능성과 함께 수평시추의 광범위한 활용을 위한 길을 열었다. 이처럼 에너지 기업의 기술 혁신을 이끌어온 만큼 원천 기술을 보유하고, 경제적 해자도 있는 기업이기에 관심을 가져보길 권한다.

● **결론**

에너지 섹터 기준으로는 높은 편이지만 절대적인 수치로 PEG는 0.54로 낮은 편이다. 2021년 말부터 적자에서 흑자로 돌아섰고, 이익의 성장성이 좋았기 때문이다. 또한 R&D 역량으로 세계 최대의 유전 서비스 회사로서 성장한 기업이며 시대를 선도하는 기술력으로 현재도 에너지 섹터 시가총액 상위 5위권에 있다. 그동안 계속해서 최초를 만들어온 에너지 기업인 만큼, 차별화된 기술력을 확보한 슐룸베르거. 단순히 에너지 섹터 기업으로 볼 것이 아니라 에너지 분야 최고의 R&D 기업으로서 관심 있게 지켜볼 만하다.

필수소비재
Consumer Staples

필수소비재는 자유소비재와는 반대로 컨슈머 디펜시브Consumer Defensive 또는 경기방
어주라고도 불린다. 경기와 상관없이 필수적으로 소비해야 하는 제품을 다루는 기업들
로 구성되기 때문이다. 자동차 같은 자유소비재는 경제 상황이 어려울 때 굳이 소비하
지 않지만 필수소비재인 휴지, 치약, 세제 같은 것은 꼭 사야 하는 법이다. 그만큼 경기
를 잘 타지 않아 주가가 안정적이고 배당주적인 성격이 강한 기업들이 많다. 또한 필수
소비재 섹터에는 우리가 일상에서 친숙하게 접할 수 있는 브랜드가 많다. 아무래도 '소
비재'이기에 비즈니스도 이해하기 쉽다. 특히나 대부분 지속적으로 소비하는 상품을
취급하는 섹터이기에 편안하고 익숙한 친구를 만난다는 마음으로 기업 분석을 해보기
를 바란다.

처치 앤 드와이트

타이슨 푸드

처치 앤 드와이트

#암앤해머 #베이킹소다 #배당귀족

티커: CHD (NYSE), **기업명:** Church & Dwight Co., Inc.

베이킹소다 맛이 나는 암앤해머 치약으로
유명한 처치 앤 드와이트

▲ 뉴저지주 유잉에 있는 처치 앤 드와이트 본사

● 기업 개요

처치 앤 드와이트는 뉴저지주 유잉에 본사가 있는 미국의 주요 가정용품 제조 업체다. 수많은 제품 중에서도 세탁 세제와 치약 같은 베이킹소다를 사용해 만든 암앤해머Arm & Hammer 라인이 잘 알려져 있다.

● 기업 역사

처치 앤 드와이트는 1846년 존 드와이트John Dwight와 그의 처남인 오스틴 처치Austin Church가 부엌에서 정제한 중탄산염소다(베이킹소다)를 판매하면서 시작되었다.

1867년 처치는 은퇴했고, 그의 두 아들이 사업을 이어받아 처치 앤 컴퍼니Church & Co.를 설립했다.

1896년 존 드와이트 앤 컴퍼니John Dwight & Co.와 처치 앤 컴퍼니가 합병하여 처치 드와이트 컴퍼니Church Dwight Co.가 되었으며 1925년에는 처치 앤 드와이트 컴퍼니로 델라웨어에서 법인으로 설립되었다.

1970년 암앤해머 브랜드는 시장 최초로 인산염이 없는 분말 세탁 세제를 출시했다(인산염의 유해성은 최근에서야 밝혀졌다. 선견지명 무엇?). 이 브랜드는 개발한 지 1년도 채 되지 않아 제품의 개념을 시장에 선보일 수 있었다.

1980~1990년대에는 암앤해머가 베이킹소다를 사용한 최초의 세제를 출시하면서 새로운 시대가 열렸다. 분말 및 액체 세탁 세제 모두 베스트셀러가 되었고, 이 제품의 성공은 치약, 카펫 탈취제 및 고

양이 모래를 포함한 다른 범주에서 수많은 혁신을 불러일으켰다. 1986년에는 자유의 여신상 100주년 기념으로 암앤해머의 베이킹소다 100톤을 사용해, 구리로 된 동상의 내부를 손상시키지 않고 콜타르*를 제거할 수 있었다.

2000년대에는 다양한 전략적 인수를 통해 욕실, 가정용 세정제 브랜드를 추가했고, 2010년대에는 비타민, 여성 케어 브랜드 등을 추가했다.

2015년에는 S&P500지수에 편입되었으며, 2017년에는 워터픽 Water Pik Inc.을 인수하여 구강 관리 분야에서 입지를 확장했다.

▲ 처치 앤 드와이트 제품들

* 콜타르: 석탄을 고온건류할 때 생기는 유상 액체를 말한다.

● 주요 비즈니스 및 매출 구성

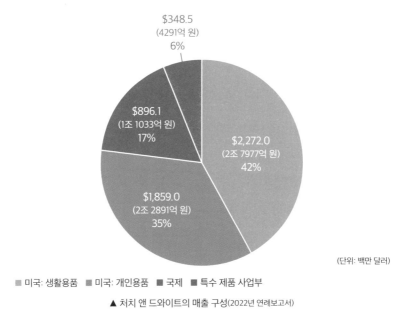

$348.5
(4291억 원)
6%

$896.1
(1조 1033억 원)
17%

$2,272.0
(2조 7977억 원)
42%

$1,859.0
(2조 2891억 원)
35%

(단위: 백만 달러)

■ 미국: 생활용품 ■ 미국: 개인용품 ■ 국제 ■ 특수 제품 사업부

▲ 처치 앤 드와이트의 매출 구성(2022년 연례보고서)

매출 구성은 크게 미국 소비자와 전 세계 소비자, 특수 제품 사업부로 나뉜다. 미국 내에서 보면 생활용품과 개인용품으로 나뉘는데 각각 42%, 35% 매출을 차지하며, 국제 부문이 17%, 특수제품 사업부 6%다.

생활용품에는 세탁, 탈취, 청소용품이 있고, 개인용품에는 콘돔, 임신 키트, 구강케어, 스킨케어, 헤어케어 제품, 구미 건강기능식품이 포함된다.

특수 제품 사업부에서는 기업 판매에 중점을 두고 동물 생산* 및 식품 생산, 특수 화학 물질, 특수 세제 세 가지 제품 영역에 참여하고 있다.

● 경쟁사

치약, 세제, 탈취제 등 다양한 제품군을 보유한 만큼 경쟁사를 단순하게 나누기가 애매하다. 대표적인 필수소비재 기업인 P&G~Procter & Gambler~(티커: PG)는 탈취제, 세제 등을 모두 취급하기에 경쟁사라고 할 수 있다. 또한 표백제 '락스'와 세정제 제품으로 유명한 클로락스~The Clorox Company~(티커: CLX), 콜게이트 치약으로 유명한 콜게이트-팔몰리브~Colgate-Palmolive Company~(티커: CL)도 경쟁사이며, 구강세정제 리스테린으로 잘 알려진 존슨앤드존슨도 경쟁사로 볼 수 있다.

---

*   동물 생산: 축산 및 기타 관련 산업과 같은 다양한 목적을 위해 동물을 기르고 생산하는 활동과 프로세스를 의미한다. 육류, 유제품 등을 얻기 위한 목적으로 동물을 사육, 번식 관리하는 것을 포함하는 활동이다.

● 매출 및 이익 현황

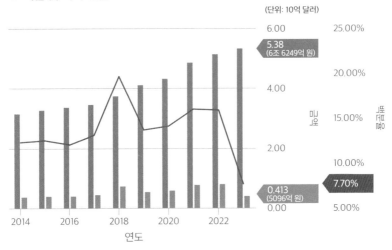

▲ 처치 앤 드와이트의 매출, 이익, 이익률 추이(©2022 stockrow.com)

처치 앤 드와이트의 매출은 10년간 한차례도 빠짐없이 증가해왔다. 2017년 말 기준(표에서는 2018에 표기, 참고로 모든 표에 해당함) 이익률이 유독 높게 나온 것을 제외하면 전반적으로 이익과 이익률도 꾸준한 상승세였는데, 2022년 이익률이 많이 꺾였다.

● 주가 현황

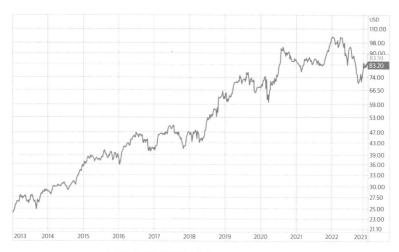

▲ 처치 앤 드와이트 주가 추이(©2022 Tradingview.com)

매출과 이익이 모두 증가하고 있으니 주가 또한 함께 올랐다. 코로나 사태로 인한 폭락 시기와 2020년 후반, 2022년에 연속된 폭락이 있었으나 장기적인 우상향 추세에서는 벗어나지 않았다.

● 투자지표

높음 ⬆ 보통 ⬌ 낮음 ⬇ 고평가 ⊕ 저평가 ⊙ 좋음 ★ 무난 ▲ 나쁨 ✕

| 펀더멘털 |

시가총액	19.82B(24조 4004억 원)
부채비율	68% ⬌
유동비율	110% ⬌

| 가치지표 |

P/B Ratio	5.24 ⊕
P/E Ratio	26.66 ⬌
선행 P/E Ratio	25.66 ⊕
P/S Ratio	3.73 ⊕
P/FCF Ratio	42.30 ⊙
EV/EBITDA	17.91 ⊕

📝 필수소비재 기업답게 현금흐름 관점에서만 저평가로 나타났다.

| 성장지표 |

ROE	21.2% ⬌
ROI	15.1% ⬌
EPS성장(최근 5년)	13.60% ⬌
EPS성장(향후 5년)	3.38% ⬇
영업이익률	18.3% ⬌
순이익률	13.9% ⬌
PEG Ratio	7.95 ⊕

| 배당지표 |

배당수익률	1.32% ▲
배당성장 기간	27년 ★
배당성향	34.3% ▲

📝 배당성장 기간이 27년이 넘은 배당귀족주로, 배당성향도 준수하고 배당수익률도 1%가 넘어서 배당주로 접근할 만하다.

| 퍼포먼스 |

CAGR	13.31% ⬌
MDD	-29.82% ×
최근 1년	-19.61% ×
샤프비율	0.71 ×

● **저자 코멘트**

암앤해머 치약은 실제로 내가 주로 사용하는 제품이다. 한번 베이킹소다 맛을 들리니 다른 제품은 못 쓰겠다. 집에 하나씩 있을 만한 표백제 옥시크린도 처치 앤 드와이트 것으로, 은근히 우리 삶에 깊이 침투한 브랜드임을 알 수 있다.

● **결론**

필수소비재 섹터답게 일상에서 흔히 볼 수 있는 브랜드를 많이 보유한 처치 앤 드와이트. 특히 암앤해머 제품 라인은 실제 사용하고 있는 독자들이 많으리라 생각한다. 베이킹소다를 사용하여 만든 생활용품으로는 세계 최고라고 할 수 있다. 100년의 역사 동안 꾸준한 성장을 해왔으며, 최근 10년간 매출과 이익 성장을 꾸준히 이룬 기업이다. 재무적인 측면에서는 바로 투자해도 괜찮을 것 같지만, 밸류에이션 관점에서 대부분 고평가로 나오는 점이 약간 걸린다. 그럼에도 배당수익률도 준수하고, 배당성장 기간이 27년인 배당귀족으로 배당성향도 적절하다. 투자한다면 시세 차익에 대한 욕심은 조금 내려놓고 배당을 보고 투자하면 어떨까. 기대가 적으면 의외로 시세 차익이 났을 때 기쁠 테니 말이다.

타이슨 푸드

#육고기 #육가공 #소고기 #돼지고기 #닭고기 #가금류산업리더

티커: TSN (NYSE), **기업명**: Tyson Foods, Inc.

육고기 판매 및 육가공 글로벌 1위 기업

▲ 미국 아칸소주 스프링데일에 있는 타이슨 푸드 글로벌 본사

● 기업 개요

타이슨 푸드는 식품 산업을 운영하는 미국의 다국적 기업으로, 세계에서 가장 큰 닭고기, 소고기, 돼지고기 가공 및 판매 기업이다. 본사는 아칸소주 스프링데일에 있다. 이 회사는 매년 미국에서 가장 많은 양의 소고기를 수출하고 있으며, 미국에서 판매되는 소고기, 닭고기, 돼지고기의 약 1/5을 생산한다. 또한 소매 식료품점, 광범위한 식품 서비스 유통 업체, 전국 패스트푸드 및 풀 서비스 레스토랑 체인에 마케팅 서비스도 제공하고 있다. 현재 자회사와 함께 지미 딘Jimmy Dean, 힐셔 팜Hillshire Farm, 볼파크Ball Park, 라이트 브랜드Wright Brand, 에이델스Aidells를 포함한 주요 식품 브랜드를 운영하고 있다.

● 기업 역사

이 기업의 역사는 대공황으로 거슬러 올라간다. 1931년 존 타이슨John Tyson은 새로운 기회를 찾아 아칸소주 스프링데일로 가족과 함께 이사했다. 이 이야기는 아칸소의 농부가 된 존이 1935년 시카고에 닭 50마리를 운반하면서 본격적으로 시작된다. 이후 그는 중서부의 더 큰 시장으로 닭을 배달했다.

식량 배급은 1940년대 제2차 세계대전 동안 일상이었는데, 닭고기는 배급되지 않았고 수요가 빠르게 증가하고 있었다. 존은 여기서 기회를 포착했고, 병아리를 기르고 지역 양계 농가를 위해 사료를 분쇄하는 사업을 시작했다.

존은 1946년에 최초로 '뉴 햄프셔 레드'라는 닭을 비행기로 배달하기도 했다. 사업은 성장 가도를 달렸고, 존은 1947년 타이슨 피드 앤드 해처리Tyson Feed and Hetchery, Inc.를 설립했다. 이후 회사는 병아리 판매, 사료 판매, 닭 운송 세 가지 주요 서비스를 제공하게 되었다.

1952년에는 존의 아들 돈 타이슨Don Tyson이 회사에 합류했다. 돈은 회사가 상장할 때까지 일주일에 6일은 회사에서 일하고, 나머지 하루는 아버지의 농장에서 일했다. 돈은 아버지와 함께 생산시설을 확장하기 시작했고, 아칸소주 스프링데일에 대규모 가공 공장을 건설했다. 게다가 아이스팩 처리 라인까지 도입하여 경쟁력을 높였다. 사람들은 점점 닭고기를 많이 먹게 되었다.

1963년 부사장 돈의 주도로 회사는 타이슨 푸드로 상장되었고, 돈은 1966년에 사장이 되었다. 1967년에는 비극적인 자동차와 열차의 충돌 사고로 창립자인 존과 그의 아내가 사망하면서 돈은 회장 겸 CEO 자리를 이어받았다.

1970년대에는 새로운 회사 사무실로 이전했으며, 1980년대에는 경제 상황이 어려웠는데도 불구하고 엄청난 성장을 했다. 1989년 말까지 불과 5년 만에 규모가 2배로 성장했고, 가금류 기반 식품의 세계 최대 생산자이자 가공 및 마케팅 업체가 되었다. 또한 멕시코와 일본의 합작 투자 회사와 함께 국제 사업부도 조직했다.

1990년대에는 아시아, 중미, 남미, 카리브해 및 환태평양 국가를 포함하여 전 세계 시장으로 진출했다. 1991년에는 일본, 홍콩, 싱가포르, 캐나다에 해외 영업 사무소가 생겼으며, 1995년에는 모스크

바 사무소도 설립했다.

2000년대 들어서서 돈은 공식적으로 은퇴했고, 이후 수년 동안 이사회에서 활발하게 활동했다. 2000년에는 타이슨의 3대손인 존 타이슨John Tyson이 CEO로 임명되었다.

2001년에는 IBP Inc. 인수로 세계 최대의 닭고기, 소고기, 돼지고기 가공 업체이자 판매 업체가 되었으며, 2007년에는 R&D 센터인 디스커버리 센터를 완공하여 기업에 혁신의 힘을 불어넣었다.

2014년에는 더 힐셔 브랜즈 컴퍼니The Hillshire Brands Company를 인수해 다양한 브랜드를 포함한 회사가 되었다. 이후로도 전략적 인수를 통해 식품 서비스 산업의 선두 주자로 완전히 자리매김했다.

현재는 도니 킹Donnie King이 사장 겸 CEO로 임명되어 회사를 경영하고 있다.

● 주요 비즈니스 및 매출 구성

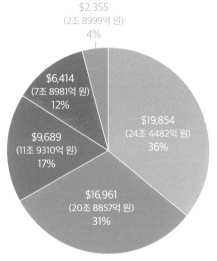

$2,355
(2조 8999억 원)
4%

$6,414
(7조 8981억 원)
12%

$9,689
(11조 9310억 원)
17%

$19,854
(24조 4482억 원)
36%

$16,961
(20조 8857억 원)
31%

(단위: 백만 달러)

■ 소고기 ■ 닭고기 ■ 가공식품 ■ 돼지고기 ■ 국제/기타

▲ 타이슨 푸드의 매출 구성(2022년 연례보고서)

타이슨 푸드의 매출은 크게 고기 종류에 따라 나뉜다. 소고기 36%, 닭고기 31%, 가공식품 17%, 돼지고기 12%, 나머지가 4%를 차지한다.

● 경쟁사

경쟁사는 JBS, 호멜푸즈Homel Foods Corporation(티커: HRL), 필그림스 프라이드Pilgrims Pride Corp(티커: PPC), 비욘드 미트Beyond Meat(티커: BYND) 등이다. JBS는 브라질 식품 기업으로, 글로벌 육류 공급 업체 1, 2위를 다투는 기업이다. 미국에서는 JBS USA로 육고기 판매의 큰 비

343

중을 차지한다. 호멜푸즈는 다양한 육류 및 식품 생산 업체로, 상온 식품의 가공, 판매, 마케팅을 주로 한다. 필그림스 프라이드는 신선 제품, 냉동 닭고기 및 돼지고기 제품을 생산, 가공, 마케팅, 유통하고 있다. 비욘드 미트는 비건(완전 채식주의자)을 위한 대체육 시장의 강자다.

● **매출 및 이익 현황**

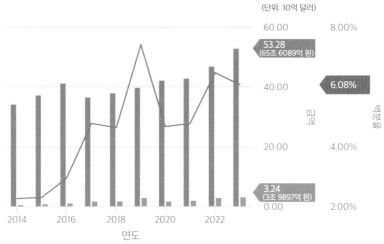

▲ 타이슨 푸드의 매출, 이익, 이익률 추이(©2022 stockrow.com)

타이슨 푸드의 매출은 2016년에 잠시 주춤했으나 이후부터 지금까지 상승세를 보이고 있다. 더불어 이익률도 전반적으로 상승세이며, 이익 역시 증가하는 추세다. 이익률은 6% 대로 낮은 편이다.

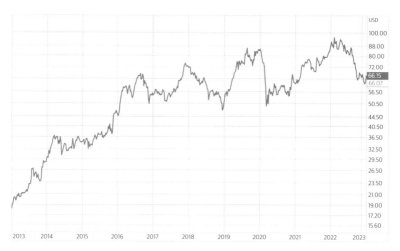

▲ 타이슨 푸드의 주가 추이(©2022 Tradingview.com)

큰 틀에서는 우상향하고 있다. 다만 2018~2019년에 암울한 시기를 보내고 다시 상승하는 듯하다가 코로나 때 크게 하락한 후 2022년에 와서야 다시 고점을 경신했지만, 이내 폭락하여 2019년 가격대에 머물고 있다.

● 투자지표

| 펀더멘털 |

시가총액	23.55B(28조 9924억 원)
부채비율	42% ⬇
유동비율	180% ⬌

| 가치지표 |

P/B Ratio	1.19 ⬇ ★
P/E Ratio	7.37 ⬇ ★
선행 P/E Ratio	9.59 ⬇ ★
P/S Ratio	0.44 ⬇ ★
P/FCF Ratio	160.20 ⬆
EV/EBITDA	5.39 ⬇ ★

📝 현금흐름 관점을 제외하면 모든 가치지표가 저평가로 나타났다. 가치투자처로 적절해 보인다.

| 성장지표 |

ROE	16.9% ⬌
ROI	12.5% ⬌
EPS성장(최근 5년)	13.2% ⬌
EPS성장(향후 5년)	7.5% ⬇
영업이익률	8.3% ⬇
순이익률	6.1% ⬇
PEG Ratio	0.98 ⬇ ★

📝 PEG에서도 저평가로 나타나 가치주의 면모가 두드러진다.

| 배당지표 |

배당수익률	2.92% ⬌ ★
배당성장 기간	11년 ▲
배당성향	20.5% ▲

📝 배당성장 기간도 11년인 배당취자에 3% 정도의 준수한 배당수익률과 적정한 배당성향을 지녀 배당주로도 손색없다.

| 퍼포먼스 |

CAGR	14.23% ★
MDD	-37.13% ✕
최근 1년	-27.45% ✕
샤프비율	0.62 ✕

● 저자 코멘트

타이슨 푸드는 단백질 제품의 글로벌 리더로서 강력한 시장 지위를 누리고 있다. 닭고기로 시작하여 돼지고기, 소고기로 확장했으며, 힐셔 브랜드를 인수하는 등 가공식품 시장에서도 입지를 확장했다. 또한 2016년 비욘드 미트의 지분을 취득하며 대체육과 같은 비건 동향에도 발 빠르게 움직였다. 2019년 비욘드 미트의 지분을 매각한 직후 '레이즈드 앤 루티드Raised & Rooted' 브랜드로 식물 고기 제품을 자체 생산하며 대체 단백질 제품 시장에서 직접 경쟁을 시작했다.

● 결론

전략적인 인수합병으로 계속해서 덩치를 키워온 타이슨 푸드는 현재 글로벌 최대의 육고기 판매 및 육가공 회사다. 최근 6년 이상 꾸준히 매출이 증가해왔으며, 이익률 또한 개선되고 있다. 업계 특성상 이익률이 높은 비즈니스는 아니지만, 그만큼 가치지표로는 거의 모든 지표가 상당히 저평가로 나타나고 있다. 게다가 배당수익률도 3% 수준으로 높은 편이고, 배당성장 기간도 10년을 넘은 배당성취자다. 글로벌 최대 육고기 및 육가공 기업으로 훌륭한 가치주이자 배당주인 타이슨 푸드. 이제 관심 종목에 넣고 살펴보자.

자재
Materials

자재 섹터에는 일반인에게는 친숙하지 않은 기업이 대다수다. 이 섹터에는 광업, 화학, 제지, 건축 자재, 철강 기업 등이 포함되는데, 페인트 또는 산업용 가스를 만드는 기업은 특별히 관심 있는 사람이 아니고서는 잘 모르기 때문이다. 다만 B2B(기업 대 기업) 사업에서는 매우 강력하고 시장 점유율이 높은 기업들이 많다. 이번 기회에 소리 없이 강한 기업들을 살펴보고 안정적인 투자처로서의 옵션을 늘려보자.

셔윈-윌리엄스 컴퍼니
에어 프로덕츠 앤 케미컬스

셔윈-윌리엄스 컴퍼니

#페인트 #코팅 #바닥재 #배당귀족

티커: SHW (NYSE), **기업명**: The Sherwin-Williams Company

1905년에 선보여 지금까지 셔윈-윌리엄스의 상징이 된 로고
"Cover The Earth"

미국 최대의 페인트 및 코팅 회사

▲ 셔윈-윌리엄스 컴퍼니는 2024년 완공을 목표로 미국 오하이오주 클리블랜드에 새로운 본사 건물을 짓고 있다. 사진은 아직 지어지지 않은 건물의 예상 모습이다.

● 기업 개요

서윈-윌리엄스 컴퍼니는 미국 오하이오주 클리블랜드에 소재한 페인트 및 코팅 제조업 회사로, 주로 미국과 유럽의 전문, 산업, 상업, 소매 고객에게 페인트, 코팅, 바닥재 및 관련 제품의 제조, 유통, 판매를 하고 있다. 현재 아메리카 그룹Americas Group, 컨슈머 브랜드 그룹Consumer Brands Group, 퍼포먼스 코팅 그룹Performance Coatings Group 세 사업 부문으로 운영되고 있으며, 2022년 말 기준 120개 이상의 국가에서 사업을 운영하며 매장 5000개 이상을 보유하고 있다. 직원은 6만 4000명 정도이고, 136개의 제조시설을 운영하고 있다.

● 기업 역사

1866년 일자리를 찾아 클리블랜드로 온 헨리 서윈Henry Sherwin은 페인트 유통 업체인 트루먼 던햄 앤 컴퍼니Truman Dunham & Co.에서 페인트 산업에 뛰어들었다. 당시 대부분의 페인트 유통 업체는 다양한 제조사로부터 제품을 구매했고 시장을 지배하는 단일 업체는 없었다. 단순한 페인트 유통이 아닌 제조를 전문으로 하는 비즈니스에서 기회를 발견한 서윈은 1870년 에드워드 윌리엄스Edward Williams, 에이티 오즈번A.T. Osborn과 함께 서윈 윌리엄스 앤 컴퍼니Sherwin, Williams,& Co.를 설립했다.

1873년에는 스탠다드 오일Standard Oil에서 클리블랜드의 협력 업체를 인수함으로써 첫 번째 공장을 시작했다. 이전에는 소비자들이 스스로 섞을 수 있는 도료 재료를 구입했는데, 서윈-윌리엄스는

351

1875년부터 레디믹스 페인트로 불리는 기성 페인트를 개발하여 판매하기 시작했다. 레디믹스 페인트는 산업에 혁명을 일으켰고, 곧 산업 표준이 되었다.

오즈번이 소매 운영을 유지하며 회사에 대한 지분을 매각하고 2년 후인 1884년에 서윈-윌리엄스는 법인으로 설립되었다.

19세기 후반과 20세기 초반에 인수와 확장을 통해 성장했는데, 1907년에는 매출이 1000만 달러(약 123억 원)를 넘어섰고, 1920년대 초에는 미국 최대의 페인트 및 코팅제 제조 업체가 되었다.

1937년에는 1억 달러(약 1231억 원)의 매출을 올렸다. 1940년대에 수성 속건성 인테리어 페인트인 켐톤Kem-Tone을 도입했다. (미국화학 협회는 1996년에 이 제품을 화학 과학의 역사에서 중요한 업적을 기리는 '국립 역사 화학 랜드마크'로 지정했다.)

1962년 켐톤의 판매량은 3억 7800만 리터(1억 갤런)를 넘어섰는데, 이는 시중의 어떤 페인트 제품과도 견줄 수 없는 기록이었다.

1964년에 뉴욕증권거래소에 상장되었으며, 1977년에는 매출 10억 달러(약 1조 2314억 원)를 돌파했다.

1970년대에는 경기 침체를 겪으며 다른 회사에 인수당할 위기를 맞았지만, 1979년 신임 사장 겸 CEO인 존 브린John Breen이 당시 파산 위기에 처한 회사를 16년 연속 수익 개선으로 이끌었다.

1980~1990년대에는 일련의 인수를 거치며 비코팅 사업을 매각함으로써 위기에서 완전히 회복했다.

1991년에는 매장 수가 2000개에 달했고, 2006년에는 3000번째 매장을 열었다.

2013년에는 매출 100억 달러(약 12조 원)를 돌파했으며, 2014년에는 4000번째 매장을 열었고, 2016년에는 150주년을 기념했다.

2017년에는 친환경 페인트 업체인 발스파Valspar를 인수하여 덩치를 키웠다.

● **주요 비즈니스 및 매출 구성**

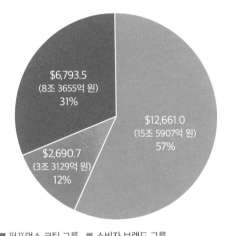

(단위: 백만 달러)

■ 아메리카 그룹 ■ 퍼포먼스 코팅 그룹 ■ 소비자 브랜드 그룹

▲ 셔윈-윌리엄스의 전체 매출 구성(2022년 연례보고서)

서윈-윌리엄스는 아메리카 그룹, 퍼포먼스 코팅 그룹, 소비자 브랜드 그룹의 세 가지 주요 사업 부문을 통해 운영된다. 매출은 순서대로 각각 57%, 31%, 12%로 구성된다.

아시아-태평양

DIY

새
주거지

아메리카
그룹

주거
건물
재도색

신규
상업
건물

부동산
관리

보호 및
해상

일반
공업

산업용
목재

퍼포먼스
코팅 그룹

자동차
표면
코팅

코일

보호 및
해상

포장

EMEAI

소비자
브랜드
그룹

북아메리카

EMEAI: 유럽, 중동, 아프리카, 인도

▲ 셔윈-윌리엄스의 사업 부문별 매출 구성

아메리카 그룹은 회사 매출의 절반 이상을 차지한다. 이 부문에서는 다양한 시장과 고객 유형별로 매출이 발생하며, 기존 주택 재도장을 위한 페인트 제품 판매나 신규 상업용 건물과 주거용 건물 등 건축 시장이 아메리카 그룹 매출의 절반 이상을 차지한다.

퍼포먼스 코팅 그룹도 유사하게 고객 유형별로 나뉘지만, 다양한 산업 용도를 위한 보다 전문화된 특수 코팅에 중점을 두고 있다.

소비자 브랜드 그룹에는 회사의 소매 페인트 매장이 포함되며, 미국, 캐나다, 카리브해 전역에 있다. 소매점과 온라인 채널을 통한 제품 판매에서 주로 수익이 발생한다. 비즈니스 성격과 대상 고객의 성격이 달라 해당 그룹의 매출은 지역별로 나누었으며, 북아메리카가 대부분의 비중을 차지한다.

● 경쟁사

 서원-윌리엄스는 세계 최대의 페인트 코팅 회사로서 글로벌 회사들과 경쟁 중이다. 미국의 피피지 인더스트리PPG Industries, Inc.(티커: PPG)도 글로벌 페인트 및 코팅 업체로, 미국에서 서원-윌리엄스 다음이다. 그 뒤는 네덜란드에 있는 악조 노벨Akzo Nobel이다. 이외에도 일본 기업인 닛폰 페인트Nippon Paint Holdings Co, 특수 코팅 전문 알피엠 인터내셔널RPM International Inc.(티커: RPM), 독일의 바스프 코팅스BASF Coatings, 엑솔타 코팅 시스템즈Axalta Coating Systems(티커: AXTA) 등이 경쟁사다.

● 매출 및 이익 현황

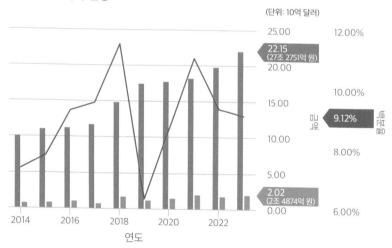

▲ 서원-윌리엄스의 매출, 이익, 이익률 추이(©2022 stockrow.com)

서원-윌리엄스는 최근 10년간 한차례도 빠짐없이 매출 성장에 성공했다. 이익률은 전반적으로 10% 전후를 보인다.

● 주가 현황

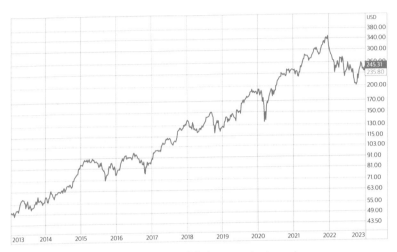

▲ 서원-윌리엄스의 주가 추이(©2022 Tradingview.com)

주가는 큰 틀에서 볼 때 우상향하고 있으며, 2020년 코로나 위기 때와 2022년에 고점 대비 약 -30%라는 큰 하락을 맞았다.

● 투자지표

| 펀더멘털 |

시가총액	58.32B(71조 7978억 원)
부채비율	406% ⬆
유동비율	100% ⬌

| 가치지표 |

P/B Ratio	22.67 ⬆
P/E Ratio	29.59 ⬆
선행 P/E Ratio	21.81 ⬆
P/S Ratio	2.63 ⬆
P/FCF Ratio	92.56 ⬆
EV/EBITDA	21.80 ⬆

| 성장지표 |

ROE	73.9% ⬆ ★
ROI	15.30% ⬌
EPS성장(최근 5년)	11.80% ⬌
EPS성장(향후 5년)	9.07% ⬇
영업이익률	9.70% ⬇
순이익률	7.90% ⬇
PEG Ratio	3.26 ⬆

📝 전반적으로 이익률은 아쉽지만 자본 대비 이익률인 ROE는 매우 높게 나타났다.

배당수익률	1.05% ▲
배당성장 기간	45년 ★
배당성향	34.00% ▲

📝 배당왕까지 5년 남았으며, 배당수익률 1%에 배당성향 또한 적정한 배당주다.

| 퍼포먼스 |

CAGR	17.70% ★
MDD	-41.45% ✕
최근 1년	-21.93% ✕
샤프비율	0.79 ⬌

📝 기업 성적표가 좋았던 만큼 연평균 성장률도 17.7%로 상당히 높았다.

● 저자 코멘트

서윈-윌리엄스는 1900년대 페인트 산업에 혁명을 일으킨 팬 데크*를 도입했다. 팬 데크는 서윈-윌리엄스가 제품 라인 전반에 걸쳐 색상을 표준화할 수 있도록 하여 페인트의 생산과 배포를 더욱 쉽게 만들었다. 도입 이후 팬 데크는 수많은 페인트 제조 업체에서 사용하게 되었고, 오늘날에는 업계 표준이 되었다. 레디믹스 페인트와 켐톤을 도입한 것 또한 페인트 산업의 중요한 발전이었으며, 서윈-윌리엄스는 지속적으로 페인트 산업에 혁명을 일으켜왔다.

* 팬 데크: 고객이 다양한 색상을 보고 프로젝트에 원하는 음영을 선택할 수 있는 시스템을 말한다. 부채 모양으로 배열된 다양한 색상 샘플이 포함된 팬 데크는 고객이 색상을 나란히 비교하기 쉽게 만들었다.

● 결론

2023년 기준으로 설립 157주년이 된 기업 셔윈-윌리엄스는 최근 10년 동안 한차례도 빠짐없이 매출 성장을 이루었다. ROE 같은 지표는 매우 높은 수치로 나타나며 배당성장주의 면모를 보이는데, 가치지표 차원에서는 전부 상당한 고평가로 보인다. ROE는 S&P500 구성 종목 중 상위 8%, 동일 업종 내 상위 7% 수준이다. P/E는 일반적으로 낮을수록 좋은데, 동일 업종 내 상위 14% 수준이라 높은 편이다. 배당성장 기간은 무려 45년이 되어 5년만 더 있으면 배당귀족에서 배당왕으로 등극할 것이다. 부채비율도 높은 편이라 밸류에이션 관점에서는 확실히 부담스러운 가격이긴 하지만, 관심 종목에 넣어놓고 주가 등락을 잘 살펴보길 권한다. 미국 대형주의 ROE 높은 종목은 오를 때 따라가서 내릴 때 파는 모멘텀 투자 방식도 잘 먹힌다.

에어 프로덕츠 앤 케미컬스

#산업용가스 #화학물질 #산소 #질소 #배당귀족

티커: APD (NYSE), **기업명**: Air Products and Chemicals, Inc.

나사에도 산소를 공급한 산업용 가스 대표 기업

▲ 2021년 펜실베이니아주 앨런타운의 리하이 계곡 근처에 새로 지어진
에어 프로덕츠 앤 케미컬의 글로벌 본사

● 기업 개요

에어 프로덕츠 앤 케미컬스는 산업용 가스 및 화학 물질을 주요 사업으로 하는 글로벌 기업이며, 본사는 펜실베이니아주 앨런타운에 있다. 대기 산업용 가스(주로 산소, 질소, 아르곤, 수소, 이산화탄소), 공정 및 특수 가스, 기능성 소재 및 화학 중간체를 통해 전 세계의 기술, 에너지, 의료, 식품, 산업 시장의 고객에게 서비스를 제공한다. 또한 정제소 수소, 천연가스 액화 기술 및 장비, 에폭시 첨가제, 가스 캐비닛, 고급 코팅 및 접착제를 생산한다.

에어 프로덕츠는 우주 왕복선 외부 탱크에도 액체 수소와 액체 산소 연료를 제공했다. 50년 동안 나사NASA와 협력 관계를 유지하며 모든 우주 왕복선 발사와 수성, 아폴로 임무에 사용되는 액체 수소를 공급해왔다. 현재 직원 2만 명 이상을 두고 있으며, 50개국 20만 명 이상의 고객에게 서비스하고 있다.

● 기업 역사

이 회사는 레너드 풀Leonard Pool이 1940년 미시간주 디트로이트에 설립했다. 당시 산소 시장은 여러 대기업이 독점하고 있었고, 산소는 가스 제품보다 5배나 무거운 실린더에 고압축된 가스로 판매되었다. 그래서 풀은 저렴한 산소 발생기를 개발하면 되겠다고 생각했다. 그는 직장을 관두고 젊은 엔지니어인 프랭크 파블리스Frank Pavlis와 함께 산소 발생기를 만드는 데 성공하여 에어 프로덕츠Air Products Inc.를 설립했다.

1941년 에어 프로덕츠는 최초의 산소 가스 발생기를 디트로이트의 작은 철강 회사에 임대했으며, 제2차 세계대전 중에는 군대와 중공업용 이동식 산소 발생기를 제조하면서 번창했다. 전쟁이 끝날 무렵 많은 군사 계약이 취소되면서 철강 회사와 더 많은 계약을 확보할 수 있는 산업 시장과 가까운 북동부 펜실베이니아주 앨런타운 근처로 옮겨 상업 시장에 다시 초점을 맞췄다.

냉전과 1957년 스푸트니크 위성 발사 덕에 미 국방부는 에어 프로덕츠와 액체 수소 공급 계약을 체결하면서 회사의 성장을 촉진시켰다. 또한 그해 영국 회사와의 합작투자를 통해 해외 시장에 진출하며 극저온 공정 및 장비를 갖추게 되었다.

에어 프로덕츠는 1959년에 상장되었으며, 1961년에 에어 프로덕츠 앤 케미컬스로 재편입되었다. 1960년대에는 전략적 인수합병을 통해 화학 사업으로 확장했다. 이 시기 에어 프로덕츠는 매출과 이익이 폭발적으로 성장했다.

특히 1970~1980년대에 걸쳐 폴리머 에멀션* 및 폴리비닐알코올** 제품 라인의 화학 사업에서 대규모 공장을 건설하면서 다각화를 계속했다.

1986년에는 10개년 전략 계획에 착수해 세 번째 핵심 사업인 환경 및 에너지 시스템 사업을 추가했다. 이는 발전, 대기 오염 제어,

---

* 폴리머 에멀션Polymer Emulsion: 폴리머 입자를 물에 분산시켜 형성된 유백색 액체로, 코팅, 접착제, 직물, 종이, 건설, 샴푸나 로션 같은 개인 관리 제품에 일반적으로 사용된다.

** 폴리비닐알코올Polyvinyl Alcohol, PVA: 접착제, 포장재, 섬유, 종이, 건축, 의약품 등에 사용되는 수용성 고분자로 얇은 막을 형성할 수 있으며, 강도가 세고 용해제에 잘 녹지 않는다.

고형 폐기물의 에너지 재활용 시장 확대를 활용하기 위해서였다.

1990년대에는 전 세계로 계속 확장했다. 1992년 회사의 수익은 30억 달러(현재 가치 약 3조 7000억 원)에 달했고, 직원 1만 4600명을 고용했으며, 29개국에서 사업을 운영했다.

1995~1996년에는 반도체 제조 업체와 계약 20건을 체결해 중국 및 기타 국가로 사업을 확장했다. 1996년에는 스페인 최대의 산업용 가스 공급 업체도 인수했다. 환경 및 에너지 시스템 사업에서 10년 동안 성공한 후, 그해 대부분의 사업을 정리하고 핵심 가스 및 화학 라인 사업에 집중하기로 결정했다.

2000년대에는 성장이 더딘 사업을 매각하고, 가정용 건강 관리 사업을 성장시켰다. 이후로도 현재까지 화학 사업과 산업용 가스 회사의 전략적 인수 등으로 세계적인 산업용 가스 회사로 자리를 잡았다.

● 주요 비즈니스 및 매출 구성

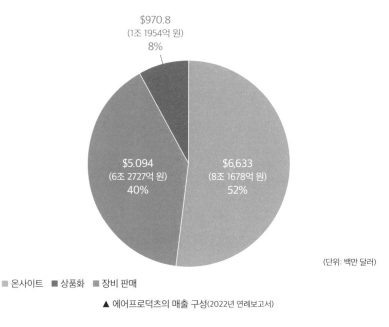

$970.8
(1조 1954억 원)
8%

$5.094
(6조 2727억 원)
40%

$6,633
(8조 1678억 원)
52%

(단위: 백만 달러)

■ 온사이트 ■ 상품화 ■ 장비 판매

▲ 에어프로덕츠의 매출 구성(2022년 연례보고서)

에어 프로덕츠의 매출은 산업 가스 관련 생산시설 등지에 직접 건설하거나 파이프 시스템을 통해 공급하는 온사이트 방식과 상품화된 방식으로 구성된다. 매출은 각각 52%, 40%이고, 장비 판매가 8%를 차지한다.

에어 프로덕츠는 고객의 요구 사항 및 위치 등 다양한 요인에 따라 가스 공급 방식을 다르게 배포하는데, 구체적인 방식은 다음과 같다.

첫 번째는 액체 벌크 방식이다. 제품은 가스 탱커 또는 고압가스

용기를 통해 액체 또는 기체 형태로 대량 배송된다. 액체 벌크 판매는 일반적으로 3~5년 계약이 적용된다.

두 번째는 포장 가스다. 소량의 제품이 실린더나 단열병에 담겨 전달된다. 유럽, 아시아, 라틴 아메리카에서 패키지 가스 사업을 운영하고 있고, 미국의 포장 가스 사업부는 전자제품 및 자기공명영상 산업만을 위한 제품(주로 헬륨)을 판매한다.

마지막으로 가장 높은 매출을 차지하는 온사이트 가스가 있다. 꾸준하고 일정한 수요가 있는 전 세계 에너지, 화학, 금속, 전자 산업을 중심으로 대량의 수소, 질소, 산소, 일산화탄소 및 합성 가스를 고객에게 제공한다. 가스는 고객시설이나 그 근처에 건설한 대형시설 또는 중앙 생산시설의 파이프라인 시스템으로 생산되고 공급된다. 이러한 가스 판매는 일반적으로 15~20년 계약이 적용되며, 소규모 현장 공장은 일반적으로 10~15년 계약을 한다.

● 경쟁사

2010년대 전 세계 5대 가스 공급 업체 중 하나인 에어 프로덕츠는 매출 규모로 4위이다. 2015년 프랑스의 에어 리퀴드Air Liquide가 미국의 에어가스Airgas를 인수함으로써 세계 최대의 산업용 가스 회사가 되었는데, 당시 세계 시장의 25% 이상을 점유하고 있었다. 뒤를 이어 23%를 점유한 2위 기업 독일의 린데Linde AG와 14%를 점유한 3위 기업 미국의 프락사이어Praxair가 있다. 닛폰 산소 홀딩스 Nippon Sanso Holdings Corporation(Taiyo Nippons Sanso라고도 불림)는 일본 최대 산업용 가스 생산 업체이자 전 세계 5대 산업용 가스 공급 업체 중 5위였다. 또한 대표적인 북미 사업체인 매티슨트라이가스Matheson tri-Gas는 닛폰 산소 홀딩스의 최대 자회사다. 2017년에는 린데와 프락사이어가 합병되면서 린데Linde PLC(티커: LIN)가 세계 최대 산업용 가스 회사로 우뚝 섰고, 이때 프락사이어 유럽 사업부는 닛폰 산소에 매각되었다. 현재는 린데, 에어 리퀴드, 에어 프로덕츠, 닛폰 산소가 세계 4대 가스 공급 업체다.

● **매출 및 이익 현황**

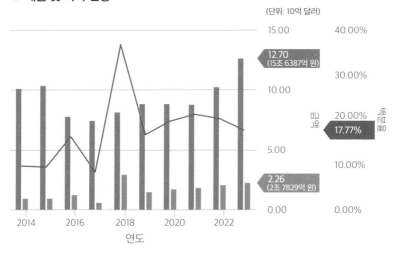

▲ 에어 프로덕츠의 매출, 이익, 이익률 추이(©2022 stockrow.com)

매출은 최근 10년간 들쭉날쭉했던 편이지만, 이익 면에서는 최근 5년 동안 상승세이다. 매출도 중요하지만 가장 중요한 것은 기업의 이익이다. 이익률 또한 20% 수준을 유지하고 있어 매우 매력적인 상태다.

● **주가 현황**

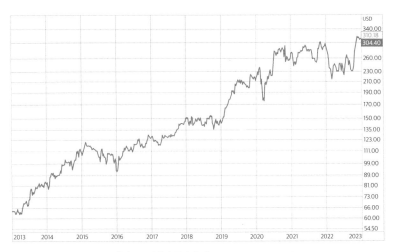

▲ 에어 프로덕츠의 주가 추이(©2022 Tradingview.com)

주가는 10년 내내 큰 위기 없이 우상향했다. 코로나 위기 때조차 최대낙폭이 -22.57% 정도로 -30%가 되지 않아 크게 느껴지지 않는 수준이다. 연평균 성장률은 무려 17.59%나 되었다. 같은 기간 S&P500에 비해 5% 이상 높은 수익률이다.

367

● 투자지표

| 펀더멘털 |

시가총액	70.28B(86조 5217억 원)
부채비율	58% ⬌
유동비율	180% ⬌

| 가치지표 |

P/B Ratio	5.31 ⊛
P/E Ratio	31.16 ⊛
선행 P/E Ratio	25.10 ⊛
P/S Ratio	5.53 ⊛
P/FCF Ratio	-
EV/EBITDA	17.71 ⊛

| 성장지표 |

ROE	16.5% ⬌
ROI	8.8% ⬇
EPS성장(최근 5년)	14.30% ⬌
EPS성장(향후 5년)	10.65% ⬌
영업이익률	18.4% ⬌
순이익률	17.8% ⬌
PEG Ratio	2.93 ⊛

| 배당지표 |

배당수익률	2.23% ▲
배당성장 기간	41년 ★
배당성향	62.6% ⬆

📝 준수한 배당수익률에 배당 성장 기간이 41년째인 배당귀족 주다.

| 퍼포먼스 |

CAGR	17.59% ★
MDD	-22.57% ⬌
최근 1년	13.65% ★
샤프비율	0.84 ⬌

📝 연평균 성장률이 17%가 넘어 시장을 훌쩍 뛰어넘는 주가 성장을 보였다.

● **저자 코멘트**

에어 프로덕츠는 액화천연가스 공정 기술 및 장비 공급 분야의 글로벌 리더다. 카타르의 카타르가스2Qatargas II 프로젝트에서 세계 최대의 단일 트레인 LNG 열교환기를 설계하고 공급하여 연간 780만 톤의 LNG 생산을 담당했다. 뿐만 아니라 미국 캘리포니아에서는 세계 최초의 공공 수소 충전소를 개시했는데, 이는 수소 경제의 성장과 수소 연료 전지 차량의 채택을 지원하기 위한 전략이었다. 이후 수소 연료 공급 인프라의 선도적인 공급 업체가 됐으며, 전 세계 여러 곳에 수소 연료 보급소를 설치했다.

● 결론

최근 들어 엄청난 매출 성장을 보였고, 지속적인 이익 성장까지 보이는 에어 프로덕츠. 산소 가스 발생기로 시작하여 현재는 산업용 가스의 높은 기술력을 보유하고 있다. 최근 10년간 매우 높은 주가 상승을 기록하여 5배가 넘게 올랐다. 그럼에도 배당수익률이 2%가 넘고, 배당성장 기간도 40년이 넘는 배당귀족주다. 배당성향이 다소 높게 형성되어 있긴 하지만 최근과 같은 이익 성장을 유지한다면 시세 차익과 배당을 모두 푸짐하게 맛볼 수 있는 주식이 될 것이다.

유틸리티
Utilities

유틸리티는 사전적 의미로도 '공공시설; 전기·가스·수도 등의 공익사업(체)'를 말한다. 이 책에서 살펴볼 기업들도 이 의미를 그대로 따른다. 국내에서도 한국전력, 한국가스공사, 지역난방공사 같은 공기업들이 상장되어 있듯 미국에서도 비슷한 형태가 있다고 보면 된다. 대부분 배당주의 성격을 지닌다.

듀크 에너지
아메리칸 워터 웍스

듀크 에너지

#전력회사 #천연가스 #풍력발전 #태양광발전 #재생에너지

티커: DUK (NYSE), **기업명**: Duke Energy Corporation

천연가스부터 풍력, 태양광 발전까지 하는
대표적인 유틸리티 기업

▲ 노스캐롤라이나주 샬럿에 있는 듀크 에너지 본사

● 기업 개요

듀크 에너지는 미국 최대의 에너지 지주 회사로 노스캐롤라이나 주 샬럿에 본사가 있으며 현재 2만 8000여 명의 직원이 근무하고 있다. 전기 공공시설로는 노스캐롤라이나, 사우스캐롤라이나, 플로리다, 인디애나, 오하이오, 켄터키에서 820만 명에게 서비스를 제공하고 총 5만 메가와트 에너지 용량을 소유하고 있다. 천연가스 사업부는 노스캐롤라이나, 사우스캐롤라이나, 테네시, 오하이오 및 켄터키에서 160만 명에게 서비스를 제공하고 있다.

듀크 에너지는 〈포춘〉 선정 '150대 기업'이며, 〈비즈니스 인사이더〉에서 '미국 최고의 50대 기업' 중 하나로 선정된 바 있다. 2022년에는 〈포춘〉의 '세계에서 가장 존경받는 기업' 목록과 〈포브스〉의 '세계 최고의 고용주' 목록에도 이름을 올렸다.

● 기업 역사

이 회사는 1900년 워커 와일리Walker Wylie 박사와 그의 형제가 사우스캐롤라이나주 인디아 훅 근처의 카토바강을 따라 수력발전소 건설에 자금을 지원하면서 시작되었으며, 당시 이름은 카토바 파워 컴퍼니Catawba Power Company였다.

수력발전소 건설을 위한 야심 찬 계획을 추진하기 위해 추가 자금이 필요하자, 와일리는 1905년에 설립된 서던 파워 컴퍼니Southern Power Company에 있던 제임스 듀크James Duke와 그의 파트너 제임스 블래니James Blaney에게 투자하도록 설득했다.

1917년 블래니는 동료들이 설립하거나 소유한 여러 전력 회사의 지주 워터리 전력 회사Wateree Power Company를 설립했다. 이 회사는 1924년에 듀크 파워Duke Power로 이름을 변경했으며, 1927년에는 서던 파워 컴퍼니와 카토바 파워 컴퍼니를 포함한 대부분의 자회사가 듀크 파워에 합병되었다.

1997년 듀크 파워는 천연가스 회사인 팬에너지PanEnergy와 합병해 듀크 에너지를 설립했다.

2006년에는 시너지Cinergy Corporation를 인수하면서 천연가스 사업 영역을 확장했으며, 2007년에는 천연가스 사업을 분사하여 스펙트라 에너지Spectra Energy를 설립했다.

2012년에는 기업 이름을 유지하면서 프로그레스 에너지Progress Energy Inc.와 합병했다.

2016년에는 피드몬트 내추럴 가스Piedmont Natural Gas를 인수했다. 이 인수로 듀크 에너지는 2007년 이후 다시 천연가스 사업에 복귀하게 되었다.

● 주요 비즈니스 및 매출 구성

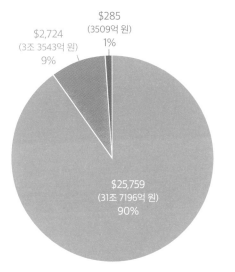

(단위: 백만 달러)

■ 전기 유틸리티 및 인프라 ■ 가스 유틸리티 및 인프라 ■ 상업용 재생 에너지 및 기타

▲ 듀크 에너지의 매출 구성(2022년 연례보고서)

듀크 에너지는 운영하는 자회사별로 매출이 따로 산정되는데, 우리가 일반적으로 보는 자료는 듀크 에너지 코퍼레이션에 대한 부분이다.

듀크 에너지는 크게 세 가지 부문으로 사업 영역이 나뉜다. 전기 유틸리티 및 인프라, 가스 유틸리티 및 인프라, 상업용 재생 에너지 및 기타 부문이다. 세부 내용은 자회사를 제외하고 듀크 에너지에만 집중해서 살펴보자. 각 부문별 매출 비중은 순서대로 90%, 9%, 1%다.

시장 또는 고객 유형별		2022년 12월 31일 종료							
		듀크 에너지	듀크 에너지 캐롤라나	듀크 에너지 프로그레스	프로그레스 에너지	듀크 에너지 플로리다	듀크 에너지 오하이오	듀크 에너지 인디애나	피드몬트
전기 유틸리티 및 인프라	주거	$11,377	$3,275	$5,812	$2,378	$2,434	$862	$1,430	$ —
	일반	7,356	2,396	3,396	1,480	1,916	517	1,049	—
	산업	3,504	1,251	1,095	770	325	202	956	—
	도매	2,856	561	1,785	1,346	439	127	383	—
	기타 수익	795	372	991	768	226	61	19	—
고객과의 계약에서 발생하는 전기 유틸리티 및 인프라 총수익		$25,888	$7,855	$13,082	$6,742	$6,340	$1,769	$3,837	$ —
가스 유틸리티 및 인프라	주거	$1,462	$ —	$ —	$ —	$ —	$488	$ —	$974
	상업	765					180		585
	산업	170					24		144
	발전	—							94
	기타 수익	360					25		271
고객과의 계약에서 발생하는 가스 유틸리티 및 인프라 총수익		$2,757	$ —	$ —	$ —	$ —	$717	$ —	$2,068
고객과의 계약 수익		$30	$ —	$ —	$ —	$ —	$ —	$ —	$ —
고객과의 계약을 통한 총 수익		$28,675	$7,855	$13,082	$6,742	$6,340	$2,486	$3,837	$2,068
기타 수익원(a)		$93	$2	$43	$11	$13	$28	$85	$56
총매출		$28,768	$7,857	$13,125	$6,753	$6,353	$2,514	$3,922	$2,124

▲ 인수한 프로그레스 에너지와 피드몬트의 재무제표도 보고서에 함께 공시된다.(2022년 연례보고서)

전기 유틸리티 및 인프라 부문은 전기를 만들어 송전, 배전, 판매를 통해 소매 전기 서비스를 제공한다. 용량에 따라 42%가 천연가스와 연료 오일에서 발전되고, 석탄 31%, 핵 18%, 수력과 재생 에너지에서 9%가 나온다. 고객군별로는 주거용 33%, 일반 서비스 29%, 산업 19%, 도매 및 기타 19%로 구성된다.

가스 유틸리티 및 인프라 부문은 도매 고객인 지자체부터 주거용, 상업용, 산업용, 발전용 천연가스 서비스를 제공한다.

상업용 재생 에너지 부문은 주로 미국 전역에서 풍력 및 태양광 재생 발전을 위한 시설을 개발하여 운영하고 있다. 이 부문은 주로 지자체나 기업 고객과의 장기 계약을 통해 생산된 전력을 판매한다.

● 경쟁사

전기 생산 및 공급 관련 경쟁사는 전부 S&P500에 포함된 유틸리티 기업들이다(듀크 에너지 대신 후보군으로 조사했던 기업 두 개가 여기에 있다). 넥스트에라 에너지NextEra Energy Inc.(티커: NEE)는 유틸리티 섹터 시총 1위 기업이며, 도미니언 에너지Dominion Energy, Inc.(티커: D)는 시총 4위다. 듀크 에너지가 시총 2위다. 아메리칸 일렉트릭 파워American Electric Power Company, Inc.(티커: AEP)와 콘스텔레이션 에너지Constellation Energy Corporation(티커: CEG)도 경쟁사다. 글로벌로는 프랑스의 공공 전기 생산 및 공급 회사인 프랑스 전기Électricité de France, EDF도 경쟁사이다.

● 매출 및 이익 현황

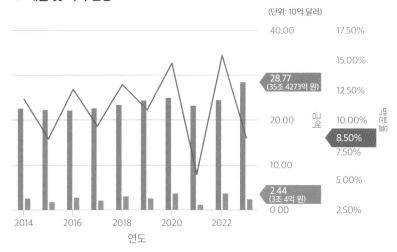

▲ 듀크 에너지의 매출, 이익, 이익률 추이(©2022 stockrow.com)

　매출은 최근 10년간 크게 변동은 없지만, 그래도 2022년도 기준으로 가장 높은 매출을 기록했다. 이익 또한 가장 높은 수준이었다. 이익률은 대략 10% 전후를 꾸준하게 유지하고 있다.

● 주가 현황

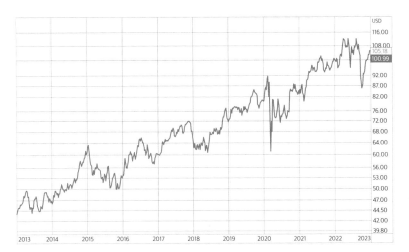

▲ 듀크 에너지의 주가 추이(©2022 Tradingview.com)

주가는 꾸준히 우상향하고 있다. 매출과 이익 성장 대비 주가가 더 많이 상승하여 10년간 2배 이상 상승했다.

● 투자지표

높음 ⬆ 보통 ⬌ 낮음 ⬇ 고평가 ⬆ 저평가 ⬇ 좋음 ★ 무난 ▲ 나쁨 ✕

| 펀더멘털 |

시가총액	78.04B(96조 0750억 원)
부채비율	151% ⬌
유동비율	80% ⬌

| 가치지표 |

P/B Ratio	1.62 ⬆
P/E Ratio	20.60 ⬌
선행 P/E Ratio	17.82 ⬆
P/S Ratio	2.78 ⬆
P/FCF Ratio	-
EV/EBITDA	12.58 ⬌

| 성장지표 |

ROE	8.0% ⬇
ROI	4.5% ⬇
EPS성장(최근 5년)	5.90% ⬇
EPS성장(향후 5년)	5.65% ⬇
영업이익률	20.6% ⬆
순이익률	13.7% ⬌
PEG Ratio	3.65 ⬆

배당수익률	3.96% ⬆ ★
배당성장 기간	18년
배당성향	79.7% ⬆

📝 유틸리티주답게 배당수익률
은 4% 수준으로 높아 배당주이
자 인플레이션 방어 수단으로써
는 매력적으로 보인다.

| 퍼포먼스 |

CAGR	9.43% ▲
MDD	-18.80% ★★
최근 1년	-0.36% ★
샤프비율	0.57 ✕

📝 유틸리티주 특성상 성장성
은 높지 않지만 10% 수준으로
준수하며 무엇보다 MDD가 낮아
안정적인 섹터 특성이 보인다.

● **저자 코멘트**

듀크 에너지는 허리케인에 대한 신속한 대응으로도 잘 알려진
기업이다. 2017년 어마, 2018년 마이클과 플로렌스, 2019년 도리안
같은 허리케인으로 인해 듀크 에너지는 해안을 따라 광범위한 피해
를 입고 정전이 발생했다. 하지만 그럼에도 매번 전국에서 수천 명
혹은 수만 명의 근로자를 동원해 10일 이내로 빠르게 전력을 복구
하곤 했다. 현재도 다가오는 허리케인에 대한 대응 계획을 계속 진
화시키고 있다. 또한 청정에너지에 대한 강력한 의지를 표명하고,
제로 탄소 배출량을 목표로 배터리 저장 기술에 막대한 투자를 하
고 있으며, 에너지저장협회Energy Storage Association의 대표적인 회원이기
도 하다.

● 결론

천연가스부터 태양광 발전까지 대표적인 미국의 유틸리티 기업이다. 유틸리티 기업 특성상 성장성은 낮지만, 매출과 이익이 변동성이 낮아 안정적인 모습을 보인다. 배당주로 분류하기에 적절한데, 배당수익률은 무려 4% 수준이고 배당성장 기간도 18년으로 7년 후에는 배당귀족에 등극할 수 있다. 유틸리티 기업은 전반적으로 배당성향이 높은 편이라 75% 미만이면 괜찮다고 하니 딱히 나쁘게 볼 수준은 아니다. 유틸리티 섹터에서 시총 2위 기업인 만큼 안정적인 배당을 추구할 때 투자할 만하다.

아메리칸 워터 웍스

#미국의수자원공사 #상하수도1위기업 #수도 #폐수

티커: AWK (NYSE), **기업명**: American Water Works Company, Inc.

미국의 수자원공사, 상하수도 공급 1위 기업

▲ 뉴저지주 캠든에 있는 아메리칸 워터 웍스 본사

● 기업 개요

미국 뉴저지주 캠든에 본사를 둔 아메리칸 워터 웍스는 수도 및 폐수 서비스를 제공하는 미국 공공 유틸리티 회사다. 운영 수익과 서비스 인구를 기준으로 측정했을 때 미국에서 가장 크고 지리적으로 다양한 상하수도 유틸리티 회사라고 할 수 있다. 현재 이 회사는 전문가 약 6400명을 고용해 24개 주에서 1400만 명이 넘는 사람들에게 식수, 폐수, 기타 관련 서비스를 제공한다. 회사의 공공시설은 미국 14개 주에 있는 약 1700개 커뮤니티에서 운영되며, 상하수도 네트워크에는 고객 340만 명이 있다. 고객은 주거, 상업, 소방, 산업, 정부시설, 기타 물 및 폐수시설을 포함한다. 또한 지표수 처리 공장 80개, 지하수 처리 공장 480개, 폐수 처리 공장 160개, 파이프 8만 4525km, 지하수 우물 1100개, 펌프장 1700개, 물 저장시설 1300개, 댐 76개를 소유하고 있다.

● 기업 역사

이 유틸리티 기업의 기원은 아메리칸 워터 웍스 앤 개런티 컴퍼니American Water Works & Guarantee Company, AWW&G로 1886년에 설립되었다.

1914년 AWW&G는 아메리칸 워터 웍스 앤 일렉트릭 컴퍼니American Water Works and Electric Company, AWW&E가 되어 공공 유틸리티 지주 회사 중 하나로 빠르게 성장했다.

1936년에는 현재 이름인 아메리칸 워터 웍스 컴퍼니로 변경한 후 델라웨어에서 설립되었다.

1947년에는 전기 유틸리티 사업을 버리고, 수도 서비스에 집중하는 것으로 조직을 개편했고, 티커 AWK로 상장되었다.

1965년에는 〈포춘〉이 선정한 '미국 50대 공공 유틸리티 기업' 목록에 이름을 올렸다.

2003년에는 독일의 전력 유틸리티 회사인 RWE 그룹이 아메리칸 워터를 인수했으나 2005년 다시 매각했다.

2008년에는 미국 역사상 가장 큰 유틸리티 기업공개를 하며 뉴욕증권거래소에 상장되었다.

2016년에는 S&P500지수에 편입되었다. 현재까지도 아메리칸 워터는 뉴욕증권거래소에서 기업가치가 높은 유틸리티 기업으로 평가받고 있다.

● **주요 비즈니스 및 매출 구성**

공공 상하수도 기업이기에 대부분의 매출은 상하수도 사업에서 발생한다. 이 부분이 규제 대상 사업으로 분류되며, 그 외에 발생하는 보완적인 사업 수익은 시장 기반 사업으로 분류된다.

전체 매출의 90% 이상인 상하수도 매출을 세부적으로 분석해보자. 크게는 수도와 폐수 서비스로 나뉘며, 각각 매출 84%, 6%를 차지한다. 나머지 매출은 각종 공과금 및 임대 계약 수익, 기타로 구성된다.

전체 매출에서는 주거용수 55%, 상업용수 20% 등으로 구성되며, 수도 서비스는 주거, 상업, 소방, 산업, 공공 및 기타순으로 구성된다.

폐수 서비스는 주거, 상업, 산업, 공공 및 기타순으로 구성된다. 수도와 폐수 서비스 모두 주거가 1위, 상업이 2위라는 것만 알아두자.

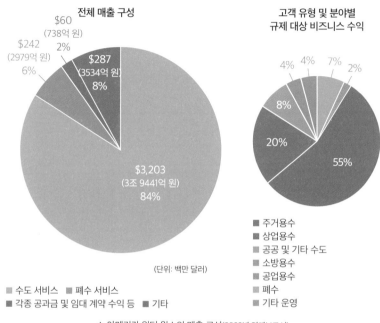

전체 매출 구성

$60
(738억 원)
2%

$242
(2979억 원)
6%

$287
(3534억 원)
8%

$3,203
(3조 9441억 원)
84%

(단위: 백만 달러)

■ 수도 서비스　■ 폐수 서비스
■ 각종 공과금 및 임대 계약 수익 등　■ 기타

**고객 유형 및 분야별
규제 대상 비즈니스 수익**

4%　4%　7%　2%

8%

20%

55%

■ 주거용수
■ 상업용수
■ 공공 및 기타 수도
■ 소방용수
■ 공업용수
■ 폐수
■ 기타 운영

▲ 아메리칸 워터 웍스의 매출 구성(2022년 연례보고서)

● **경쟁사**

아메리칸 워터 웍스 외에도 물 관련한 유틸리티 기업들이 있다. 에센셜 유틸리티스Essential Utilities(티커: WTRG)는 식수 및 폐수 처리 인프라를 제공하는 미국 유틸리티 기업이고, 캘리포니아 워터 서비스 그룹Califonia Water Service Group(티커: CWT)은 음용수 및 폐수 서비스를 제공하는 미국 공공 유틸리티 회사다. 아메리칸 스테이츠 워터 컴퍼니American States Water Company(티커: AWR)는 미국의 수도 및 전기 유틸리티 회사로, 정부와의 계약하에 상수도를 공급하고 있다.

● 매출 및 이익 현황

▲ 아메리칸 워터 웍스의 매출, 이익, 이익률 추이(©2022 stockrow.com)

큰 폭은 아니지만 매출은 매년 안정적으로 성장하고 있다. 이익과 더불어 이익률까지도 상승세다. 2021년에는 30% 넘는 이익률을 보이기도 했다. 다만 2022년 말 기준으로 매출과 이익이 모두 감소한 점은 다소 아쉽다.

● 주가 현황

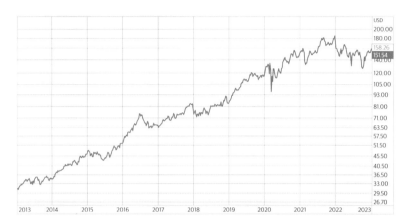

▲ 아메리칸 워터 웍스의 주가 추이(©2022 Tradingview.com)

안정적인 매출과 이익, 이익률에 힘입어 주가도 매우 완만하게 상승했다. 10년 동안 낮은 변동성에 높은 주가 상승을 보여 주가가 거의 5배 정도 상승했다.

● 투자지표

| 펀더멘털 |

시가총액	28.40B(34조 9632억 원)
부채비율	153% ↔
유동비율	50% ↓

| 가치지표 |

P/B Ratio	3.68 ⊛
P/E Ratio	21.68 ⊛
선행 P/E Ratio	32.87 ⊛
P/S Ratio	7.45 ⊛
P/FCF Ratio	-
EV/EBITDA	14.48 ⊛

| 성장지표 |

ROE	17.50% ↔
ROI	8.6% ↓
EPS성장(최근 5년)	21.60% ↑
EPS성장(향후 5년)	8.28% ↓
영업이익률	51.9% ↑ ★
순이익률	34.6% ↑ ★
PEG Ratio	2.62 ↔

📝 유틸리티 섹터 주식인데 수익성도 대부분 좋게 나타났다. 이익률 높은 사업을 잘 영위해나가고 있다는 뜻이다.

| 배당지표 |

배당수익률	1.67% ▲
배당성장 기간	13년 ▲
배당성향	34.70% ▲

📝 배당성향도 적절하고 배당수익률도 2%에 가까운 준수한 수준이다. 배당성장 기간도 10년이 넘어 안정성을 보인다.

| 퍼포먼스 |

CAGR	17.45% ★★
MDD	-30.21% ✕
최근 1년	0.95% ★
샤프비율	0.94 ★★

📝 안정성으로 승부하는 유틸리티 섹터 주식인데 성장성도 매우 높아 두 마리 토끼를 모두 잡은 모습을 보였다.

● **저자 코멘트**

아메리칸 워터 웍스는 정수장에 최신 기술을 적용하며 처리시설을 업그레이드하는 중이다. 2022년에는 웨스트버지니아에서 최대 규모의 정수장시설을 업그레이드했다. 소독 과정에서 사용되는 기체 염소를 차아염소산나트륨(액체 염소라고도 함)으로 전환했고, 미국 환경보호국EPA의 새로운 규제 요구 사항에 따라 UV 소독을 추가해 원수에서 크립토스포리디움*을 99.99% 수준으로 제거했다. 카나와 밸리 정수장은 현재 웨스트버지니아에서 UV 소독을 제공하는 최초의 시스템이다.

---

*   크립토스포리디움Cryptosporidium: 잦은 설사, 위경련, 구역, 구토, 미열, 탈수증 등을 일으킬 수 있는 기생충을 말한다.

● 결론

미국의 대표적인 유틸리티 기업 중 하나인 아메리칸 워터 웍스. 미국의 수자원공사라고 할 수 있다. RWE 그룹에서 분리되어 상장한 이후 지금까지 줄곧 배당을 늘려왔다. 유틸리티 기업답게 배당주로서의 지표도 전부 좋다. 매출도 계속 성장세를 보이고, 최근에는 이익률까지 높아 배당성장주의 면모까지 보인다. 모든 면이 좋아 보이는 만큼 주가는 이러한 가치를 반영해 가치지표 차원에서는 대부분 고평가로 보이는 수치다. 하지만 그럼에도 2%에 가까운 준수한 배당수익률을 고려했을 때, 충분히 투자처로 고려할 만한 최고의 배당성장주 유틸리티 기업이 아닐까 생각한다.

부동산

Real Estate

부동산 섹터는 주식을 통해 부동산 투자의 묘미를 누릴 수 있는 섹터다. 11개 섹터 중 가장 나중에 추가된 섹터이기도 하다. 부동산을 다루는 만큼 경기에 민감하다. 이 섹터의 주식 대부분은 부동산투자신탁Real Estate Investment Trusts, REITs 회사로, 영어 약어를 읽어 '리츠주'라고 불린다. 리츠는 다수의 투자자로부터 자금을 모아 부동산과 관련 증권 등에 투자해 그 수익을 투자자에게 돌려주는 부동산 간접투자기구인 주식회사를 말하며 아파트, 데이터 센터, 호텔, 의료시설, 사무실, 창고 등 대부분의 부동산 유형에 투자한다. 또한 주식으로 공개 거래되므로 물리적 부동산 투자와는 달리 유동성이 높다. S&P500에 포함된 부동산 섹터 주식 중에는 코스타 그룹CoStar Group Inc.(티커: CSGP)과 CBRE 그룹CBRE Group, Inc.(티커: CBRE)만 리츠주가 아니다. 이들은 부동산 서비스 기업으로 부동산 분석이나 컨설팅, 마케팅 등을 주요 업무로 한다.

리얼티 인컴
퍼블릭 스토리지

리얼티 인컴

#월배당주 #트리플넷리스 #상업용부동산 #배당귀족

티커: O (NYSE), **기업명**: Realty Income Corporation

인기도 많고 성장성과 실적 모두 듬직한 월배당주

▲ 캘리포니아주 샌디에이고에 있는 리얼티 인컴 본사

● 기업 개요

리얼티 인컴은 '트리플넷리스*'가 적용되는 미국, 푸에르토리코, 영국, 스페인에서 단일 임차인의 개별 건물로 이루어진 상업용 부동산에 투자하는 부동산투자신탁 회사다. 캘리포니아주 샌디에이고에 본사가 있다. 미국 전역에 7000여 개 매장을 운영하는 대표적인 약국 월그린이나 세븐일레븐 같은 편의점 등의 소매점에 부동산 임대를 주 비즈니스 모델로 하는 현금흐름이 강력한 리츠 기업이다.

● 기업 역사

윌리엄 빌William Bill과 조앤 클라크Joan Clark는 1969년 타코벨Taco Bell 창업자 글렌 벨Glen Bell로부터 캘리포니아 노스리지의 타코벨 부동산을 직접 인수한 뒤 리얼티 인컴을 설립했다. 그들의 비전은 주주들에게 시간이 지날수록 월배당금을 높여 제공하는 플랫폼을 만드는 것이었다. 빌과 클라크는 독특한 접근법을 취했는데, 그 접근법이란 상업용 부동산을 구입하고 자본을 받는 대가로 재무 상태가 우수한 회사에 각 부동산을 임대하는 것이었다. 이를 통해 사업자에게는 자금 조달에 이점이 생겼고, 리얼티 인컴에게는 안정적인 월별 수익 소득원이자 월별 배당 증가를 가능하게 했다.

---

* 트리플넷리스Tripel Net Leases, NNN Leases: 임대료 외에 부동산세, 보험료, 유지관리비 세 가지를 임차인이 부담한다는 뜻으로, 서술된 순서대로 하나씩 늘어날 때마다 싱글넷Single Net, 더블넷Double Net, 트리플넷이 된다.

이후 1994년에 뉴욕증권거래소에 티커 O로 상장되었으며, 2012
년에는 500번째 연속 월별 배당금 지급을 발표했는데 참고로 이는
오늘날까지 계속되는 기록이다.

2015년에는 S&P500에 추가되었고, S&P 고배당 배당귀족 지수에
도 포함되었으며, 마침내 2020년에는 S&P500 배당귀족주에도 포함
되었다.

● **주요 비즈니스 및 매출 구성**

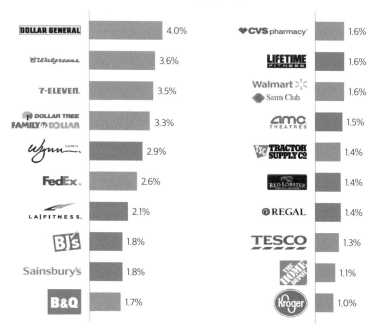

상위 20개 고객
% = 연간 계약 임대료 비중

산업 다각화
% = 연간 계약 임대료 비중

식료품점	10.0%
편의점	8.6%
할인 판매점	7.4%
레스토랑 - 퀵 서비스	6.0%
약국	5.7%
주택 관련 소매점	5.6%
레스토랑 - 캐주얼 다이닝	5.1%
건강 및 피트니스	4.4%
자동차 서비스	4.0%
일반 상품	3.7%

부동산 유형 다양화

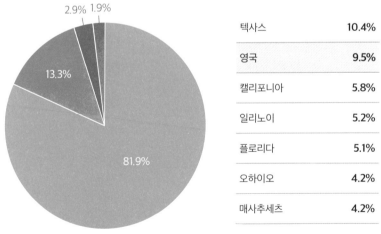

2.9% 1.9%

13.3%

81.9%

지리적 다각화

지역	비중
텍사스	10.4%
영국	9.5%
캘리포니아	5.8%
일리노이	5.2%
플로리다	5.1%
오하이오	4.2%
매사추세츠	4.2%

■ 소매 ■ 산업 ■ 오락시설 ■ 기타

▲ 리얼티 인컴의 부동산 고객별, 산업별, 유형별, 지역별 매출 구성

리얼티 인컴의 매출은 전부 임대 수익에서 나온다. 비즈니스 모델은 너무 단순해서 더 이상의 자세한 설명은 생략하겠다. 매출 구조를 살펴보는 게 도움이 되는데, 부동산 유형별로는 소매점 81.9%, 산업 13.3%, 오락시설 2.9%, 기타 1.9%로 구성된다.

고객으로 분류하면 달러 제너럴Dollar General이 4.0%로 가장 높은 비중을 보이고, 월그린 3.6%, 세븐일레븐 3.5%로 그 뒤를 잇는다. 다른 유형은 여러 개의 지점으로 분포된 반면, 오락시설은 고급 호텔과 카지노를 운영하는 윈 리조트Wynn Resorts 하나만 있다. 그 외의 상위 기업들도 골고루 높은 비중을 차지하고 구성되는 것이 특징이다.

산업별로는 식료품점이 10%로 가장 높고, 편의점 8.6%, 할인 판매점 7.4%로 그 뒤를 잇는다. 리얼티 인컴은 미국뿐만 아니라 영국에서도 9.5%라는 높은 비중으로 수익을 내고 있으며, 푸에르토리코, 스페인, 이탈리아에서도 수익을 내고 있다.

● 경쟁사

사이먼 프로퍼티 그룹Simon Property Group(티커: SPG)은 미국 최대의 쇼핑몰 소유주로, 쇼핑몰, 아울렛, 커뮤니티 센터 등에 투자하는 리츠 회사다. 리얼티 인컴과 비슷한 시총 규모를 지녔으며 배당수익률도 6% 가까이 되는 리츠주다.

킴코 리얼티Kimco Realty(티커: KIM)는 식료품 중심 쇼핑 센터를 운영하는 업체로 진입장벽이 높은 해안 시장에 집중하고 있다. 배당수익률은 4% 수준이다.

사이먼과 킴코 모두 S&P500에 포함된 리츠주다. 그 외에는 어그리 리얼티Agree Realty(티커: ADC)도 있는데, 미국 전역의 소매 임차인에게 임대되는 부동산을 개발하고 취득하는 데 초점을 맞춘 리츠주다. 배당수익률은 4% 수준이다.

● **매출 및 이익 현황**

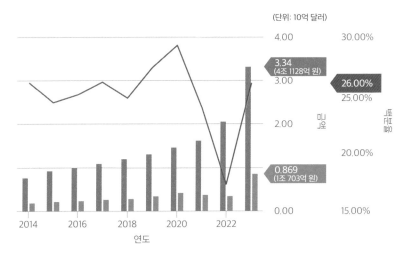

▲ 리얼티 인컴의 매출, 이익, 이익률 추이(2022년 연례보고서 기준)

리얼티 인컴의 매출은 최근 10년 동안 한차례도 빠짐없이 큰 폭으로 성장했다. 특히 2022년 연례보고서 기준으로는 더욱 큰 매출 상승을 거두었다. 2021년 말 기준 이익률이 많이 떨어졌는데, 2022년 말에 다시 높은 이익률을 회복했다.

● 주가 현황

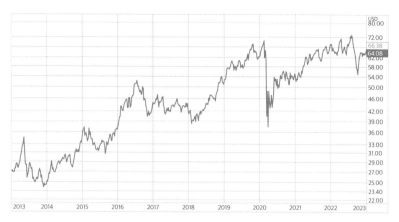

▲ 리얼티 인컴의 주가 추이(©2022 Tradingview.com)

리츠주 특성상 경기의 영향을 많이 받아 변동성은 상당히 크다. 리츠의 가치는 주로 소유한 부동산의 가치와 해당 부동산이 창출하는 임대 수입으로 결정된다. 금리, 인플레이션, GDP 성장과 같은 경제적 요인은 부동산 가치에 영향을 미치며, 이는 다시 리츠 가치에 영향을 미칠 수 있다.

예를 들어, 금리가 상승하면 차입 비용 증가에 따라 수익성이 감소하고 주가가 하락할 수 있고, 반대로 경제가 성장하고 부동산 수요가 강하면 부동산 자산가치가 높아져 임대 수입이 늘어 주가를 높일 수 있다. 리얼티 인컴은 다양한 경제 상황 속에서도 큰 틀에서는 우상향을 유지하고 있다.

● 투자지표

| 펀더멘털 |

시가총액	42.63B(52조 4818억 원)
부채비율	61% ⬌
유동비율	60% ⬇

| 가치지표 |

P/B Ratio	1.58 ⊛ ★
P/E Ratio	63.89 ⊛
선행 P/E Ratio	51.08 ⊛
P/S Ratio	13.59 ⊛
P/FCF Ratio	85.67 ⊛
EV/EBITDA	23.00 ⊛

📝 나머지 가치지표는 모두 고평가지만, 순자산 기준으로 주가와 비교한 P/B 관점에서는 저평가다.

| 성장지표 |

ROE	2.5% ⬇
ROI	0.7% ⬇
EPS성장(최근 5년)	-5.10% ⬇
EPS성장(향후 5년)	22.62% ⬆ ★
영업이익률	18.7% ⬌
순이익률	20.6% ⬆ ★
PEG Ratio	2.82 ⬌

📝 이익 성장이 향후 5년 높을 것으로 기대되며, 최근 순이익률까지 높아서 앞으로도 높은 성장성과 수익성이 기대된다.

| 배당지표 |

배당수익률	4.37% ⬆ ★
배당성장 기간	29년 ★
배당성향	274.8% ⬆

📝 최고의 월배당주답게 높은 배당수익률을 보이며 배당성장 기간도 30년이 되어간다.

| 퍼포먼스 |

CAGR	9.82% ✕
MDD	-38.00% ✕
최근 1년	0.54% ★
샤프비율	0.49 ✕

● **저자 코멘트**

　가장 대표적인 월배당주이자 미국 주식 중 단연코 가장 인기가 많은 리얼티 인컴. 2020년 코로나 팬데믹 당시에는 피어 1 임포트 Pier 1 Imports 및 스테인 마트Stein Mart와 같은 주요 소매 업체를 포함해 여러 임차인이 파산을 선언하면서 위기에 직면했다. 파산의 영향을 완화하기 위해 임차인과 협력하여 임대료 연기와 필요한 경우 법적 구제를 요청하고, 자본을 늘리기 위해 일부 부동산을 매각하는 등 여러 조치를 취했다. 그렇게 파산으로 인한 어려움에도 불구하고 월별 배당금 지급을 유지할 수 있었고, 이후 경제가 반등하면서 위기에서 벗어날 수 있었다. 이렇듯 경제가 불확실한 시기에 부동산 투자에 내재된 위험은 다양한 유형의 부동산 자산으로 포트폴리오를 유지하는 게 중요하다는 사실을 일깨워주었다.

● 결론

분기가 아닌 매월 배당금을 지급하는 몇 안 되는 리츠주로, 29년 간 배당성장을 해온 배당귀족주다. 1994년에 상장된 이후 현재까지 줄곧 배당을 늘려왔다. 매출과 이익도 지속적으로 성장 중이고, 현재도 배당수익률이 4.37%로 매우 높은 수준이다. 월배당과 시세 차익을 동시에 노릴 수 있는 아주 매력적인 배당주다. 다만 최근에 낮은 이익률을 보였고, 과도한 배당성향을 통해 높은 배당금을 유지하여 이 점은 리스크가 될 수 있다. 투자 전에는 언제나 주의를 기울이는 게 좋다는 사실을 명심하자.

퍼블릭 스토리지

#개인창고대여서비스 #셀프스토리지 #미국1위개인창고 #리츠

티커: PSA (NYSE), **기업명**: Public Storage

미국에서 가장 큰 개인 창고 대여 서비스 업체

▲ 케임브리지에 위치한 퍼블릭 스토리지 건물(본사는 아님)

● 기업 개요

퍼블릭 스토리지는 미국에서 가장 큰 개인 창고 서비스 브랜드이자 세계적인 셀프 스토리지(이후 개인 창고) 회사로, 부동산투자신탁으로 운영된다. 개인 및 업무용으로 월 단위로 임대할 수 있는 창고 공간을 제공하는 자체시설을 구입, 개발, 소유 및 운영하고 있으며 캘리포니아주 글렌데일에 본사를 두고 있다.

미국, 캐나다, 유럽에 개인 창고 2869개가 있으며 자물쇠나 골판지 상자와 같은 용품을 판매하거나 보험 서비스 등 기타 서비스를 제공한다. 부동산 투자자가 리츠로서 개인 창고를 소유하고 있는데, 이들은 회사 수익의 90% 이상을 투자 수익으로 받는다. 특이한

▲ 퍼블릭 스토리지의 개인 창고 모습

점은 큰 회사 규모에 비하면 직원이 매우 적다는 점인데, 이는 관리는 대부분 자동화되어 운영되기 때문이다.

● 기업 역사

퍼블릭 스토리지에 대한 아이디어는 1970년대 초 남부 캘리포니아 부동산 개발업자인 B. 웨인 휴스B. Wayne Hughes가 고안했다. 휴스는 텍사스를 여행하는 동안 지역 부동산 개발업자들이 댈러스와 휴스턴 외부에 작은 창고시설을 만드는 것을 보았고, 이러한 개인 창고 개념을 캘리포니아로 가져왔다.

이후 휴스는 케네스 폴크 주니어Kenneth Volk Jr.와 파트너 관계를 맺고 1972년에 퍼블릭 스토리지를 설립했다. 처음에는 이를 프라이빗 스토리지 스페이스Private Storage Spaces Inc.라고 불렀다.

최초의 창고는 1972년 캘리포니아 엘 카존에 지어졌다. '프라이빗 스토리지 스페이스'라는 이름은 사람들이 개인용이라고 혼동하는 바람에 PS 약어와 일치하도록 이름을 'Public Storage(퍼블릭 스토리지)'로 변경했다. 3개월 만에 손익분기를 돌파하면서 이 사업은 1974년 20개 지역에 창고를 짓게 된다.

휴스는 대출을 싫어했기 때문에 주로 부동산 합자회사RELP*를 통해 새 부동산을 구입하고 개발 자금을 조달했다. 그렇게 투자받은 돈으로 부동산을 취득해 개인 창고시설을 구축한 다음, 부동산 수

---

*　부동산 합자회사Real Estate Limited Partnerships, RELP: 부동산 자산에 투자하는 투자 파트너십 유형으로, 투자자의 책임을 제한하면서 여러 투자자로부터 자금을 모으는 방법을 제공한다.

익(부동산 가치 상승이나 임대 수익에서 파생되는 이익)으로 투자자에게 상환하고 남은 일부를 이익으로 얻었다. 초기 투자자들은 남부 캘리포니아의 부동산 가치 상승, 높은 입주율, 창고 임대 가격 상승으로 인해 3~4배의 돈을 돌려받았다.

1980년대 중반까지는 매년 2~3억 달러(현재 가치 약 3700억 원)의 투자를 유치했다. 높은 대출 이자로 인해 대부분의 산업이 성장을 멈춘 1970년대와 1980년대에는 RELP 형식을 통해 더 많은 곳에 시설을 구축할 수 있었다. 1980년대 중반에는 공동 창립자 폴크가 은퇴했다.

1980년대 후반에는 1000번째 시설을 열었는데, 이때 미국 시장에서 경쟁 업체보다 규모가 3배 더 컸다. 퍼블릭 스토리지는 개인 창고 사업을 부동산 투자 수단으로 대중화했고 가장 오래 운영되는 RELP 투자 수단이 되었다.

퍼블릭 스토리지가 자금 조달에 의존했던 RELP 형식은 1989년 이후 거의 사라졌다. 세금개혁법은 RELP의 세금 혜택을 줄였으며, 부동산 회사에 힘든 시기를 가져왔다. 이후 많은 부분이 부동산투자신탁으로 전환되었다.

그럼에도 퍼블릭 스토리지는 꾸준히 성장했으며, 2005년에는 S&P500에 추가되었다. 이후에도 인수를 계속하며 지금의 규모로 덩치를 키웠다.

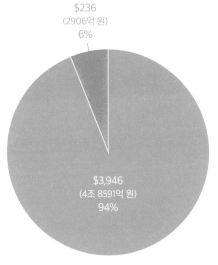

$236
(2906억 원)
6%

$3,946
(4조 8591억 원)
94%

(단위: 백만 달러)

■ 개인 창고시설   ■ 보조 수익

▲ 퍼블릭 스토리지의 매출 구성(2022년 연례보고서)

퍼블릭 스토리지의 수익은 개인 창고시설이 94%, 보조 수익이 6%를 차지한다.

보조 수익에는 보험 상품과 상품 판매가 포함되는데, 상품에는 보관시설의 자물쇠, 상자, 포장 용품이 주를 이룬다. 퍼블릭 스토리지의 개인 창고는 미국 대부분의 주에 분포되어 있으며, 네덜란드, 프랑스, 영국, 스웨덴, 독일, 벨기에, 덴마크에서도 운영되고 있다.

● 경쟁사

퍼블릭 스토리지의 뒤를 잇는 4개의 개인 창고 업체를 소개하겠다.

첫 번째는 엑스트라 스페이스 스토리지Extra Space Storage(티커: EXR)로, 업계 2위 기업이다. 온도 조절 장치를 제공하고, 보트, RV 보관소 등을 운영한다.

두 번째는 큐브스마트CubeSmart(티커: CUBE)로, 개인 창고시설 1200개 이상을 운영하고 있다.

세 번째는 라이프 스토리지Life Storage(티커: LSI)로 실내 온도 조절 및 제습 시스템을 보유하고 있으며, 보트나 자동차를 보관하는 큰 단위의 창고가 있다. 미국에서 네 번째로 큰 개인 창고 소유자다.

마지막으로 내셔널 스토리지 어필리에이츠National Storage Affiliates Trust(티커: NSA)는 대기업과 소기업을 포함한 상업 고객에 중점을 두어 고품질 개인 창고를 운영하고 있다.

● 매출 및 이익 현황

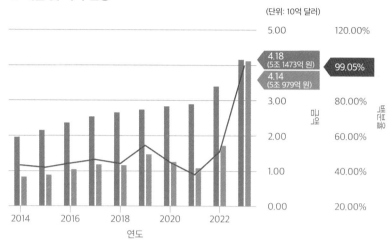

▲ 퍼블릭 스토리지의 매출, 이익, 이익률 추이(©2022 stockrow.com)

퍼블릭 스토리지는 최근 10년간 한차례도 빠짐없는 매출 성장을 기록했다. 이익 또한 전반적으로 증가했으며 2022년 말 기준으로 매출과 이익이 폭등했고, 이익률은 무려 100%에 가까운 높은 수준을 보인다. 코로나 팬데믹이 해소되자 개인 창고 시장의 호황이 찾아왔고, 물가 상승에 따른 두 자릿수 임대료 인상 덕에 1위 기업인 퍼블릭 스토리지는 업계 최고 호황을 누렸다.

● 주가 현황

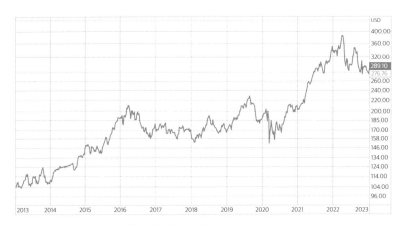

▲ 퍼블릭 스토리지의 주가 추이(©2022 Tradingview.com)

    퍼블릭 스토리지는 최근 10년간 3배에 살짝 못 미치는 주가 성장을 기록했다. 다만 부동산 섹터답게 금리에 민감하게 반응하는 모습을 보인다. 금리 인상기인 2016~2019년까지는 고점 대비 정체 구간을 길게 보였고, 2022년 최근 금리 인상기에도 하락세를 보였다.

● 투자지표

| 펀더멘털 |

시가총액	52.23B(64조 3004억 원)
부채비율	119% ⬌
유동비율	150% ⬌

| 가치지표 |

P/B Ratio	9.24 ⊕
P/E Ratio	12.17 ⊖
선행 P/E Ratio	26.36 ⬌
P/S Ratio	13.00 ⊕
P/FCF Ratio	19.76 ⊖
EV/EBITDA	11.27 ⊕

| 성장지표 |

ROE	79.4% ⬆ ★
ROI	13.2% ⬌
EPS성장(최근 5년)	7.7% ⬇
EPS성장(향후 5년)	17.7% ⬌
영업이익률	111.38% ⬆ ★
순이익률	51.10% ⬆ ★
PEG Ratio	0.72 ⊖ ★

📝 수익성이 매우 좋은 상태인 데다 향후 이익 성장 전망도 좋아 PEG까지 저평가로 나타났다.

PART 3 · 유명하지만 유명하지 않은 미국 주식 33선

| 배당지표 |

배당수익률	2.67% ▲
배당성장 기간	0년
배당성향	32.3% ▲

📝 배당성장 기간과 별개로 배당수익률과 배당성향은 적절한 수준이다.

| 퍼포먼스 |

CAGR	10.83% ×
MDD	-28.02% ×
최근 1년	-10.54% ★
샤프비율	0.59 ×

● **저자 코멘트**

퍼블릭 스토리지의 창고시설은 회사의 상징적인 오렌지색 문으로 쉽게 알아볼 수 있다. 사실 이 오렌지색은 당시 가장 저렴한 페인트 색상이었기 때문에 선택된 것이지만, 이제는 브랜드의 핵심이 됐다.

2008년 불황기에 수많은 부동산 회사가 어려움을 겪었지만, 퍼블릭 스토리지는 개인 창고라는 독특한 비즈니스 모델의 안정성 덕분에 위기를 이겨낼 수 있었다. 실제로 경기 침체 시기에는 많은 사람이 집이나 사업체를 축소하고 개인 창고를 사용했다.

● 결론

퍼블릭 스토리지는 대표적인 리츠주다. 주로 부동산 투자를 하고 개인 창고시설을 운영하며 수익의 90% 이상을 투자자에게 반환한다. 2008년부터 현재까지 개인 창고 리츠 중 가장 큰 규모였으며, 2013년 이익률은 50%로 S&P500에서 세 번째로 높았는데, 2021, 2022년 연례보고서에서 모두 순이익률이 50%를 넘어 S&P500 기업 중 최상위 수준이었다. 최근 10년간 매출 성장을 기록했고, 매우 높은 이익률을 보인다. 덕분에 가치와 성장을 함께 보는 지표인 PEG 관점에서는 저평가로 나타난다. 배당수익률 또한 준수한 수준이어서 배당성장 기간은 끊겼을지라도 긴 호흡으로는 배당이 계속해서 성장하는 경향을 보인다. 개인적으로는 배당성장주로 편입하기에 매우 탐나는 종목이다.

텐배거로 보답받기를 바라며

여기까지 33개의 기업을 살펴보느라 고생 많으셨습니다. 고생은 분명 여러분의 미국 주식 투자 실력에 보탬이 될 것이라고 확신합니다. 아마 기업의 비즈니스와 역사를 살펴보고, 기업의 재무 상황과 투자지표, 주가 차트를 보면서 이미 많은 통찰력이 생겼을 것입니다. 생각보다 주가는 단순하게 기업의 성적을 따라간다는 점과 경기 전반적인 상황에 큰 영향을 받는다는 것도 확인할 수 있었을 것입니다. 이처럼 단순해서 눈앞에 있는데도 놓치는 게 진리인 경우가 많습니다.

미국 주식시장은 생각보다 효율적인 시장입니다. 그런 점에서 지금 가격이 이미 대부분의 정보를 반영했다고 볼 수도 있습니다. 이럴 때 힘을 발휘하는 것은 여러분만의 통찰력입니다. 특히 각자의 전문 분야에서 오는 '직감'은 이런 투자 결정에 보탬이 됩니다. '남들은 그렇게 생각하지 않지만 '내가 보기에는' 기업의 성적도 좋고, 재무도 좋고, 투자지표도 좋으며 전망도 밝아 보이는데 주가가 싼 것 같다면? 투자하세요! 원래 투자는 외롭게 해야 돈을 버는 법입니다. 이미 유명해진 주식은 얼굴값을 하기 마련입니다.

사실 처음에는 이 책에 55개 기업을 담으려고 했습니다. 하지만 저 또한 생소한 기업들도 있기에 기업의 연례보고서를 꼼꼼히 읽어보고 과거부터 현재까지의 비즈니스 모델과 역사를 공부하는 데 시간적 한계가 있었습니다. 또한 계속해서 사업 구조가 변화하는 생명체와 같은 기업은 분석하는 데 데이터적 한계도 있습니다. 매출이 줄더라도 수익성이 안 좋은 사업을 매각했을 수도 있고(좋은 상황), 매출이 늘더라도 재무적으로 좋지 않은 사업을 다각화할 수도 있습니다(나쁜 상황). 다시 말해, 때로는 저의 분석이 틀릴 수도, 논리적 비약이 있을 수도 있습니다. 물론 이러한 점을 고려하며 최대한 책의 내용이 틀리지 않도록 꼼꼼히 체크하며 정리했습니다. 그래서 최종적으로 기업 수가 33개가 되었죠. 그럼에도 분량이 많아 독자분들이 편하게 읽을 수 있도록 손보고, 압축해서 지금의 책이 나왔습니다. 이런 이야기를 드리는 이유는, 투자에 대한 책임을 질 수 없는 저자의 구차한 변명일지도 모르겠습니다. 하지만 그와 동시에 독자분들도 소중한 돈을 투자하는 만큼 보다 신중하게 주식을 발굴했으면 하는 바람이기도 합니다.

여러만의 미국 주식 히든 챔피언을 발굴하여 꼭 텐배거로 보답받기를 간절히 바랍니다.

| 참고 자료 |

투자지표 섹터별 평균값
(2023년 1월 27일 기준)

섹터	P/B	P/E	선행P/E	P/S	P/FCF	EV/EBITDA	PEG
정보기술	6.23	27.16	20.79	3.88	33.56	10.03	2.08
금융	1.57	14.34	13.05	2.52	12.34	9.03	1.79
헬스케어	4.16	24.45	17.32	1.98	28.24	4.46	2.78
자유소비재	3.12	22.33	23.71	1.44	42.95	9.51	1.26
통신 서비스	2.45	18.85	18.57	2.23	30.75	10.09	1.61
산업	3.78	20.49	18.36	1.72	31.79	9.0	1.77
에너지	1.68	7.54	8.09	0.81	9.8	5.74	0.41
필수소비재	4.29	24.36	21.87	1.19	67.33	10.7	3.36
자재	2.08	10.03	17.56	1.4	18.83	10.73	2.47
유틸리티	1.03	22.89	3.43	1.77	72.67	10.63	2.99
부동산	2.24	24.81	31.18	4.37	49.51	18.15	2.76